21世紀歴史学の創造 2

研究会「戦後派第一世代の歴史研究者は21世紀に何をなすべきか」編集

国民国家と天皇制

宮地正人［著］

有志舎

シリーズ「21世紀歴史学の創造」

全巻の序

一九九〇年前後における東欧社会主義圏の解体とソヴィエト連邦の消滅は、アメリカによる単独覇権主義の横行に道を開いた。しかし、そのアメリカ単独覇権主義も、二〇〇一年九月一一日の世界貿易センタービル崩落をきっかけとして引き起こされたアフガニスタン、イラク侵攻とその行き詰まりの中で、破綻をきたした。そのことは二〇一一年一月にチュニジアから始ったアラブ・イスラム圏の動きによっても示されている。同年五月、パキスタンに潜伏していたオサーマ・ビン・ラーディンをアメリカの特殊部隊が強襲して殺害したことはアメリカ単独覇権主義の最後の足掻きとも言えるであろう。しかし、アメリカ単独覇権主義崩壊の後に、新たな世界の枠組みをどのように作ればよいのか、依然として視界は不透明である。

二〇世紀末から二一世紀初頭にかけてのこのような激動は、単に政治上の大変動であっただけではなく、世界史認識の根底をも揺り動かした。それは、人類の過去を全体として大きく捉え、その延長上に人類の未来を展望しようとする志向性を弱める方向に作用した。日本におけるその一つの現れとして、日本社会全体の「内向き志向」、いわゆる「ガラパゴス化」現象がある。それは裏面で偏狭なナショナリズムと結びつき、例えば学校教育の現場においては、戦前を思わせるような日の丸掲揚、君が代斉唱などの強制が一段と強化されている。にもかかわらず、このような右傾化した歴史観が国民の間で日常化しつつあるようにも見える。その中で、日本の女性の社会的地位やジェンダー構造のさまざまな問題点も改めて浮き彫りになってきている。

このような状況において、二〇一一年三月一一日に突発した東日本大震災と福島第一原子力発電所崩壊事故はナショナリズムとインターナショナリズムの間の入り組んだ関係を明るみに出した。それは国境を閉ざそうとする動きと国境を越えて連帯しようとする動きの間のせめぎ合いとも言うことができるであろう。

シリーズ「21世紀歴史学の創造」の執筆者であるわれわれは、純粋の戦後世代に属する者として、前述のような時代を生きてきた。われわれは、上から誰かに力で教え込まれたり、教育されたりということではなく、第二次世界大戦後の日本社会や世界全体の時代的雰囲気の中で、ごく自然に一定の「教養」を身につけてきた。それは、人類全体を意識しつつ、人間の平等と「市民的自由」を尊重し、国家権力のみならず社会的権力を含むあらゆる権力の横暴を拒否する姿勢となって現れている。

しかし、現在の日本社会の状況を見ていると、このようないわゆる「戦後」的な「教養」が力を失いつつあるように思われる。そのことが日本社会全体としての右傾化を許しているとしたならば、「戦後的教養」そのもののなかに、歴史の展開に対応できないようなある種のひ弱さが本質的に内在していたということではないであろうか。一九八〇年代以降に顕著となったポストモダン的な思潮の広がりはそのことと無関係ではあるまい。たとえ、ポストモダン的思潮が「外国産」で、日本におけるそれは「輸入品」だったとしても、「輸入」される必然性は存在したのであろう。

「戦後的教養」の根底をなしてきたのは科学、特に自然科学のような法則定立的な科学への信頼であった。しかし、今回の東日本大震災と福島原発事故はそれが過信だったのではないかという疑問を多くの人びとに抱かせた。一九世紀の西欧で生まれ、二〇世紀を通して生き続けて、日本の「戦後的教養」を形作った「科学主義」は今曲がり角に来ているように思われる。

「戦後的教養」の衰退を、より具体的に世界史認識の問題に即していえば、マルクス主義的な世界史認識のみならず、「市民主義」的な世界史認識の大枠すら崩れつつあると言うことができる。このような状況において、歴史学の存在意義そのものを否定するような風潮が密かに広がりつつあるようにも感じられる。しかし、人間の実存的土台が歴史にある限り、歴史学が意味を失うことはないであろうし、また失わせてはならない。そのために、われわれは、「戦後的教養」の中で身につけた歴史学をどのように発展させれば、新たな歴史の展望を切り拓くことができるのかということを、自らに問わねばならない。

＊＊＊

ここに記してきたことは、このシリーズの執筆者たちが共有している今日的世界史認識であり、このシリーズに込めた歴史研究者としての決意の一端である。しかし、このような世界史認識と決意を共有するに至るまでには、長期にわたる討議の過程が必要であった。二〇〇五年七月一日、研究会「戦後派第一世代の歴史研究者は21世紀に何をなすべきか」（略称「戦後派研究会」）を立ち上げたのがその第一歩であった。この研究会のメンバーは、結果として、必ずしも「戦後派第一世代」の者だけではなくなったが、新たな「21世紀歴史学」の創造を目指すことにおいては一致している。この研究会の目標は端的に言えば二つ、「われわれは何をしてきたのか」、そして「われわれは何をしなければならないのか」の追求である。研究会の開始以来七年に及ぶ討議を重ねながら、研究会メンバー全員が本シリーズの執筆に取り組んできた。

このようにして刊行開始に至った本シリーズ各巻の目指すところを簡単に述べれば次のようになるであろう。

第一巻と第二巻では、一九九〇年代以降盛行を極めてきた「国民国家」論を今日の問題状況の中で再検討し、「国民国家」論のあるべき視座と射程を提示する。第一巻では、「国民国家」論の原論的側面に重点を置きながら、市民社会とエスニシティの問題にまで射程を延ばす。第二巻では「日本型国民国家」の特質を追求する。第二巻に収録された座談会「世界史の中の国民国家」は研究会メンバーほぼ全員の参加による討議の記録である。

第三巻は、人間存在にとって根底的な条件である土地の問題を主題とする。今日、人は多く私的土地所有に囚われた社会に生きているが、私的土地所有から自由であった社会もあるし、私的土地所有からの自由を展望しようとした社会もあった。そのようなさまざまな社会の視点から「土地と人間」という普遍的な課題に迫る。

第四巻では、帝国と帝国主義のあいだの関係性、例えばその連続性と不連続性といった問題を追求する。具体的には、ハプスブルク家の統治するオーストリア＝ハンガリー二重帝国、ツァリーズムのロシア帝国、陽の沈まぬ帝国イギリス、をとりあげる。

第五巻は、「社会主義」を単に過去の現象としてではなく、二一世紀の問題として、さらには人類の未来の問題として再検討する。具体的には、ソヴィエト連邦、ハンガリー、中国、ベトナムを対象とする。

第六巻では、三人の執筆者が既存の歴史学や歴史叙述の枠にとらわれることなく、実験的な歴史叙述を試みる。本巻の座談会においては、これらの実験的歴史叙述について、執筆者と他の研究会メンバーとの間で議論が展開される。

第七巻では、「21世紀の課題」を歴史学の立場から追求するが、その際、「グローバリゼーションと周辺化」という視点から、特に「アメリカとパレスチナ」に視座を据える。さらに座談会を設定して、「グローバル化」時代といわれる状況を見据えて「われわれの未来」を展望する。

別巻Ⅰは研究会メンバー一六名全員の分担執筆で、第一部では、戦後の歴史学を彩ってきたさまざまな「言葉」を今日の観点から再検討し、第二部では、研究会メンバーが各自の研究の軌跡を「私の研究史」として略述する。第三部は本研究会そのものの記録である。さらに、「戦後五〇年の歴史学：文献と解説」を付載する。

前述のように、「3・11」が各方面に与えた衝撃の大きさは計り知れないものであった。それは、単に科学技術の危うさを露呈しただけではなく、歴史学にも深刻な課題を投げかけた。このことを歴史学に対する新たな挑戦として主体的に受け止めて、急遽用意されたのが別巻Ⅱである。

＊　＊　＊

「革命と戦争の世紀」としての二〇世紀を通り過ぎた人類と世界は、今、あてど無く漂流しているように見える。だからこそ、もう一度人類と世界の過去を全体として大きく捉え、長い歴史的射程で二一世紀以降の時代を展望することが求められているのであり、われわれの歴史学にはそれに応える責務がある。このシリーズがその責務の一端を担うことができれば幸いである。

二〇一二年五月

シリーズ「21世紀歴史学の創造」全九巻
執筆者一六名　一同

はしがき

二一世紀は、一国中心主義を産み出す国民国家の枠を弱め、平和で安定した地域世界を形成しなければならない人類史的課題を抱えているが、日本を含む北東アジアは依然として世界の中で最も強固な国民国家群地域にとどまり続けている。この困難な課題を解決するには、まず西欧モデルの安易な模倣を拒絶し、近代日本における正確な国民国家の形成と確立のプロセスを実証的に確認し、同時に、一九三〇年代より、近代日本国家の特質として認識され研究され続けてきた天皇制とその国体論を、この日本型国民国家形成論に内在的に結合させる必要がある。ツァリーズムでもカイザートゥームでもない天皇制国家は、戦後歴史学の豊かな国際帝国主義史研究と不可分離な形で論じられてきたし、今後も論じ続けられねばならないのである。

本巻の「日本型国民国家論」はこのようなモチーフのもとでの一試論であるが、第一巻において検討されているドイツ国民国家論という絶好の土壌を踏まえて議論が展開されている。本巻の座談会は、世界史の中における国民国家が、いかに歴史学的に論じられるべきかを主題とし、当該問題の幅の広さと切り口の多様性について多面的に議論している。

二〇一二年五月

戦後派研究会

シリーズ「21世紀歴史学の創造」第2巻

国民国家と天皇制

《目　次》

日本型国民国家論
——天皇制との関連について

宮地正人　1

日本型国民国家論

――天皇制との関連について

宮地正人

序章

問題の所在

ウェーバーの国民国家論

本論は、近年歴史学であまりに安易に使用されるところとなった「国民国家」というカテゴリーに対する異議申し立てである。筆者は、歴史学という実証科学は、あくまで史実に基づき、具体的に、特殊歴史的に論じられ、また論証されなければならないと信じている。今のままの使い方で、「国民国家」というカテゴリーが、分析対象を解明する上で、それをより具体的に、より歴史的に明らかに出来る道具なのか、あるいは逆に対象の特殊歴史性を消去してしまう道具なのか、問題は正にこの点にある。

現在地球上には、二〇〇に迫る国家があり、封建国家や奴隷制国家等は既に存在せず、総てが近代国家である限り、近代国家を統治の側面を重視して見る場合に「国民国家」と呼ぶという広義の意味にとるとすれば、成程「国民国家」と呼ぶことは可能だろう。しかし、この状況は植民地が無くなり、植民地主義が人類によって道義的に否定された今日的段階になって始めて可能となった極めて現代的・歴史的所産である。それは過去には適用されない。

一九五五年、インドネシア・インド・ビルマ・セイロン・パキスタン五ヵ国の呼びかけにより、中華人民共和国・フィリピン・タイ・北ベトナム・エジプト・エチオピア等二九ヵ国の首脳がバンドンに集まり、第一回アジア・アフリカ会議が開催された。反帝反植民地主義を掲げ民族解放運動を闘い、民族と国家の独立を勝ち取ったこれらの国々は、自立的な国民経済を形成し、自前の国民文化・国民文学を産み出そうとしていたのである。「国民国家」とは、当時は今日的理解と大きく異なり、このように帝国主義と闘う民族革命と結び付いたものとして日本人には理解されていた。

しかしながら「国民国家」という用語は、歴史的にたどるならば、一八七一年ドイツ帝国が成立した時期前後から広くヨーロッパ史の中で現実政治の必要から使用されるようになったものであり、その言葉に含まれていた意味内容も、一九五〇年代のそれとは異なり、ある面では全くその逆のものと理解されていたことは、やはり議論の大前提に置くべきではないだろうか。

日本の知識人に、この「国民国家」という用語を親しませる上で、筆者を含め大きな役割を果たしてきたものはマックス・ウェーバーが一八九五年、フライブルク大学の教授就任に当って行なった講演「国民国家(Nationalstaat)と経済政策」であるだろう。ウェーバーはここで近代国家一般を論じているのでもなければ、ドイツ民族の解放闘争史を語っているのでもない。彼がここで提唱した経済政策とは、劣等民族のポーランド人農業労働者が経済的に優位に立ち、東部ユンカー農業経営を破壊している現状は、ドイツ国民にとって危機を産み出しているだけなので、「東部国境を閉鎖せよ」というものなのである。

彼は経済政策とは普遍的科学ではなく、「国民国家」の生存とその発展に奉仕する政治的科学、「政治の侍女」であるほかないと強調している。「われわれが子孫に餞《はなむ》けとして贈らねばならないのは、平和や人間の幸福ではなくして、われわれの国民的な特質を護り抜き、いっそう発展させるための永遠の闘い」なのであり、子孫に対するわれわれの責任とは「地球上でどれほどの権力的支配圏を勝ち取って、かれらに遺してやれるか」ということなのである。「経済的な発展過程が問題になる場合に、最終的な決定権をもつのは国民の権力関心」だとするウェーバーは、この旺盛な権力関心をもつ英仏両国民を羨望し、ドイツ国民をそのようなものに改造しなければならないと、国民自由主義左派の立場から、皇帝専制とユンカー支配を批判し続け、プロイセン三級選挙制度撤廃を主張した。

彼が「国民国家」のモデルを特にイギリスに置いていることは、講演の中で次のように述べていることからも明白である。

「どうしてイギリスやフランスのプロレタリアートの一部は、ドイツのプロレタリアートとは違った性格を持つようになったのでしょうか。その理由を考えてみると、イギリス労働者階級の組織的な経済闘争が、彼ら自身に対して、いち早く経済的教育を施し終えた、ということだけではありません。主な理由は、やはり政治的な契機です。すなわち世界的国家という地位の反響がそれであって、世界的国家という地位のために、国家は絶えず偉大な権力政策的課題に直面させられ、ひとりひとりの国民が、日頃から政治的訓練を受けるわけです」。

即ち、いかにしてドイツ民族を権力関心あふれる国民に成長させ、どのようにして地球上にドイツ国民の支配圏を獲得していくのか、言い換えれば「世界的国家」（英語では world state となる）に成り得、また成るべきものとして、Nationalstaat はウェーバーにおいて理解されているのである。

国民国家システム

欧米における封建制から近代への移行は数世紀を要した。一六世紀末のオランダの対スペイン独立戦争、一七世紀イギリスの二度にわたる市民革命、一八世紀七〇年代のアメリカの対英独立戦争、一七八九年の絶対主義を倒壊させたフランス大革命、そして一八一五年までの長期の対革命戦争並びにナポレオン戦争により加速されたイギリスの産業革命は次第に大西洋を挟む西欧北米社会を封建制と領主制の社会から近代社会と資本主義を内部から産出する産業社会に転化させていった。イギリス人はオランダ人を、アメリカ人とフランス人はイギリス人を意識し、それに対応しうるそれぞれの国家を創っていくが、各々の国家の前提として個人と個人の自由、そして市民社会と地方自治が形成されていった。国家以前に個人と社会がある、これが西欧北米の人々の常識となっていった。ただ東方の、「専制・ロシア正教・大ロシア民族」の三位一体を掲げる専制大国ロシア帝国だけが、ペートル大帝がオランダに学んだように、西欧の近代化に時々刻々学びつつ、上から対応しうるように国家を改変していくが、社会は農村共同体ミール以外には何ら形成されることはなかった。そして世界最先進国イギリスがその勢力を拡大していくのに対応し対決し、ユーラシア大陸を陸上から東進し、異民族と異人種を従属化し、国家の領域を膨張させることによって、専制国家の内部矛盾を排出・拡散させていくのである。

成程、封建制・領主制は存在しなくなり、議会と政党及び立憲制度が国民と国民意識を形成する主導的機能を果たし、資本主義経済が一国経済を包み込んでいったという意味では、一九世紀前半のオランダ・イギリス・アメリカ・フランスが一国として「国民国家」になっている、と言うことは可能であろう。しかしながら、国民国家システムがヨーロッパで形成されていたのか、という、筆者が国民国家論で最大かつ不可欠だと考えている条件が確立していない限り、少なくとも日本近代史を分析する際の有効性を国民国家論なるものは持ち得ないのである。

ヨーロッパ大陸では一六四八年のウェストファリア条約で、主権国家なるものがヨーロッパでの一般的国家のあり方として承認されはしたものの、この主権国家は国民国家とは全く別個のカテゴリーである。大陸においてこの封建的・絶対主義的・領邦的・都市国家的主権国家が大きく国民国家形成に向うのは、やはりナポレオン戦争によるヨーロッパ全域へのフランス的近代の軍事力による押しつけとそれへの民族的抵抗、一九世紀前半期の各地でのブルジョア階級の成長、プロレタリアートも登場する全ヨーロッパ的規模での一八四八年革命を頂点とする反封建的市民革命と共和国・憲法・議会開設の要求運動がその前提となっている。

ヨーロッパ大陸での西の大国たるフランスも東の大国たるロシアも共に中欧・東欧における強国の出現を望んでおらず、むしろ抑圧しようとする姿勢をとり続けていた。フランスもロシアも、大国であり続けるため非対称的外交関係の維持に腐心し続けたのである。ビスマルクはナポレオン三世の介入と妨碍を巧妙に排除し、あるいは利用しながらドイツ帝国という国民国家を創っていった。イタリアが国民国家としての統一を完成できたのは、普仏戦争の敗北により、統一を妨碍し続けてきた仏国軍隊がローマ法王領から撤退したからなのである。

一八四八年革命での、絶対主義打倒、全ドイツの民族的統一、そして単一共和国樹立を目指す人民闘争を弾圧する中で、しかも歴史の前進方向に手綱をしっかりと握りしめ、ユンカー階級と領邦王制を利用しつつ、プロイセンのドイツ化ではなくドイツのプロイセン化、即ち小ドイツ主義に従い、議会への譲歩ではなく、三度にわたる対外戦争によってドイツ帝国を創り上げたのはビスマルクであった。彼は、一八六四年の対デンマーク戦争に勝利して、その後デンマークが小国主義をとらざるを得ない状況に陥れ（大国は必ず小国か緩衝国を産み出す）、六六年の対オーストリア戦争により、大ドイツ主義を掲げてドイツ統一のイニシアチブをとろうとしてきたオーストリアを完全に破産させ、七〇年の対仏戦争により、アルザス・ロレーヌを割譲させ、賠償金五〇億フランを勝ち取り、そしてドイツ内諸領邦君主の最終的合意を得た上で、陸軍大国フランスを完敗させたドイツ帝国という強大な国民国家を創出したのである。カヴール指揮するイタリアのサルジニア王国もこの対オーストリア戦争に参加することによってオーストリア領イタリアを回復し、諸都市国家を吸収することによりリソルジメントの歩みを大きく進めた。しかしドイツでもイタリアでも、その上からの統一運動と統一戦争は民族と国家への結集が旗印として掲げられ続け、国民国家の前提として自立した個人と市民社会が位置づけられていた訳では全くなかった。ウェーバーが就任演説の中で指摘する一部の大ブルジョアジーの独裁者出現への希求、その他の大ブルジョアジーと小ブルジョアジーに共通する「素町人根性」というものがこの事態に見事に対応する。

ドイツ民族統一の旗手の座から引きずり下ろされたオーストリアはやむなく、独立志向を強め、しかもスラブ諸民族やルーマニア民族を従属させているマジャール人士地貴族階級に妥協し、一八六七年オーストリア・ハンガリー同君連合国家を形成する。多民族国家とはいえ、七〇年代にヨーロッパ大陸で確立した国民国家システムに自国を対応させて行動していかなければならないという点からすれば、ハプスブルク帝国国民を形成することにより、国民国家システムの一員となったのである。

オーストリアと同一のことはロシア帝国にも言えることである。ロシアの南下とオスマン帝国への侵略を嫌い、英仏両国が押しつけたクリミア戦争に敗北し、英仏両大国と同等の国家能力を形成すべく、農奴解放等の「大改革」をもって国家構造の近代化を行ったロシアも、七八年の露土戦争勝利の獲得物を、相手国のトルコを加え、英・仏・独・伊・墺・露の代表者が出席した同年開催のベルリン会議において取り消されてしまった。国民国家システムが作動し、それを構成する諸列強の合意の中でのみ、ヨーロッパ地域ではロシア帝国も行動せざるを得なくされたのである。ロシアは、オスマン帝国域内と東欧に進出することを禁じられ、イギリスに対する激しい怒りを内に含みつつ、中央アジアと極東地域に転進していく。

対外進出と相互調整

一八六〇年代に顕著となっていく主要民族を母体にした国民国家形成の動向が、一国史的なものでは決してなく、他の諸国も連鎖的に同等レベルの国家を創ろうとすることによって対応していかなければならないという国際政治力学をもっていたことは、海を渡った北米大陸に例をとることが可能だろう。一八六一年から六五年まで六〇万人以上の戦死者を出してようやく連邦政府の国家権力を確立したアメリカ合衆国は、ここにはじめて単一のアメリカ国家とアメリカ国民を創り出した。しかしイギリスの宿敵ロシア帝国は、イギリスにではなく、このアメリカに六七年三月、七二〇万ドルで露領アラスカを売却する。イギリス植民地であったカナダがアメリカ国家の脅威に対処すべく連邦国家を組織するのが同年七月のことなのである。

国民国家は相互間で大きな遅れが出来ないように、他国の諸施策を研究し導入する。プロイセンをはじめドイツの各領邦国家が先鞭をつけた義務教育制度（日本では当初「脅迫教育」と訳されていた）を仏も英も八〇年代には国内に導入し、アメリカも全州で一九〇〇年までに実施するようになる。また国民を形成する上で障碍となる被差別集団の身分解放も行う必要が生じた。ユダヤ人解放は革命の理念でもあり、既にアメリカでは一七七六年、フランスでは一七九一年に実現されているが、イギリスでは一八五八年、オーストリアでは六六年、ハンガリーでは六七年、イタリアでは七〇年、そしてドイツでは七一年に断行されることになる。

しかしここで見た国民国家システムとは、ヨーロッパ列強たる英・仏・独・墺・伊・露の六大強国の協調体制が主たる性格ではなく、各国の軍事対決と軍拡競争を前提に、常に内包するヨーロッパ戦争の危険性を外に排出・転化していくシステムであったということが肝腎な点だと、筆者は考えている。

国民国家の典型たるドイツは、アルザス・ロレーヌを割譲させたことも加わって大国フランスの報復主義を常時警戒しなければならなかったし、第三共和制下のフランスは資本の要求と結びつけながら、国民の報復感情を対外的侵略をもって国威を発揚させることにより排出させなければならなかった。

オーストリアとフランスの軛《くびき》からようやく脱して列強入りを果たしたイタリアにとっては、南チロルやトリエステなど、まだ自国に統合しえていない地域が存在し、オーストリアとの間に対立点が残り続けているとはいえ、対外進出で国家権威を高めようとイタリア資本と共に狙っていたチュニジアを八一年、フランスに占領されてしまい、この国民的反仏感情が翌八二年、独墺同盟に加入し三国同盟を形成する引き金となった。そして紅海沿岸のアッサブを八二年に、マッサヴァを八五年に占領してアフリカへの軍事的進出拠点を作っていくが、これは三国同盟が背後でものを言ったのと同時に、フランスへの対抗上、イギリスがイタリアの行動に諒解を示したために可能となったのである。

イギリスにとっては地中海での海軍ヘゲモニーをとり続けることがエジプト・インド支配にとって極めて重要なことであり、フランスの地中海海軍力強化に対処するため、八七年にはイタリア及びオーストリアと地中海協定を結び、同海での軍事バランスをあくまでも維持し続けようと努めることになる。

右に言うイギリスのエジプト単独占領は、八一年、エジプトにおいて英仏二重管理体制を批判し立憲制を要求して勃発したオラービー革命への弾圧が直接の原因となって始まった事態だが、当然フランスの猛烈な反発を引き起こすと共に、エジプトに対し債権を有するドイツ帝国の非難するところとなり、その融和のため英独間でドイツの西アフリカ・東アフリカ・南西アフリカでの植民地領有に関し、八四～八五年に相互調整が成立することになる。

また、ドイツが進出してきたオセアニアに関しても蘭領ニューギニアを除く東半分において北半分とビスマルク諸島を独領とし南半分を英領とする英独間の相互調整が同時期になされている。

更に英独間では九〇年、エルベ河口より七二キロメートルのヘリゴランド（一八一四年、デンマーク領より英領となる）とアフリカ東海岸のザンジバル島との交換という相互調整もなされることになる。

注意すべきことは、非ヨーロッパ世界への欧州列強の勢力圏・植民地獲得競争では、列強間の相互調整と共に相互承認が伴っていることである。この英国のザンジバル島保護領化は一ヵ月後フランスが承認しているし、同じ九〇年、英国了承の上、フランスはマダガスカルの保護領化を宣言するが、同年内にドイツがそれを承認している。

このような国民国家システムにおける相互調整・相互承認の方法は、欧州資本主義列強の世界展開を秩序立てて行い、ヨーロッパ大陸内に矛盾を還流させまいとの権力政治上の知恵であり、英独間と同様、英仏間においても八二年、シェラレオネと仏領ギニアの国境調整、八九年、セネガル・ガンビア・黄金海岸での勢力圏調整等が行われるが、古くからの植民帝国フランスは、この時期に西アフリカとインドシナでの進出が目覚しく、イギリスとの利害調整は年を追うごとに困難となり、対立が深まっていった。

一八七〇年代から八〇年代、三国同盟による対仏孤立政策でヨーロッパ大陸の軍事的均衡をかろうじて保ってきたドイツの政策は、九〇年代に入ると、そのままの形では貫徹できなくなった。オスマン帝国の衰退に伴いバルカン地域の各国完全独立化の傾向はいよいよ強くなり、同地域に自国の影響力を強めようとする墺露二大国の対立は調整のつかないものとなり、ビスマルクが八七年、露仏接近阻止のためロシアとの間で締結した秘密軍事条約は、ドイツ資本の反露化ともからみ、九〇年に期間満了のため消滅してしまったのである。

ここに孤立状態におかれ続けてきたフランスとロシアとの軍事的接近が始まり、九四年には三国同盟を敵とする露仏攻守同盟が正式に結ばれることとなる。ロシアにとってはフランス金融資本の豊富な資金を導入し、シベリア鉄道建設等、国内の急速な資本主義化を図る絶好の条件を入手することも意味した。他方、イギリスにとっては、ライバルのロシアにフランスが軍事同盟したことにより、地中海海軍維持経費を格段に膨張させざるを得なくなった。

しかしながら、この二つの軍事同盟がヨーロッパ大陸内で相対峙し、相互が軍備増強を不断に図り続けるならば、どのような事態が引き起こされるのか。しかも、イギリスも深く関わっての矛盾の対外転化の地域であったアフリカ・東南アジア・オセアニア地域では、平和裡の勢力圏・植民地分割はほぼ終了してしまったのである。

強国日本の登場

極東の封建国家日本は、一八五八（安政五）年、米・英・仏・露・蘭、五ヵ国との間に軍事的威圧のもと通商条約締結を余儀なくされ、国内市場を世界資本主義に全面的に開放させられた。外圧に屈した幕府への、サムライ階級を含む日本人の怒りは、開港後の未曽有の経済的混乱と物価暴騰に苦しめられる一般人民の強烈な反幕意識と結びつき、六八年幕府は打倒され、国威挽回を約束する王政復古政権が成立した。

しかしながら、諸藩連合の上に立った維新政権は、その政治構造のままでは国家権力の結束が不可能となり、七一（明治四）年、「万国対峙」の早急実現を大義名分に廃藩置県を断行、王政復古実現に功績のあった薩摩と長州二藩出身者を中心とした中央集権寡頭政府を樹立し、封建時代の貢租率をそのまま踏襲した地租を農民に賦課する地租改正を行って国家の財政基盤を確立しつつ、上からの近代化を推し進めようとした。

だが、維新変革自体が、幕府の「私政」を批判する広範な日本人が賛同し参加し結集する中で実現したものであった。それ故に、徳川慶喜の大政奉還の表においても、今後「広く天下の公議を尽」すべきだと述べられ、王政復古の大号令にも「縉紳武弁堂上地下の別なく至当の公議を竭《つく》」させることが約束され、明治天皇が天神地祇に誓った五ヵ条の誓文の冒頭に「広く会議を興し万機公論に決すべし」との誓約が掲げられたのである。廃藩置県後の藩閥寡頭政権への権力集中と専制的政治運営は、たちまち「有司専制」と攻撃され、強引な中央集権化・一局集中化は全国各地域の猛反発を引き起こし、その国内的輿論に、地租改正反対運動を展開する中で地域を組織化し政治的自覚を高めてきた豪農層が賛同し、全国的な自由民権運動・国会開設運動の担い手に加わってきた。

西郷隆盛が城山で自刃し、大久保利通が横死したあと、薩閥の第一人者となった黒田清隆が依拠していた官庁北海道開拓使の官有物が、極めて安価に薩閥関係者に払い下げられることが決定されたことは、藩閥寡頭政権への全国的憤懣の油の大海に火を投ずるものとなった。藩閥政府は、八一年一〇月、九年後の国会開設を「爾《なんじ》有衆」に約束せざるを得なくなった。国会が国家機構の中にしっかりと位置づけられること、このことは日本が国民国家に成長転化する第一の条件が九年後につくられることを意味した。

他方、「万国対峙」の実現を約束した藩閥政府は、条約改正にとりくむとともに、主権国家として国境を画定し、隣国との間で国交関係を締結しなければならなかった。しかし、六八年、朝鮮王国へ政権変更の通告をした時点からぶつかったのは、冊封・朝貢関係を大原則とする大清帝国の中華的国際秩序であった。中国の周辺諸国の内では日本だけが例外的にそれに包摂されていなかったのである。

この外交問題は七九年の琉球藩の廃藩置県より、極めて深刻な問題となった。清国は琉球の再現を属邦朝鮮には決して許さないと決意し、それを迅速果断に実行していった。しかし日本政府は明治二〇年代に入ると、朝鮮を日本の「利益線」と位置づけるようになり、いずれの日にか朝鮮の政治的支配権をめぐり清国と戦う方針を固めた。

この内政と外交が、どのように絡まり合いながら日本型国民国家を確立させるのか、これが本論が検討すべき課題なのである。

第一章　日本型国民国家の確立過程

第1節　日清戦争終結までの国家権力と議会

議会開設対策

自由民権運動の空前の全国的高揚は藩閥政権を追い詰め、ついに一八八一（明治一四）年一〇月、九年後の国会開設を日本人民に約束することを余儀なくさせた。国家意思の決定に人民から選出された国会議員が大きく参画することとなる。国家のあり方における大変革が到来する。この一四年政変での政府部内の大混乱を後日、右大臣岩倉具視は、「此度の一件は政府中、実に容易ならぬ動揺である、西南戦争の時にも随分苦労したが、今度の始末はソレヨリモ六かしひ」と、政変で最も被害を蒙った福沢諭吉に語っている。福沢は政変直後の事態を「政府人の発狂」とも表現している（福沢 1954:284-85。同様の記述は、福沢 1961a:300 にもある）。

権力は必ず九年後に現出する大変革に対応すべき自己の体制を「期限付専制」（宮地 2010a：第2章第2節二）状態の中で形成しなければならなくなった。憲法制定議会によって賦与される形式ではない天皇主権の説明手段、これまで宗教として扱い振興してきた神道の位置づけ直し方、議会と君主との関係をドイツ帝国やオーストリア・ハンガリー帝国ではどのように憲法と諸法律で規定しているのかの憲法調査、議会と正面から対峙しなければならない内閣の組織方法、下院に対抗させるべき上院議員を選出する前提としての、旧大名・旧公家・士族を混淆させた五爵華族制度の創出等々、一つ一つ着実にやり遂げていかなければならなくなってきた。

どうしても準備しておかなくてはならないことの一つは、国会開設直前の第一回下院総選挙において、一人でも多くの与党議員を当選させるための各地での基盤づくりであった。第三章第1節では熊本県下紫溟会の動きを取り上げるが、それは教育勅語作成に深く関与する井上毅と元田永孚が出身県の紫溟会と密接に結びついていたことに、筆者が関心を寄せているからである。この政府部内の有力者と出身県での与党づくりとの関連は、土佐では谷干城や佐々木高行・土方久元等による古勤王党等の反自由党諸派の糾合、長州では井上馨・野村靖・青木周蔵等による自治党結成と諸隊を支持した豪農層の与党工作、薩摩では西郷隆盛の名誉回復による県内融和運動、さらには旧藩主たちが介在しての「温和」派養成等、初期議会の微妙なニュアンスを明らかにするためには、どうしても必要な研究テーマなのである。農商務大臣となりながら第一議会に議席を確保した陸奥宗光を支持する児玉仲児・関和彦等の議員団「紀州組」もその一例となるだろう。

月曜会事件と小沢免官事件

「期限付専制」といっても、一八八五(明治一八)年一二月の内閣発足以降は第二段階に入ってくる。

議会と政党を明瞭に意識しての天皇主権体制構築が内閣各省ごとに具体化されていくからである。教育分野では森文相の国家主義教育構想の制度化が井上毅等の協力によって進展し、国会開会直前の教育勅語渙発及び議会には関与させないとする教育行政勅令主義の確立となって結実する。国会と政党を国家構造に組み込まざるを得なくなり、議会が国民形成に大きな機能を果たすことになったのと同時並行的に、「国民教育」（第三章第1節を参看のこと）によって「忠君愛国」イデオロギーと「国体」意識に満たされた小国民を形成するという二重の国民形成路線のスタートがここに据えられる。

あと一つの、議会に決して関与させないという聖域分野づくりが軍隊とその統帥権に関わる陸海軍である。一八八二年一月の軍人勅諭により軍人と軍隊に対する天皇の統帥権が明確にされ、その具体化が内閣発足後、陸相の大山巌、海相の西郷従道・樺山資紀の統轄の元に進展していく。

但し陸海軍においては、他の各省のように自由民権とその思想への対抗という基本姿勢づくりだけで事を済ませることは出来なかった。特に陸軍は薩長藩閥勢力で一本化されていなかったからである。山県有朋・大山巌等の陸軍主流派に容易に従おうとしない陸軍中将鳥尾小弥太・同三浦梧楼・同谷干城・陸軍少将曾我祐準の四将は、一四年政変の原因となった開拓使官有物払い下げの一件を不正だとして憤慨し、八一年九月には巡幸中の天皇に非難の上奏文を奉呈し、谷などは元老院の佐々木高行（土佐）・河田景与（鳥取）・伊丹重賢（公家諸大夫）・楠本正隆（大村）等と結んで中正党を組織し、権力内部からの改革を試みようとしたのである。

明治一〇年代は、まだ主流派が圧倒的な力を振るうことは出来ない段階であった。陸軍将校が軍事問題を研究するための組織月曜会は陸軍少将堀江芳介を会長に推して本格的に活動するようになった一八八四年、顧問格として鳥尾・三浦・谷・曾我（八二年中将となる）の四中将を選び、その勢力を拡大していくが（松下 1967:119–21）、当然のこと、会内では主流派寄りの人事や薩長人結束に対する批判の声が挙がっていく。

主流派の山県や大山にとっては、軍の次世代養成を配慮しつつ、この事態に対処していかなければならない。後継者の条件は、第一には抜群の能力があり、第二には藩閥利害を決して傷《そこな》わないことである。山県も大山も共に合意したのは軍政面では桂太郎（長州）、軍令面では川上操六（薩摩）を後継者の核とすることであった。

桂は極めて忠実にこの期待に応えていく。八六年三月、大山陸相のもとで陸軍次官となった彼は陸軍省の大規模な機構改革を断行して議会対応体制を作り上げると共に、陸軍将校の集会所偕行社を唯一の組織とし、機関誌『偕行社記事』に軍事研究を集中させることに努め、月曜会からの将校の脱会工作を推し進め（桂 1993:106–07）、八八年一二月には鳥尾・三浦・曾我・堀江の四名を予備役に編入し（谷は八九年八月予備役編入）、八九年二月、大山陸相は陸軍内の月曜会組織を解散させるのである。

この月曜会問題は広く日本社会に知れわたった。流石、名ジャーナリストの素質を備える徳富蘇峰である。曾我祐準の国防論「日本の国防を論ず」を自分が執筆した形式に手直しして己の雑誌『国民之友』に掲載し始めるのが八八年七月二八日刊行の第二六号、一四回にわたって連載し、結論を載せるのが第三六号（一二月二一日刊）のこととなる。

曾我の国防論は、清国内で劉銘伝等により「日本征伐」の声が上がっていても、あるいは西洋列強が攻撃を仕掛けてくることを仮定しても、大兵を日本に送り込むことは現状では不可能だ、ということを大前提とし、軍拡を必要としない海岸線防禦戦略である。彼は次のように断言する。

「国防軍を除くも猶ほ十五万の陸軍あり、而して二十ケ所の砲台あり、千門の海岸砲あり、要港並びに上陸に便なる海岸を防御し、三十四艘の堅牢にして運用の精巧なる軍艦ありて、我れ行き彼れ来る能はざる各島の間を出没して国家を防禦せば、いかに十九世紀の弱肉強食の世界なればとて、又た如何に英人がビルマを蚕食し仏人がアンナンを経略し露人がウラジオストックまで鉄道を架けたりとて、未だ大いに恐る可き者なるを見ず」(『国民之友』1888:324)。

曾我の見解を引継ぎ、八九年には三浦悟楼が『兵備論』(三浦 1925:215-45)を発表する。彼は予想される戦場は内地だとして守勢作戦を主張し、兵員数を増大させるため、三年兵役をやめ一年兵役制を採用して護郷軍=国民軍を編成すべきだとする。海軍増強論に対しては、

「我国外未タ殖民地アラス、内尚ホ殊更ニ費用多キ海軍ヲ主張シ単ニ之ヲ自国ノ防禦ノミニ用ヒントスルカ、豈其目的原因ヲ誤マルモノニ非スシテ何ソヤ」、「殖民地ナク、内已ニ涸痩セシ民力ヲ以テ之レカ経済ヲ処セントトス、実ニ至難中ノ至難ト云ハサルヲ得ス」、「海軍ヲ拡張スルノ費ヲ転シテ之ヲ海岸防禦ニ流用スルコト、蓋シ策ノ至当ト云ハサルヲ得ス、凡ソ国防ニ着手スルニハ順序アリ、砲台ハ先ナリ艦隊ハ後ナリ、砲台未タ築カス、何ソ艦隊ヲ以テ之ニ代用スルヲ得可ケン」(同上:233-34)。

と、曾我と同一の結論を導き出している。

しかしながら、陸軍内部では、清国艦隊が日本に来襲してもそれは脅威とはならないと判断した八七年頃から、戦場を大陸に想定する外勢戦略が出現してくる。八七年七月、参謀本部が陸軍大尉藤井茂太

他二名を清国に派遣し、上陸地点の決定、軍隊の輸送方法、上陸後の戦略目標に対する作戦などの検討を任務に課したのは、その最初の動きである（黒野1995:7–28）。この外勢戦略は、八四年二月より八五年一月と八七年一月より六月の二回、欧州に渡り同地の軍事情勢と軍事組織を詳細に調査研究した川上操六が八九年三月参謀次長となり、参謀総長有栖川宮熾仁親王のもと、参謀本部の実質的総責任者になるに及んで本格的に練り上げられていった。その結論が山県首相が九〇年三月、閣僚に示した軍事戦略である。即ち陸軍七個師団は主権線を防禦するためのものだが、予備・後備の兵数を合せて二〇万人体制が完成した時点では、利益線たる朝鮮半島を防護しうるとする大陸での攻勢戦略である（同上:24）。この同年同月、尾張・三河・伊勢湾において天皇統監のもと、初めての陸海軍連合大演習が実施されるが、ここでは大陸作戦が想定され、上陸作戦が大々的に試みられるのであった（徳富1942:94）。

戦略がこのように大転換するようになると、山県首相が第一議会施政方針演説で主権線と利益線についての一般的な話をすることはともかく、戦略の具体的内容並びに作戦準備に関しては陸海軍は軍事機密として他の容喙を許さず厳重に秘匿する姿勢を強固にしていく。ここに天皇による軍事大権＝統帥権独立と帝国議会での国防審議権との関係が鋭く問われてくることになる。

この関係に決着がつけられるのが九一年一二月一四日の陸軍中将小沢武雄免官事件であった。当日貴族院において議員谷干城は国防に関して建議を行い、海主陸従主義（「移動防禦」）を批判し、日本では海外に所領なく、また海外移住民も僅少だとして、海岸砲台と艦船連携の「固定防禦」を主張し、今後の方針は「大に行政の機関を改良し政費を節し官費を減し、其の剰財を以て民力の養成と国防の完備とに充つべし」(谷 1975a:164) としたのである。小沢は小倉士族、八八年五月から八九年三月まで参謀本部長を勤めた高級軍人 (八五年五月中将) であったが、九〇年九月貴族院議員に勅選され、一〇月予備役に編入されている。

参謀本部長まで勤めた小沢は軍事戦略に関しては谷干城や曾我と同様、海岸砲台と艦船連携による本土防衛論の立場に立っていた。それ故に当日は谷建議への賛成演説を行い、「兵器弾薬等総テ出師準備ノ如キハ我々ガ甚ダ懸念ニ堪ヘザル所デアリマス、縦令出師準備ハ整頓スルニ至ツテモ、其将校下士ハ現今ノ制度デハ決シテ充足スル訳デハアリマセス」(『帝国議会貴族院議事速記録』1979:279) と発言した。これが軍機漏洩だとして陸軍内で大問題となり、明治天皇了承のもと、一六日高島陸相の秘書官が小沢宅を訪れ、「上諭ニ依リ速ニ其本官ヲ辞スヘキ旨」を伝え、直ちに小沢は「上諭ノ重モキ畏ミ、仍依上諭被免本官度《よってじようゆによりほんかんをめんぜられたく》奉願候」との辞官願いを提出、翌一七日、松方首相は封書を以て「陸軍中将免官」の辞令書を小沢に下付したのである(同上:271)。小沢はこれにより終身官たる陸軍中将の栄官を失った。先例は西南戦争の西郷軍の諸将のみである。

明治天皇の統帥権独立の理解はこれによって示された。これ以降、帝国議会は軍事戦略と戦争の展開につき、全くのつんぼ桟敷に置かれることとなる。*

* 日清戦後軍拡期における軍部の対議会秘密主義については、[斎藤 2003:238-39] を参看のこと。

明治一〇年代後半から開始した陸軍軍拡計画は、大陸での攻勢戦略が確立した後、一八九三(明治二六)年には総てが完了し、その上で川上参謀次長は同年四月より釜山・チーフー・上海等、視察すべき箇所を総て視察・確認した上で、清国からソウルに戻り、八月に帰国する。彼の関心事は特に兵站と兵站線を如何に作るかに向けられていた。

極秘裡の中、海軍面での不安を残しながらも、攻勢戦略の確定と動員準備を完成させ、朝鮮での政治的支配権をめぐる日清間の戦争に軍は確乎たる自信を持つようになった。あとは政治判断が下されるだけである。

日清開戦

一八七四（明治七）年の日本の台湾出兵から七九年の琉球での廃藩置県、明代以来の忠実な朝貢国琉球王国の日本への一方的併合は、清国にとってはこの上ない国家的侮辱であった。中華的国際秩序を無視した日本政府のこのような傲慢な行動を属邦朝鮮王国では決して再現させないこと、この決意と方針が壬午軍乱・甲申事変での清国の迅速かつ果断な軍事行動をもたらした。九四年の東学党農民反乱は、清国洋務派官僚による属邦朝鮮近代化政策の破綻を意味するものだったが、清国政府と李鴻章は朝鮮政府の出兵要請を朝鮮の更なる属邦化の好機ととらえ、しかも日本政府は民党の帝国議会での激しい攻勢により対外出兵の余裕はないと判断して援兵を朝鮮に派遣したのである。

朝鮮での政治的支配権をいつかは清国から奪取しなければならないと日本政府の面々の誰しもが思いながらも、清国の出兵行為を日清開戦にまで持ち込んだ立役者は、カミソリ外相陸奥宗光であった。外相が天津条約を名分に予想外の大部隊をソウルに送り込んだ段階では、日本人の殆どは居留民保護のためと思わされたが、陸奥は日清間の紛争に英国は介入しないことを、七月一六日の英国の改正条約調印で最終的に確認するや、いかなる手段を用いても清国兵と交戦する機会を作るよう駐朝鮮公使大島圭介に秘密裡に訓令する。この六月から七月、外相を全面的に支え事態を開戦の方向に推し進めるのが藩閥官僚第二世代の参謀次長川上操六と駐清臨時代理公使小村寿太郎の二人なのである。

清国側でも、事態を創り出してしまった李鴻章は意想の外に置いた日本軍大兵派遣と強硬な朝鮮内政共同改革提案の攻勢に対し、引くに引けない状況に陥ってしまった。清国政府は此期《このご》に及んでの後退姿勢を李に許さなかったのである。清国からの増援が送り込まれる最中の七月二三日、大島公使とソウルの日本軍は朝鮮王宮を攻撃して政府を転覆（但し日本国内には知らされてはいない）、大院君政権を樹立し、この政権から清国兵排除の命令を受領し、陸海両面で攻撃を仕掛け、八月一日、清国に宣戦を布告する。

義戦論

日本政府は日本国民を戦争に動員するためにも、清国と東アジアに既に多大の権益を有する欧米列強に介入を許さないためにも、戦争目的を朝鮮の属邦化を図る清国を排除し、朝鮮を「諸独立国ノ列ニ伍セシ」めるためと宣言した。

日本国内では壬午事変以後、特に甲申事変以降の清国の朝鮮属邦化政策の強化と日本権益排除の動きに不満が高まってきており、中江兆民が起草した一八八七（明治二〇）年一二月の後藤象二郎封事の中でも、次のように政府の対朝鮮政策を非難している。

「前に朝鮮の事件に干渉して清国と競争を試みんとし、一たび小事変に逢ふに及び、遽《にわ》かに自ら沮喪し、朝鮮を放棄して敢て復た與《あずか》らず、清国の専横跋扈に一任するに至れり」（『自由党史　下』

1958：321）。

特に日本人の対清感情を悪化させたのは独立党の亡命政客金玉均が上海に誘い出されて九四年三月に暗殺され、暗殺者と金の死骸が清国軍艦で朝鮮に届けられ、暗殺者が忠臣として扱われる一方、金の死骸が朝鮮国法に従い、逆賊として公開の曝しものとされたことであった。この結果、日清戦争は殆どの日本人によって賛成されることとなる。

朝鮮独立党の人々を支援し亡命後の生活を援助し続けた中心人物が福沢諭吉だっただけに、独立党による朝鮮の内政改革を熱望する彼は終始強硬に戦争を支持・声援し続けた。彼の戦争肯定の論理は「文明化の進歩を謀るものと其進歩を妨げんとするものとの戦」（福沢 1961a：491）というものであり、朝鮮の改革を阻止する清国と戦うのは「隣国の改革の為め戦ふ文明の義戦」（同上：505）と断言する。義戦論の福沢ヴァージョンである。

清国の政治的支配権を排除した朝鮮に対して日本のとるべき方針について、福沢は九四年九月の論説「朝鮮の独立」の中で次のように述べている。「日清戦争の原因は朝鮮改革の問題として、日本の目的は朝鮮をして支那の羈絆を脱せしめ、其国事を改良して独立の基礎を全ふせしめん」が為であり、「支那」から独立した後、朝鮮が文明の途にのぼる上で、朝鮮が師とする文明国を英国・仏国・独国・露国なりいずれの国を選んでも問題はない、文明化されれば朝鮮は隣国日本にとって最も有利な貿易国となるはずであり、「即ち日本は貿易の利益を開くが為に朝鮮の独立を必要として支那の干渉を払ひたるもの」（同上：580-82）だ、と日本資本主義市場としての独立朝鮮を強調している。

内村鑑三も日清開戦を支持し、七月二七日付の『国民新聞』論説「世界歴史に徴して日支の関係を論ず」ではこう述べている。即ち、これは新文明の日本と旧文明の清国との闘いであり、ギリシャとペルシア、ローマとカルタゴ、英国とスペインの戦いに例えることが出来る、二者の衝突は自由と圧制、冀望と回顧、進取と退守、欧州主義と亜細亜主義との対立であり、二者の両立は不可能、この闘いは「吾人の天職を全ふせんため」、「新文明を東洋全体に施さんため、余輩は此義戦に従事せん事を欲するものなり、吾人の目的豈一朝鮮の独立を保つに止まらんや」（内村 1982:30-36）と主張している。義戦論の内村ヴァージョンである。

但し欧米人向けに訴えるため執筆した八月一一日付『ジャパン・ウィークリー・メイル』掲載の"Justification for the Korean War"では欧米人の思考の線に沿って内村の論理が展開されている。つまり、米国の独立戦争が righteous war だったのと同様、今回の戦争も義戦である、日本の友好的な対朝鮮政策に清国は二〇年以上も介入してきた、清国・朝鮮両国の密使により清国領土で殺害された金の死体になされた扱い方を、人間的心情を持った如何なる人々が耐えられるのか、日本が朝鮮に介入したのは、世界で最も遅れた民族が朝鮮の独立を脅かしているからであり、日本は朝鮮を救い、一目瞭然の諸悪から朝鮮を解放するためにこそ介入した、このことは隣国日本としての神聖な権利である、我々は朝鮮の大義のために立ち上がり、朝鮮を助けるからといって、いかなる物質的利益をも我々は得ないだろうし、清国からの賠償金も戦費以上になることはあり得ない、という論を繰り広げている（同上:39-47）。

日清戦争中から『大日本膨張論』を著した徳富蘇峰においても、他方では第二章第3節に見るように、戦争の名義を朝鮮独立を担保する事にあると、徳富ヴァージョンの義戦論を述べているのである。

日清戦争は第二次伊藤内閣の下に遂行されていくが、その広報紙的機能を自認している『東京日日新聞』においても、九四年九月一二日付論説「日韓両国同盟」（八月二六日に調印されたもの）において朝比奈知泉は次のように述べている。

「此条約は其本文にいふ如く韓の独立自主を鞏固にするの目的に出つるか故に、苟も韓の独立自主を鞏固にして、宗国を僭称する清国の干渉を絶たは、其目的や遂けたりと謂ふべし、帝国の侠、固より攻守同盟の名の下に保護国の実を行はんとするものに非す、誠に韓の真に独立自主の邦たるを欲するか為に兵を出して争ふのみ」、「永く此条約を存して隠然保護国の任を取るの猜疑を招くの要なし」、「我曹は素より全局の勝利を得て此一時の攻守同盟を解くの日遠からさるを信するものなり」（朝比奈 1927 : 908–09）。

つまり、あくまでも清国の勢力を排除すれば、それで事態が前進するという楽天的な考え方なのである。

今日では、朝鮮の保護国化と植民地化というその後の歴史的展開から遡及的に思考して、義戦論は建前であって全くの口実に過ぎないとの見解が極めて一般的だが、筆者は異った見解を持っている。この段階の日本人には、他国の領土を獲得するために戦争するというあけすけの論理は日露戦争の時と異り、未だ広範な支持を得られる段階ではなかった。「春秋に義戦なし」との「孟子」の言葉は知識人の常識であり、「王道」対「覇道」の対比も儒教的道義論の自明の前提であった。幕末期、大久保利通が「非義の勅命は勅命にあらず」と言い放ったごとく、あらゆる権威と国家価値を超えた普遍的道義としての「義」がそこに存在しているのかいないのかは、この時点での日本人の価値判断では相当の比重を保っていたのである。この「義」論と、そして幕末期から当該時期までの日本人の誰しもがその貴重な価値を疑問視も軽蔑もしなかった国家の「独立」という観念が組み合されて日本人に説かれた時、それは絶大な統合機能を果すことになる。

他方、日本の国家権力が朝鮮の政治的支配権を掌握しようと意図していたのは事実にしろ、そこにはいくつかの難問が存在していた。

第一に、朝鮮は清国の属邦だったとはいえ、既に日本や欧米各国に広く開国されており、各国政府の公使と領事が駐在し、朝鮮政府と外交・通商関係を結んでいたのである。この段階での欧米列強の合意獲得なしの保護国化など壮士白昼夢のレベルに止まらざるを得ない。

第二に、戦争目的は朝鮮の清国からの完全独立にあると明々白々に日本政府が国際社会に宣言している以上、清国の影響力を排除した以降の朝鮮に対し、日本はその完全独立を制約するいかなる条約や協定をも押し付けることは不可能である。

第三に、朝鮮が完全に独立する以上、福沢が述べているように、どの国にその文明化・近代化を学ぶかは、朝鮮政府が選択の権限を有している。日本政府は戦争終結後は軍事力をもって自国の例を模範として押し付けることはもはや無理となる。東アジアでの絶大な政治的・軍事的影響力を日本が依然として保持し続けている時においてのみ、その可能性は存在し続ける。しかしそれは果たして可能だったのか。

第2節　日本型国民国家確立の諸指標

世界史的事件としての三国干渉

一八九五（明治二八）年四月、露・仏・独の三大強国の軍事的威圧を以ての対日三国干渉と五月の日本の遼島半島還付は、国民国家システムの上から見て世界史が新たな段階に突入したことを意味するものであった。欧州で確立していた国民国家システムは、露仏同盟と独・墺・伊三国同盟を対抗軸として、ヨーロッパ内での「武装せる域内平和」を維持するため、列強対立の矛盾の激化をヨーロッパ域外への競い合っての経済的進出、balance of power を原則としての勢力圏・植民地の相互獲得によって防止しようとした。しかし東アジア地域世界では日本・清国・朝鮮という独立した伝統的三国が鼎立状態を作り出していたため、欧州列強はこの地域世界への直接介入を控えていたのである。だが日本が清国に勝利し強国として劇的に世界にその姿を登場させたことにより、事態は一変した。下関条約で日本が遼東半島を割譲させたことは、大陸国家ロシア帝国にとって中国大陸のやがては進出すべき要衝地域に、日本が自国を尻目に手を付けたことを意味し、到底容認し得ることではなかった。同盟国フランスを巻き込んで軍事的圧力をかけようとするロシアを、自国に対する露仏同盟の軍事圧力を転化する絶好の機会と捉えたドイツは強く後押しした。ここに露・仏・独三国海軍極東結集という、日本の眼前での強力な軍事力が創出される。日清間での朝鮮の政治的支配権をめぐる争奪戦というレベルでの問題では全くなくなってしまったのである。また朝鮮問題にしろ、朝鮮が日本の隣国ならロシアも朝鮮の隣国となる。日本はこれ以降、ロシアの存在を無視しては朝鮮の政治的支配権の問題も考えることが出来なくなった。事態は世界史レベルで、より高度な次元に押し上げられたのである。

日本型国民国家の特質

福沢は、ドイツの膠州湾租借地化を出発とした列強の清国沿岸各地租借地化運動の激動を評して「欧州の中原を日本の対岸に引き寄せたるもの」、「欧州の強国を対岸の土地に移したると同様」(福沢 1961c:300–01) と表現するが、その起点が三国干渉という世界史的事件であった。政治的・軍事的地球は瞬時にして凝縮され、ヨーロッパ国民国家システムの縁辺部に強国日本は否応なく立たされることとなったのである。

東アジアの強国として日本が認められたにしろ、ヨーロッパの国民国家群は、総てアーリア系人種でキリスト教の国々である。黄禍論の横行する中、日本がこの国民国家システムの中に受容され、他の独立国家を保護国化・従属化する強者・強国の権利を国際的に承認してもらうには、いくつかの国際政治をくぐり抜け、権力国家として成り立っていかなくてはならない。その中で国民意識も劇的に変容していく。我々はその過程を次節で検討することとするが、まずここで確認しておきたいことは、国民国家システムの縁辺部にはめ込まれた日本国家に何が必要とされ、何が日本を支えていくことになるのか、ということである。結論的に言えば、これが日本型国民国家確立の内実だと筆者は考えている。他者としての国民国家システムに対峙するためには、自前の諸道具を前提としながらも、自者を他者に似せて創り上げていかなくてはならない*。

＊　筆者は、国民国家と日清戦争との関連についての考えを、［宮地 1996］で述べておいた。本論はそれを踏まえて執筆されている。

第一に確定するのは、ヨーロッパの国民国家レベルに匹敵する軍事力増強、即ち日清戦後軍拡方針である。先に曾我・三浦・谷の日本国防論で見たように、日清戦前の日本人は、欧州列強が大兵を極東に送ることは極めて困難であり東西の距離を接近させる工夫がありえない以上、天然の地理的恩恵を利用し、本土海岸線を海陸軍連携により防衛すれば、軍事費を増大させずに日本は防衛できると考えていた。陸海軍では大陸決戦を想定するようになっていったとは言え、民党優位国会での八〇〇〇万円そこそこの国費の使途決定なのである。対清戦に勝利するに足るもの（但し海軍力では黄海海戦で勝利するまでは強い危惧感を当局は懐いていた）を準備できれば、何をかいわんやという状態であったのが、三国干渉により激変する。第九議会（九五年一二月～九六年三月）、第一〇議会（九六年一二月～九七年三月）において承認された第一次・第二次軍拡計画では、陸軍においては既設の近衛師団と六個師団に更に六個師団（旭川第七、弘前第八、金沢第九、姫路第一〇、善通寺第一一、小倉第一二師団）と騎兵・砲兵各二個旅団の増設、海軍においては甲鉄戦艦四隻をはじめとし、大小艦艇九四隻建造という厖大なものになった。

この日清戦後軍拡の実現を保証したのは清国の巨額の対日賠償金であった。日本は遼東半島還付の代償として五〇〇〇万円を獲得したので、総計三億六〇〇〇万円は償金特別会計（一九〇五年度終了）に組み込まれ、陸軍拡張に五七〇〇万円、海軍拡張に一億三八〇〇万円などというように支出されることとされた。なお海軍では一九〇二年締結の日英同盟の要請により、更に第三次軍拡計画が立てられることなる。

第二に、議会と政党の地位が段階的に上昇し、地方自治制度をふまえ「立憲政治」による日本国民形成が実現していったことである。国民国家論の核がここにある。一八八九（明治二二）年に制定された帝国憲法では、この第七一条に、議会で予算案が否決された場合には、前年度予算を執行できるとの規定が設けられており、これを以て藩閥政府は、自由民権諸政党の議会攻勢への防壁にしようと考えていた。そして、民党があくまで反対するならば超然内閣として解散に次ぐ解散で対決する外ないとの腹を固めていたのである。

ところが日清戦後になると、この規定は全くの無意味となってしまった。賠償金によって軍拡を開始するにしろ、特別会計によって創設された兵営・軍艦等の経常費は毎年の経常会計で支出していかなければならず、広義の軍拡である産業基盤の育成や台湾植民地経営、大学・高等専門学校等の増設等は、当初から財源を増税に求めていた。議会の承認なしにはビタ一文の増税も不可能なのである。藩閥勢力の政党取り込みが開始される。

第二次伊藤内閣では自由党の板垣退助が九六年四月から内相となり、続く第二次松方内閣は実質的には改進党の後進たる進歩党との連立政権であった。第三次伊藤内閣は政党に依拠しない内閣だったため、大差を以て地租増徴案は否決され、藩閥側も打つ手なく、九八年六月から自由・進歩両党が合同した憲政党により第一次大隈重信内閣（大隈首相と板垣内相）が組織される。同政権は内部対立のため五ヵ月後に倒壊するが、続く第二次山県内閣は、旧自由党主体の憲政党と結ぶことによって、九八年一二月、懸案であった地租増徴法をはじめて成立させることが可能となったのである。

しかしながら、このことは単純な政党勢力と議会の地位上昇と議会・政党基軸の国民形成を意味はしない。日清戦前、議会に多数を占めていた自由党も改進党も、藩閥政府の打倒、民力休養・地租軽減、自由主義・立憲主義・政党内閣の実現をその大義名分としてきた。だが日清戦後は自由主義から国家主義へ、藩閥勢力との対決から藩閥勢力との癒着・提携の方向に大きく転進していった。その到達した先が一九〇〇年九月、旧自由党を核とし、藩閥元老の一人伊藤博文を総裁に担いだ立憲政友会の成立だったのである。貴族院の硬派谷干城は、一九〇一年六月、このような政党の変貌を次のように苦々しく書通している。

「今や彼の徒（「自由民権を称道せし徒輩」）は先時の言責を打忘れ、曾て讐敵視せし藩閥元老の門下に拝伏し、只自己の営利是れ計り国民を愚視し国家を玩弄し、国民の天性たる愛国心を濫用して政府と通謀し、民力の度をも不計、増税又増税、僅々五六年間にして歳出八千万円より飛二億七千万円に至る、彼等皆是れを賛成し曰く、我が徒は積極主義なり進取主義なり、彼の民力を計り政費を節するが如きは消極主義なり退守主義なりと嘲笑す、猶ほ往時彼等が自由民権論を狂呼せし時、正義公道を唱へし者を守旧なり頑固なりと嘲笑せしと同一筆法を取れり、口は誠に重宝なり」（谷 1975b:639–40）。

この自由主義政党が国民国家確立への過程で国家主義に転化し国家権力と癒着していく事態は、プロイセンでは一八六〇年代、ビスマルクと憲法闘争で激突した進歩党がビスマルク支持の国民自由党（六六年成立）に変身していったこと、リソルジメント期にラディカルであった政党・政治家達が、イタリア統一後、八〇年代の対外膨張期に国家主義に転化し、この動きはトラスフォルミズモと政治学の学術用語にまでなっている如く、法則的なものなのである。日本より大幅に遅れ第一次革命期にようやく不十分な議会が創られたロシア帝国では、カデットと呼ばれた自由主義政党が革命に主導的役割を果たしたが、第一次大戦を契機に同様の転身を遂げることになるだろう。

第三に国民国家を支える資本主義体制が日清から日露戦争の間に確立することである。日本経済史の通説では、労働手段の生産が可能となる時期を資本主義の確立指標とし、明治三〇年前後の絹業・綿業での産業資本的発展、中国の大冶鉄確保による官営八幡製鉄所の営業開始（一九〇一年）等の具体的事例を以て、国家資本が大きな比重を占める日本資本主義が日清戦後から日露戦争までの時期において確立したとされている。

第四に、過重な地租と松方デフレのため、中農層が減少・没落する中で形成・展開してきた半封建的寄生地主制も、日清戦後経営の過程で日本資本主義としっかり結びつき、この結びつきによって逆に寄生地主制も確立する。地主制研究者の中村政則氏によれば、寄生地主制の確立を決定づけた基本的契機は、天皇制国家（＝日本型国民国家）による日清戦後経営での財政・金融政策と農業政策との体系的確立であった。このことにより寄生地主は国家権力の保護のもとに、小作農民の搾取を強化し、他方では財政・金融政策に誘導されながら金利生活者となっていき、産業資本の未蓄積の補充者として機能するのである（中村 1979）。

第五に、第二章と第三章で詳述するように、天皇と国家を一体とした国家至上主義の中に日本人の意識を統合し、それを有機的に構成する細胞として自分があることを、一人一人の日本人男女が思い込むようにされていったことである。権力の側から見れば天皇制イデオロギーの浸透と言えるし、国民思想の側から見れば日本型国民国家における日本人の自己意識の確立と言ってよい。その核には国家・民族が主体に措定される社会ダーウィニズムが据えられ、補完するものとして忠君愛国主義と「国体」論が日本人の意識の中に浸透させられていく。国内的には主権者天皇への忠良なる日本臣民であり、他国に対しては万邦無比の卓越した「国体」を有する大日本帝国国民となるだろう。

国家＝天皇が最高価値に置かれなければならないため、国家と民族を超越する普遍的価値は否定されるか、国家に同化・従属化されなければならない。キリスト教、朱子学的普遍主義、そして個人と個人の自由を大前提として社会と fictions body としての国家を構成していこうとする自由主義思想は不断の攻撃にさらされ続け、そして修身からは「良心」と「人道」という徳目が消滅させられる。

第六に、言文一致と標準語普及による国民形成という課題が、日本の台湾植民地統治での台湾住民への日本語教育の実践とも絡みながら大きく浮上してくるのである（宮地 1996：336–37）。異民族を統治し得る大国民の「国語」とは如何なるものにすべきなのか、という問いかけがここには存在する。日清戦前は対清関係上、内地化が控えられていた沖縄県では、戦後、日本人意識をいかに児童に養成するのかが大きな問題となっていた。立津春方は「国家につきて」と題して、次のように論じるのである。

「本県児童の現状を見よ、吾人が日常使用せる本邦の普通語を習熟して自由に語り自由に操りて、誠に立派なる大帝国民と見らるべきもの、果たして幾人かある。文字教育のみを以て国語教育と思へる人はなきか。こそ・けれ・ぞ・なる、等の古語を授くるのみを以て国文教授と心得るか如き人はなきか。語を換えていはば、読本を授け作文を教ふれば国語教育の能事了れりとせる人なきか。

吾人の思想を表彰する要具の中、第一位にあるものは言語にして文字は第二位にあるもの、即ち文字は第二次的のものたること、おのづから明瞭ならん」、「国語は国民が共同普遍の精神を表彰するものといひて不可なからん。故に国語によりて国民性の帰一を催すは更なり、朝夕これを使用して相互の思想感情をいひかはすが故に、ますます其帰一をして強固確実ならしむるもの也。国語は人民が常に結合一致しつつ、国民てふ団結を形成するに最有力なるものとす」、「さるに世には文字教育、即ち目と手との習練にのみ重きを置き過ぎて、国語教育、即ち口と耳との習練を軽んずる弊あり、予は国民教育に採用すべき文体は主として活語、即ち口語体の文ならざるべからざるを信ずるもの也」、「其標準とするところは彼等児童が見てもききても分るを根本とすべきをいふ也」（立津1901）。

ここで立津が、あるべき国語は「国民性の帰一」のためにこそ必要なのだと語っている「国民」とは、第五で我々が見た内実を備えさせらるべき「国民」だということは、宮原一朗が「教育家の任務」と題して、次のように述べていることからも明らかとなるだろう。

「教育者たるものは宜しく国民教育の真義を了解し国家組織の細胞たる国民をして国家全体の生命を維持するが為に特に国民的精神を修養し国民たるを意識せしめ国家欲望界の有機的統一と一致せしむる所なかるべからざるなり」（宮原1901）。

第3節　世界史転換点としての日英同盟

閔妃暗殺

筆者は、日清戦後から日露戦争に至る時期を国際政治の中でも異様な時期だと考えている。それは維新変革の中での異様な時期、即ち第二次アヘン戦争で勝利した英仏連合艦隊、江戸湾来襲との重圧のもと日米通商条約が締結された一八五八（安政五）年から連合艦隊摂海進入による孝明天皇が万策尽き果て条約を勅許した六五年までの軍事的危機並びに対外戦争の時期と相似している。しかし維新変革は世界史的に見れば極東の弱小国日本での政治変革だったに過ぎず、欧米人からは、パークスが好例の如く、日清戦争直前までの日本は政治紛争の絶えない中南米の弱小共和国と同等に過ぎないと見做されていたのである。

だが、日清戦争の勝利により東アジアの強国として登場した日本は、必然的に欧米列強の国民国家システムの縁辺部に位置づけられ、その論理の中で行動せざるを得なくなる。そして世界史の焦点はこれ以降東アジアに絞り込まれ、しかも非欧米世界への植民地・勢力圏の拡大と分割が可能だった段階から、その再分割をめぐって強国間の世界的戦争の時代、即ち帝国主義の時代に入るその主要舞台にこの地はなるのである。

一八九五（明治二八）年四月から五月の三国干渉は日本のみならず朝鮮においても大変動を引き起こした。日清戦争が日本優位の中で展開されている間は、日本軍の圧力のもとでの日本主導の朝鮮内政改革はやむ無く受容されていたが、戦争が終結し、しかも三国干渉により、日本は欧州列強の国民国家システムから度外視される程度の二等国家に過ぎないと朝鮮王室に見なされるや、たちまち日本が押しつけた諸改革は排除・排斥されていった。そして日本が編成・調練した訓錬隊の廃止に至ろうとするのは当然のことであった。ロシア・アメリカと結び日本の政治的指導権と獲得権益の排除を指導しているのは王妃閔妃だと考えた朝鮮公使三浦梧楼は、再度大院君を担ぎ出し、日本人壮士達を動員して王妃を殺害、新政権樹立のクーデタを一〇月八日に決行した。三浦等の頭には戦争時の日本の政治的指導権と権益復活ということしかなく、独立国の王妃殺害という国際的大スキャンダルが、三国干渉に屈服した以降の日本にいかなる国際的悪影響を及ぼすのか、思いを致す能力はなかった。

その結果が九六年二月の朝鮮国王露館播遷《はせん》と閔妃暗殺後も政府を組織し続けた首相金宏集以下閣僚の殺害命令であった。これ以降、政府の指令はロシア公使館から発せられることとなった。朝鮮に対する政治的指導権は日清戦争に勝利した日本が獲得したのではなく、三国干渉を主導したロシアが掌握することとなった。伊藤内閣と陸海軍が日清戦争により実現しようとした主目的はここに雲散霧消した。播遷事件以後は、日本はソウル駐剳各国公使と歩調を合わせるほか、朝鮮政策上、とるべき選択肢はなくなったのである。*

* 露館播遷の状況は、朝鮮人民の反発と各国公使の抗議により、翌年二月に終った。

福沢等は明治一〇年代からの独立党のメンバーとの深いつながりからも、戦時期、朴泳孝等の独立党政治家による朝鮮内政改革を強く支持し声援を送り続けていたが、それが失敗に終った後は「我国人が他に対して（独立を扶植するという）義侠心に熱したると文明主義に熱したると、此二つの熱心こそ慥に失策の原因」（福沢 1961c: 326）と認め、今後は一切それらを断念し日本人が朝鮮に移住し殖産興業に従事し文明の実を示していくほかない、と述べることとなる。

ロシアの遼東半島租借地化

一八九七（明治三〇）年一一月、山東省において二名のドイツ人宣教師が殺害されたことを理由に、同月ドイツ軍艦は膠州湾を占領して青島砲台を奪い、北京のドイツ公使は強硬な諸条件を清国政府に突きつけ、この軍事的圧力のもとで、清国は九八年三月六日、ドイツとの間に膠州湾租借条約を締結し、九九年間の租借権・膠済鉄道敷設権・沿線三〇里内鉱山採掘権をドイツは獲得した。

このドイツの動きに呼応し、九七年一二月、ロシアは軍艦を旅順に入港させ、同月、対清借款条件として満州・モンゴルでの鉄道・工業の独占権付与、黄海沿岸の一港租借、ロシア人の総税務司任用等を要求、清国は九八年三月二七日、ロシアとの間に旅順・大連租借条約を締結し、二五年間の租借権、旅順までの東清鉄道南支線敷設権をロシアは獲得した。長年の夢の不凍港をここにロシアは入手したのである。

ロシア・ドイツと並んで三国干渉を行ったフランスは九八年四月、広州湾の租借と滇越《てんえつ》鉄道敷設権、ベトナム境界地不割譲を要求し、同月広州湾を占領した。フランスの場合は交渉が長引き、清国は九九年一一月、フランスとの間に広州湾租借条約を締結し、九九年間の租借権をフランスは獲得した。

一九世紀二〇年代からのライヴァルであるイギリスは、ロシアの南下政策を極度に警戒し、九八年五月、海軍が山東省北岸威海衛（未だ日本が保障占領中）を押え、七月威海衛租借専条を結んで二五年間の租借権を獲得した。

国民国家システムの相互調整の論理に従っての租借地獲得である。日本人の眼前で各国海軍圧力を背景としたヨーロッパ列強の権益争いが展開されていく。特に日本人の心を逆撫でしたのは、朝鮮独立の脅威となるとの理由を以て遼東半島を清国に還付させた当のロシアが遼東半島を租借地としたことであった。下野後の伊藤博文は、自分の目で清国の急変する事態を確認するために渡清、光緒帝への拝謁の翌日に戊戌政変に遭遇するというきわどい体験をした。この事態に日本が対抗するためには国家的政党を組織するほかないとの決意を固めて帰国した伊藤の活動が政友会結成につながっていくのである。

九七年一一月以降の独・露・仏・英の動きで日本人が確信を持たされたのは、国際政治には道義が何ら必要とされないという「真理」であった。軍事力が総てに優先する。政府の浸透させようとしていた「国家があっての我々」意識は、これ以降国民全体を包み込んでいく。加藤弘之の説く社会ダーウィニズムと強者・強国の力量が総てを決定するとの主張が干天に曝された大地に雨が浸みこむごとく吸収されていった。九八年、膠州湾事件をふまえて加藤は「生存の需要」と題し次のように訴える。

「国民の充分なる生存を為すには、必ず同一人類たる他国民を以て其需要を為すにあらざれば能はざる所以を知るべし」、「今日欧羅巴各国は自国生存の需要に汲々とし、独り支那のみならず、東洋全体に其勢を張らんとする形勢あり、之に対して欧羅巴各国の需要とならざらんとするには、之に優れる国民的生存なかるべからず、我が日本国民は今日に於て其影響を防ぐべき身的生存と心的生存とを充分ならしめざるべからず、日本は三十年来頗る此ことに努めたりと雖、今日に至は最も危急存亡の秋《とき》に際したりと云うべし、啻《ただ》に他国の需要とせられざるのみならず、更に進んで他国を需要とするの実力を養成せざるべからず、今日国民が充分なる生存を得んが為めにも、亦他の国民を需要とせざるべからざるは、実に争ふべからざる天則」（加藤 1990:233-34）なのだ、と。
弱肉強食のイメージを掻き立てる中で、ここでの「需要」という言葉は深い意味内容を持たされているのである。

ボーア戦争と英国の戦略転換

一八九七（明治三〇）年末からの列強の清国侵略、とりわけて強引なドイツの山東省進出は、反外人意識、また侵略の象徴としての外人宣教師と教会に対する反感を華北民衆に増大させ、この扶清滅洋闘争の指導権を秘密結社義和団がとるようになり、一九〇〇年一月になると、北京列国公使団が清国に義和団鎮圧を要求するまでにその力を強めていった。しかもその後も義和団活動の拡大は止まるところを知らず、ついに六月には北京の各国公使館は義和団に包囲され、同月、清国自体が義和団と結び、北京に出兵していた英・独・仏・露・米・伊・墺及び日本八ヵ国に宣戦を布告する事態に突入した。華北地域での欧米国民国家群の権益全体が危機に瀕した。

イギリスは、この巨大な民族運動の鎮圧に名を借りてのロシア陸軍大部隊の南下を嫌悪し、しかも南部アフリカで抱え込んだボーア戦争のため、自国陸軍大部隊の華北派兵は不可能な状態に陥っており、再三にわたり日本に出兵を慫慂し、イギリスの強い要請を受ける形をとって山県内閣は第五師団を派遣、八月、八ヵ国連合軍は北京総攻撃を行って公使団を救出する。連合軍四万七〇〇〇の内、日本軍は二万二〇〇〇名を占め、列強の在清国権益擁護のための中核に日本の軍事力がなり得ることを証明し、欧米列強七ヵ国に対し、対等な軍事強国であることを承認させた。日本政府（第二次山県内閣）と帝国陸海軍の対外的自信は極めて強いものとなった。

ところで、義和団の外国排斥運動は満州ではロシアが建設中の東清鉄道並びに東清鉄道南支線の破壊となってあらわれ、ロシアは鉄道保護を名目に満州に侵入、たちまち東三省全域を占領し、一九〇〇年一一月には秘密裡に清国と交渉、鉄道損害賠償までの自国軍隊の満州への駐兵権、満州地域権益の独占、北京までの鉄道敷設権等を要求する事態にまで至ったのである。

ここで目を転じて、世界史が一八九八年から一九〇〇年頃を境に、勢力圏と植民地の再分割の時代、帝国主義の時代に入ったと言われている事態を、広く点検しておこう。

言うまでもなく、典型的指標は一八九八年の植民地分割をめぐる米西戦争である。古い植民帝国であるスペインの植民地キューバとフィリピン両地において共に独立戦争が展開しており、それに介入してスペインと戦い、アメリカはキューバを保護国化し、フィリピンを植民地とし、併せて同年ハワイを自国に併合した。アメリカが海外に武力で植民地を獲得し帝国主義化する出発点に米西戦争がなったのである。アメリカのフィリピン領有は同時にアメリカをして中国大陸への経済的進出を本格化させることとなり、その象徴が九九年九月、国務長官ジョン・ヘイによる清国への門戸開放と機会均等の提唱、換言すれば中国大陸の全域領土保全・分割阻止の態度表明となったのである。

あと一つは一八九九年から一九〇二年にかけて戦われた大英帝国とトランスヴァール共和国との大戦争である。イギリスは南部アフリカの古くからの植民地ケープ植民地及びナタールから北上し、後日ローデシアと呼ばれる地域を一八八八年に保護領化し、南部アフリカ地域総体の支配を確実なものにするため、九〇年には最後通牒をポルトガルに突きつけ、アンゴラとモザンビークを東西から結合しようとする同国の計画を挫折させている。事態が変化するのはボーア人（オランダ系アフリカ人、アフリカーナとも呼ばれる）のトランスヴァール共和国で極めて良好な金鉱が八六年に発見されてから後のことである。同共和国はイギリス領に併合しようとする八〇年の武力侵入を撃退（第一次ボーア戦争）し、勝利のうちに八一年、完全な主権は要求しないとの条件のもと、独立共和国として確立した。そして同国はこのゴールド・ラッシュによって国内近代化・富強化を急速に進め、完全独立の意志を固めていくのである。併合を狙うイギリス側は同共和国内部のイギリス人の呼応反乱に期待して九五年、英人部隊を侵入させるが失敗、翌九六年一月、ドイツ皇帝は共和国大統領クリューガーに祝電を送った。しかし南部アフリカ地域は英独相互調整の上での英国勢力圏内だったため、ドイツの介入はこれに止まった。九九年一〇月、共和国側の攻撃によって開始された第二次ボーア戦争では、一九〇二年五月に共和国が降伏するまで凄惨な死闘が全土で展開した。ボーア人は首都陥落後も頑強で巧妙なゲリラ戦を繰拡げ、ケープ植民地内ボーア人はそれに呼応し、イギリス側は徹底して焦土作戦と強制収容所政策でゲリラ戦に臨み、そして共和国内の奴隷状態におかれた黒人達はイギリス側について闘ったのである。

大英帝国が動員した総兵力は四五万と言われ、南アフリカ植民地は勿論、本国からは大兵が送られ、オーストラリアから一万七〇〇〇、ニュージーランドから六〇〇〇、カナダから八五〇〇、インド・セイロン・マレー植民地からも多数の英人部隊が送り込まれ（Lane, 1978:299）、それでもなお〇二年五月まで、イギリスには決着を付けることが出来なかった。大英帝国としてはクリミア戦争以来の本格的陸上戦であり、英国陸軍能力のあまりの時代遅れが白日の下に曝されただけではない。己が勢力圏内部での反英独立戦争に帝国陸軍の殆どの部隊を投入せざるを得なくなり、この窮状の中で陸軍大国ロシアが、インド国境を攻撃し、それに呼応して第二次セポイ大反乱が勃発したら、インド支配は不可能となるし、またロシアが清国北部でその陸海軍を増大させていったら、英国単独で在清国権益を防禦することは全く出来なくなる。

大英帝国の支配は、第一にカナダ・オーストラリア・ニュージーランド等の自治領、第二にジブラルタル・マルタ・スエズ運河・ボンベイ・シンガポール・香港・上海という極めて長距離の海軍支援ラインに依拠したエジプトとインドの植民地支配並びに満州地域まで含めた大清帝国内での卓越した経済権益の維持、第三に列強との相互調整・相互分割下でのアフリカ植民地から構成されていた。南アフリカ地域は自治領支配と植民地支配の混淆地域となる。

一八九九年一〇月以前は、絶大なる海軍力と植民地での小規模な反乱鎮圧用の不規律な陸軍力を以て、一八一五年以来光栄ある孤立政策を堅持しつつ世界情勢に対峙し得てきた。しかしボーア戦争の泥沼に動きの取れなくなった状況下における華北での義和団蜂起、ロシアの満州全土占領、そしてロシア陸軍のインド国境接近の可能性に対処することは最早不可能である。不和な関係を友好な関係に転化し、孤立政策から同盟政策に転じ、一八二〇年代以来、ユーラシア大陸の東欧から極東までの全域で対峙・対決してきたロシア帝国の勢力拡大を断固阻止しなければならない。

第一に英国がとった政策転換は、良好ではなかった英米関係を、新大陸での米国の政治的主導権を全面的に承認することによって好転させることであった。既に九八年の米西戦争でも、介入しようとする仏独両国に反対の態度をとった英国は、一九〇一年の英米条約において、英国はパナマ運河に関する権利を放棄し、米国の同運河開設・管理権を承認した。この英米関係の目覚ましい好転が、英米両国の清国領土完全保全と満州からのロシア軍隊撤退への強硬な共同要求に結びつくのである。

第二に英国がとった政策転換は、ドイツにロシア支援方針をやめさせ、英国との同盟関係を作り上げようとすることであった。そして、この英独同盟に日本を参加させようとしたのである。しかし対仏同盟に英国を誘い込みたいのは山々であるものの、ドイツはロシアの極東進出の動きを弱めるのではなく加速させることこそが国益となるため、最も英国にとって緊要な課題となった満州からのロシア軍隊撤退問題でドイツ側の賛成を得ることは出来なかった。一九〇〇年一〇月に成立した清国内での勢力圏に関する英独協定（揚子江協定）には満州地域は適用されない旨、〇一年三月ドイツは声明し、ここに、かわって英日同盟案が具体化し、〇二年一月の締結となる。条約において英国は日本が韓国に対する「格段」の利益とその利益を擁護する権利を持っていることを明白に承認した上で、清国・韓国の領土保全と独立に対する列強の侵略を防止するため、英日のいずれか一国が侵略国と交戦した際は、他の一国は中立を守りながらも侵略国に他国が加担することを阻止し、他国が交戦に参加した際は他の一国は「来リテ援助ヲ与」えることを、日本との間に約定したのである。

第三に英国がとった政策転換は長年勢力圏・植民地をめぐって争ってきたフランスとの間に友好関係を形成することであった。〇三年五月には、英国国王エドワード七世自らがフランスを公式訪問し、先頭立って関係改善に尽力する。英国にとっては、世界的規模での軍事外交戦略再編の中でも、露仏同盟下での仏国地中海艦隊による英国海軍支援ライン切断の危険性を軽減することが第一義的な懸案であり、そのためにはタイ・エジプト・モロッコをめぐっての深刻な長期抗争に大幅な譲歩をすることをも厭わなかった。

他方、英日軍事同盟が成立した以降も、満州駐兵を続けるロシアに追随することは対英戦争とインドシナ植民地への日本の攻撃を引き起こしかねず、ロシアと距離をとりつつ対英融和を図ることがフランスの国策となってくる。〇二年一一月、フランスが攻撃された際にもイタリアは中立を保つ約束を同国から取り付けた上で、仏国首相と外相がロンドンを訪問し、ここに英仏協商交渉が始まるのであった。

一八七〇年代に確立する国民国家システムは三国同盟と露仏同盟というヨーロッパ大陸列強の軍事対立と緊張を軸に展開してきたが、九五年春、東アジアの強国日本の世界史への登場により、東アジアへの露・仏・独三強国共同一致の進出・侵略という新しい事態を創り出し、一八九九年から続くボーア戦争での泥沼にもがく大英帝国にとって、卓越した経済権益を有する清国市場を維持することは、一国では最早対処不可能となった。国民国家システムの中に不十分にしか編入されてこなかった米国並びに日本という強国を対等な同盟国として世界を主導する国民国家システムの中に組み入れ、またフランスを極東に固執するロシアから距離を保たせること、ここにロシアに一歩たりとも譲歩しまいとする大英帝国の世界戦略の転換、孤立から提携と同盟へのドラスティックな政策移行があったのである。そして日本が国民国家システムの中に完全に編入されたこの時点は、植民地・勢力圏の相互調整による平和的獲得競争の段階では最早なくなってきた。軍事力による再分割の段階に入ってきたのである。軍事強国ロシアと日本が激突する日露戦争は二年後に勃発する。

日本の対露開戦決意

ボーア戦争で突きつけられた深刻極まりない真実を旋回軸として大英帝国はその世界政策を急速に変化させていった。他方、ボーア戦争での大英帝国の窮状をイギリスの弱体化とのみ捉えたロシア帝国は、清国全域の領土保全ではなく、満州全域の排他的支配へとその歩みを進めた。なるほど英日同盟成立に対処し、一九〇二（明治二五）年四月、ロシアは清国に満州還付を約束し、盛京省西南部よりの撤兵だけは実行したが、それ以上は何ら行おうとはせず、〇三年二月には撤兵そのものを中止し、四月には清国に新たな要求を突きつけた。更に五月には鴨緑江を越え韓国内に軍事基地の建設を開始する。

それまでのロシアの対英外交は、慎重で目配りの利いたものであり続けた。極東での事件に限っても一八六一年の露艦対馬占拠・海軍基地建設事件の際にも、アフガニスタン問題が極東に瞬時に波及した結果、英艦が一八八五年巨文島を占拠した事件の際にも、軍事対決になる危険を賢明に回避し、勢力均衡政策を巧妙・冷静に維持してきた。しかし一九〇〇年義和団事件後のロシア政策には、その慎重さも目配りも見ることは出来なくなってきた。クリミア戦争での敗北をかみしめ、農奴制廃止と地方行政改革をはじめとする一八六〇年代から七〇年代前半期の「大改革」がツァーリズムに与えた権力の開明性と近代性への志向能力は、この時期になるとその資本を食いつぶして完全に喪失し、絶対権力を保有する皇帝の側近グループとそれに結託した貴族・文武高官層が政権決定の主導権をとるようになってきた。視野狭窄と主観主義・冒険主義がその特徴となったのである。大英帝国の弱体化は回復の見込みがないほど進行しているとの誤った主観主義的思いこみは、同時にイギリスがロシアに対する軍事的盾とした日本陸海軍の能力を客観的に評価することをも失敗させた。八月には対英温和派の蔵相ヴィッテが失脚し、同月旅順に極東の軍事・行政・外交の全権を掌握する極東総督府が設置される。

清国をはじめ英・日・米の強硬な抗議を排して満州全土支配を実現しようとするロシアは朝鮮問題でも日本と取引きすることは出来なかった。不凍港旅順とウラジオストックを海軍で結ぶ上では中継地の朝鮮南端馬山浦での海軍基地の建設が必要となり、また満州全土を軍事的に防衛するためには、少なくとも韓国の北緯三九度線以北には日本の軍事的プレゼンスは決して許すことの出来ない事柄になってきたからである。

三国干渉後、臥薪嘗胆のスローガンのもと、一貫して陸海軍軍備増強を図ってきた日本政府は、日英同盟成立により、はじめて対露戦での仏独参戦の危険性を阻止することが出来、ここにおいて極東ロシアに対し陸海軍優位の現状のもと、一日も早い対露開戦に向け邁進することとなる。その狙いは韓国の保護国化を強国の権利として実現すること、満州全域からロシア軍を撤退させ、少なくとも南満州地域での日本の経済権益を確保することである。ロシアによる朝鮮半島南端海軍基地要求は、「日本の独立を危機に陥れる脇腹に突きつけられた短刀」と表現され、開戦に向けて日本防衛戦争のイメージを作る上で絶大な効力を発揮する。

一八九九年より統監府設置による一九〇六年公使館撤退まで、駐韓公使を勤め続けた林権助は、開戦直前の状況をこう述べている。

「日本の利権屋で大小いろいろな奴がやってきて、いろいろな事をいふ、そのうちで或は京城の電車も京津鉄道の敷設も皆アメリカ人にやらせたのは怪しからんとか何とか、苦情をもちこんで来る見当ちがひの手合も大分あった。「今は外国資本でも何でもドンドン金を使はせればいいんだ、日本人側で黙つてさへ見てをれば、こんなものは根本が片附けば、みんなあとで日本のものに這入つて来るよ」とわたしは言ってやつたよ、果してみんな来たらう、京津鉄道も売らうと言ひ出すし、まもなく電車も日本側が買つた筈だ、こんな事は何も苦労もせずに手に入るものだ」（林 1935:165–66）。

日英同盟締結が日本人の権力政治に関わっている人々に、どれほど自信を与えてくれたのか、如実に示す回顧談となっている。

一九〇一年六月に成立した桂太郎内閣は、元老級の人々を入れないで組閣され、当初は二流内閣、緞帳芝居と揶揄されたが、桂首相は外相の小村寿太郎、陸相の児玉源太郎（台湾総督兼任）と寺内正毅、海相の山本権兵衛と協力、日英同盟を実現し、対露交渉ではロシアが決して呑まない諸条件を意図的に提示して、結局は決裂する方向にもっていき、開戦やむなしとの輿論を醸成・昂揚させるため、対露同志会を背後から援助し、対露強硬論を鼓舞する戸水寛人をはじめとする東京帝国大学教授七博士の自由奔放な活動を放置した。そして〇三年一〇月八日、ロシアが第三期撤兵の日を約束した当日になっても、その対清公約を実現しないいため、それまで非戦論を唱え続けてきた黒岩涙香の『万朝報』まで主戦論に転じさせることに成功する。

日露開戦に反対し続けた谷干城は、一九〇四年、七博士の活動を顧みて、こう述べるのである。

「只怪む大学博士の徒、政党屋の食詰にも非す、又政府の狗にも非す、頻りに主戦論を鼓舞する所を見るに全く青書生論にして、一も道理の貫《つらぬき》し者なし、甚敷に至りては全く侵略の主義殆んと持凶器強盗と其主旨を同くするものあり、彼等何の惑ふ所あり、如此愚論を為す歟」（谷

1975a:260-61)。

しかし開戦反対を唱える谷のもとには脅迫状が舞い込むだけであった。国家の生存とその発展のため、他国を侵略し植民地化して何が悪い、力あっての道理だ、とのイデオロギーが日本人成人男女の殆どを包み込んでしまったとき、主戦論者の誰一人として「義戦」論を唱える者はもうなくなったのである。

第二章　イデオローグ達

第1節　加藤弘之と社会ダーウィニズム

(1) 日清戦前期の加藤弘之説

福沢諭吉対加藤弘之

日本型国民国家のあり方を検討するには、明治一〇年代から日露戦争期にかけての日本思想史界をまず構造的に捉える必要がある、と筆者は思っている。一方の雄は言うまでもなく「一身独立して一国独立す」、「日本には唯政府ありて未だ国民あらず」と呼号し、個人と社会の側から国家と国民を構想しようとした福沢諭吉（一八三五〜一九〇一）である。他方の雄は廃藩置県以前から明治天皇の侍読を勤め、一八七五年には元老院議官、七七年から八六年まで東京大学総理、九〇年から九三年まで帝国大学総長、九〇年以降貴族院勅選議員、一九〇〇年男爵受爵、〇五年帝国学士院長に就任、〇六年枢密顧問官となって貴族院議員を辞し、その後一六年の死没まで顧問官に在任し、日本の国家権力がその学術のレベルと国家への貢献度を高く評価し続けたドイツ学者加藤弘之(一八三六〜一九一六)である。

加藤は福沢と同様、蘭学者として出発した。だが福沢が英学に向ったのに対し加藤はドイツ学に向い、一八六四(元治元)年には出石藩士から禄高百俵、開成所教授職並みという幕臣に取り立てられている。侍読となってからは明治天皇に洋学を進講し、そのテキストの一つだったドイツ人法学者ブリュンチェリの『国法汎論』を一八七二年に翻訳、文部省から出版している。ブリュンチェリはドイツ的国家学・政治学を日本人が学習する際の最初の手掛りとした法学者であり、その後八一年には平田東助が『国家論』を、八二年には中根重一が『政治学』(ドイツ学協会刊)を、八八年には平田東助が『国法汎論』(司法省版)を訳出している。こういった意味では加藤は留学こそしていないものの、ドイツ語文献の解読力とドイツ文叙述能力、ドイツ学術事情への通暁度からいって、日本で最初のドイツ学者ということが出来る。ミル・バックル・ダーウィン・スペンサー等の英語文献も彼はドイツ語翻訳版で読んでいるのである。

自由民権運動の昂揚に抗しきれず、太政官政府が日本人民に九年後の国会開設を約束せざるを得なくなった十四年政変直後、国家官吏たる東京大学総理ともあろう者が天賦人権論を鼓吹する『国体新論』を依然として刊行し続けているとは不届千万との元老院議官海江田信義の圧力により、加藤が同書と共に同じく自著の『真政大意』『立憲政体略』も併せて八一年一一月に絶版にした事実は、明治学術史上周知のことに属する。しかし、これは学問に対する国家権力の介入という問題と同時に、学問や学術は国家権力に対しどのようなものでなければならないかに関する学者の理解の問題でもあった。

加藤は、学問は国家と国家発展のためにこそ行うもの、それに矛盾したり対立する学問はすべきでないし、禁止すべきである、との考え方をしていた人なのである。絶版は加藤の自由意志と納得のもとに為されたものである。この際の国家の内実は何ら問うところのものではない。幕府瓦解時、大目付に任ぜられて新政府への徹底抗戦を主張し他人を勧誘しながら、新政府が確立するや、直ちに政体律令取調御用掛を拝命し、福沢から揶揄されるが、本人としては国家が自分の能力を認めたが故のこと、何の葛藤も生ずるはずはなかったのである。

かなり後年の一九〇〇年に刊行された『加藤弘之講演全集』に、「道徳と法律と抵触する場合ありや否」（加藤 1990:361–63）と題する彼の講演が収められている。そこでは「道徳は人間社会の安寧幸福の上に相対的に必要なる手段であり、法律は人間社会の安寧幸福の上に絶対に必要なる手段である」との加藤式命題が立てられ、幕法で禁止されたことを行った「赤穂の仇討ほど道理の立たぬものは無い」、水戸浪士の井伊直弼殺害も国家の秩序を破ったが故に、大久保暗殺と同様、「決して道徳の許さぬこと」、ポーランド等の独立運動も、「道徳を社会の幸福安寧を進めるものとした以上（但しこれも加藤式定義であるが）は、（露・独・仏三国が法律で独立運動を禁止している上は）新附の国の安寧幸福を害して独立するとか回復をすると云ふことは、法律に背くのみならず、道徳にも背くもの」と断定する。

このような国家至上主義からは歴史上の変化や進歩、更に革命など説明しようもなくなる筈だが、加藤は一八八二年一〇月、使い方次第では限りなく危険な進化主義をひっさげて自由民権運動に敢然と闘いを挑むこととなる。

『人権新説』

加藤が満を持して刊行した『人権新説』は、扉に「優勝劣敗是天理矣」との加藤の書と海上に浮かぶ蜃気楼「天賦人権」城の木版画が掲げられている（『明治文化全集』1927:355）。中々に巧みな本の作り方である。加藤はドイツで隆盛となっていた社会ダーウィニズム*を以て、自然法思想に基づき民権運動の一つの思想的根拠を提供していた天賦人権論を撃破しようと試みたのである。

* ダーウィンの生物進化論を類推して人類社会に当てはめようとしたもの。生物学主義とも言われた。

太政官政府による学術モデルの英米からドイツへのドラスティックな転換は十四年政変と結び付いたものであったが、流石、日本最初のドイツ学者だけあって、加藤はそれ以前からドイツ学術の新潮流に注目していた。本書中で彼の語るところによれば、一八八〇年五、六月頃、墺人カルネリの『道徳とダーウィニズム』を読んで天賦人権説の虚妄に気づかされ、続いて独人ヘンネ・アン・ラインの『文化史概論』を読んで、強者が弱者を圧し優者が劣者を制することは、古今を通じ「天然ノ常理」だということを覚るのである（同上:372）。

加藤は人類大小の社会の到る処、生存競争が行われ、自然淘汰の結果として優勝劣敗の法則が貫徹される、人類世界は「実ニ千種万類ノ競争ヲ以テ羅織セル一大修羅場」であって、体質・心性において遺伝と変化の優秀なる者が勝ち、劣悪なる者を倒し以て之を制するのは、「彼ノ動植物世界ト全ク異ナル所」なく、「此優勝劣敗ノ作用ハ吾人人類野蛮未開ノ太古ヨリ遂ニ文明開化ノ今日ニ至ル迄未タ曾テ滅スルコトアラサルノミナラス、恐ラク吾人ガ此地球上ニ存在スル限リハ億万歳ト雖モ決シテ滅スルノ期ハアラサルヘシ」（同上:370）と断ずる。この最新学説によれば、自由自治平等均一といった天賦人権説を奉ずる人々は、ガリレオ・ニュートン以前の天動説を奉じたカトリックと同一の妄想信者だと彼は攻撃する（同上:371）。

当然のこととして民権運動家からは反撃がなされるが、馬場辰猪も八三（明治一六）年一月に刊行する『天賦人権論』の中でユニークな反論を展開する。馬場は、議論の出発を、人間は生存の保持を求め、そして人間生存の目的は幸福である、という命題に置く。この目的に向うのは、生存競争・優勝劣敗を以てする進化主義の運動を以てであり、運動は最少抵抗線上に沿って進んでいく、「試ミニ思へ、一人ノ力ヲ以テ多数人民ノ生存幸福ヲ図ルト、多数人民ノ力ニ任セテ其生存幸福ヲ図ラシムルトハ、其困難孰レカ多ク孰レカ少キ」（同上:451）と馬場は切り返す*。英国で長年法律学の研究をしてきただけあって、自然法一本槍の反撃ではなく、イギリス流進化主義の論法も充分に駆使しているのである。

＊ 英法を学んだ馬場が天賦人権論を擁護せざるを得なかった際の問題を、松沢弘陽氏は詳細に語っている（松沢1988）。

それが故にこそ、加藤の生存競争に良正の生存競争と不良正の生存競争が存在するという論理の矛盾を鋭くつくことが可能であった。馬場は、加藤の論理の不徹底さを「余ヲ以テ之ヲ視レハ、社会ノ改良進歩ヲ害スル者ハ、進化主義ノ良正不良正ニ由ルニ非ラズシテ、人為ヲ以テ自然ノ優勝劣敗ノ活動ヲ妨害セント欲スルヨリ起ル結果ト謂ハサルヲ得ス」（同上:446）と指摘する。

加藤の論理が可能性として内包しかねない危うさは、一八九八年段階ですら語られていた。徳富蘇峰は「加藤弘之氏は優勝劣敗の上に政治社交上の論理を定む、氏が藩閥政治の味方たるは、之を以て優勝者と信ずるが為にあらずや、（中略）（しかし）加藤弘之氏の論歩を推究すれば、革命是認説に到らざれば止まじ」(徳富 1898b:131)と言う。加藤もこの点は『人権新説』執筆段階で十二分なほど理解していた。だからこそ、「優勝劣敗ノ作用ハ遂ニ君臣ノ大義ヲモ壊リ、上下ノ秩序ヲモ紊リ、臣ヲシテ君ヲ陵辱シ、民ヲシテ官ヲ侮慢セシムルノ結果ヲ生スヘキモノト信シ、随テ此書ヲ以テ妄リニ人民ヲ不正不善ニ誘導スルニ足ルノ悪書トナスノ徒アリト聞ク」(『明治文化全集』1927:384)と述べ、優勝劣敗の内、害あるを避け、小人を賤しめ、姦人を黜《しりぞ》け、邪曲なる人を罰し、乱臣賊子を懲し、邪説を斥ける「良正」なる優勝劣敗の論理をこそ探査すべきだ、と語るのである。その日本に適合する論理を確立するのが彼の次の課題となる。

ところで、個人間・社会間・国家間の生存競争・優勝劣敗の成句は権力は勿論、熊本県の紫溟会をはじめとする反民権諸派の愛用するものとなり、急速に青年男女の中に浸透していった。熊本第五高等学校の英語教師を勤めたハーンは、日清戦前、学生の中に次のように作文する者が居たことを述べている。

「それ、無常は人生本来のすがたにこそ。昨日は富者なりし者の、今日は貧者となるの例は、吾人のしばしば見るところなり。これ、進化の法則に従ひて、人類相競の結果なり。吾人は、この競争に身を曝《さら》さるるものなり。されば、戦ふことを好まずとも、吾儕《われら》はすべからく戦はずんばあるべからず。いかなる武器をもって戦ふべきや?他なし、教育に鍛へられたる知識の宝刀をもって武器となすなり」(ハーン 2007:42)。

ハーンが引いた一文を草した学生は、もしかすると済々黌の卒業生だったかも知れない。

『天則』期の加藤説

社会ダーウィニズムを日本の国家権力の求める方向に適合させていくこと、しかも現実に政治で生起している諸問題を考える際の観点をこの理論に沿って提起していくこと、これがドイツ学者加藤弘之の関心と興味の対象となる。『人権新説』自体が天賦人権説の虚妄さを、最新の「科学」に基づいて嘲笑しようとしたばかりではなく、現実の政治問題に切り込もうとするものでもあった。即ち、民権活動家を「士族若クハ急躁過激ノ徒、妄リニ権力ヲ貪リ煽動シテ社会ヲ圧倒セント欲スルカ如シ、此輩多クハ学識広博ナルニ非ス、財産富裕ナルニ非ス、世故ニ練熟セルニ非ス、品行良正ナルニ非スシテ、妄ニ此ノ如キ大事ヲ謀リ以テ人民ヲ誤ラントス、国家ノ大害蓋シコレヨリ大ナルモノハ非ラサルナリ」と激しく非難し、他方で「平民中財産ニ富ンテ稍豪農富商ノ者」達が「動モスレハ彼少年客気ノ輩急躁過激ノ徒ニ煽動セラレテ遂ニ事ヲ誤ルニ至ラントス」（『明治文化全集』1927:369）と、豪農富商の人々を民権運動から切断しようと試みているのである。

一八八九（明治二二）年二月、欽定憲法が公布され、九〇年七月衆議院議員選挙、一一月帝国議会開設というスケジュールがいよいよ眼前に迫ってきた。そこでは民権派の諸党派が人民の権利伸張を求め、藩閥政府に正面から闘いを挑む場が出現する。この権利という自然法的観念を社会ダーウィニズムの立場から、天賦人権論が虚妄だと攻撃したのと同様、否定する論理を構築しなければならない。欽定憲法に言う権利とは授けられたもので、人民固有のものではないからである。加藤は八九年三月、Naturgesetz、即ち「天然の法則」を簡略にした『天則』という月刊雑誌を創刊してこの課題に応えようとし、翌九〇年六月、帝大総長に就任することによって、この雑誌が彼の手を離れるまで、積極的に自説を展開していった。

但し、加藤の権利理解へのこだわりは『人権新説』論争に淵源していたのである。加藤は既にこの書において、権利とは国家の成立後に成立するもの、「全ク専制ノ権力ヲ掌握セル治者、即最大優者ノ保護」（同上：374）により、義務と共に全人民に授与されたものと主張し、自説を補強するため、ドイツの法学者イェーリングの説なるものを援用し、彼も権利は権力より生じたものであり、俗儒が「権利ハ造化授与スル所ノ正物ニシテ権力ハ人世ニ生産スル所ノ悪物ナリトスルカ如キハ、本末ヲ誤レルノ甚タシキモノナリト云ヘリ」（同上：372）と記述した。

この論に対し馬場辰猪は、それは加藤の完全な誤読であり、イェーリングは、政府独り大権を握って政治を執るときに当り、人民が毫もこれと競争しなければ決して人民の権利を「伸暢」させることは出来ないと、大に政府に対する生存競争の利益を説いたものであり、日本にイェーリングが出現したとしても、天地の条理に基き、政府に対し人民が生存競争をして其権利を「伸暢」すべしと唱道するだろうと（同上：455）、イギリス流進化主義の論法を巧みに用いつつ、加藤を駁論したのである。

加藤は馬場の指摘によって自らの解釈の過ちに気づく。と同時に、西洋の伝統的な法理思考においては、権力を「限制」することによって権利なるものが始めて成立すると「言はざる者は殆どあらざるなり」、自然法に基づいた権利を主張する者は多く、稀に天賦の権利を説かず、権利は国家の創立によって生じると説くイェーリングのような法学者でも、天然の強大なる権力を有する者は妄りに天然の弱小なる権力を有する者を圧倒する弊がある故に、国家の創立により強大なる権力を制限することによって始めて権利が成立すると主張しており、「何れの説も皆限制主義にあらざるはなし」（加藤

1990:305–07）との事態を直視しなければならなかった。

加藤は一八八九年から九〇年にかけ、『天則』誌上や講演会において社会ダーウィニズムの立場から権力と権利の問題を説明しようとする。彼は論理の核に「強者の権利」なるものを設定する。生存競争・優勝劣敗も「天則」により、総ての生物世界と人類世界においては、強弱二者が発生し、両者が相対して其懸隔大なるときは、強者の弱者に対する権利は自ずから強大暴猛にならざるを得なくなる。これが権力、即ち権利の起源である。西洋においては従来の弱者が自己の権力を伸張していったので、従前の強者の強大暴猛の権力は穏和善良の権力に変ったが、これは弱者が強者になったことが故のことであり、いずれも強者の権利という論理から説明すべきである（加藤 1990:8–18; 題名「強者の権利の定義」）。

学者はこれまで権力という語を、上位から下位に向って施す強大暴猛なる甚だ厭うべき力に対して用い、これに反し自由権という語を、人民が治者の圧制を防拒し、権力をして強大暴猛に至ること無からしめんとした「甚だ貴重すべき力」にのみ使用してきた、しかし強者の権利といい権力といい自由権というも、総て「唯他の妨害を排除して己の欲する所をなし得るの力」であっていささかの差異も存在していない、したがって自由権をいうのも強者の権利なのである（同上:10–12; 題名「強者の権利と自由権との関係」）。このように、権力を制限することによって権利が成立するという論理の発生する余地を総て彼は抹殺する。加藤はこう断言する。

「吾人人類世界に於ても動物世界におけるが如く、特に強者の権利のみ行はれて、強者が常に弱者を制するを得るは、蓋し疑ふべからざるの天則なり、而して前述の如く、自由権も全く強者の権利に外ならざれば、自由権を得んと欲すとすれば先づ強者となるにあらざれば能はざるの理を知るべきなり」(同上:12)。

但し、この時期の加藤の論文や講演は短いか、自分の考えの結論だけを述べたものであり、本人にとっても論旨の展開に意の満たないものがあり、一八九三年一一月、『強者ノ権利ノ競争』という単著を執筆して刊行する。また、自分の立論に絶大な自信をもっていたため、ドイツ語翻訳を、社会ダーウィニズムの本拠地ドイツの地において九四年夏に刊行する。ドイツでの諸新聞雑誌の批評及び社会学者グンプロヴィッツの書評を纏めて紹介した『哲学雑誌』(明治二七年一二月号、二八年一月号)は、このような批評・書評があらわれたことを、「是れ実に博士の本懐にして、又本邦人の注目すべき所なり、思ふに独国は欧洲中最も学術の隆盛なる地にして、頗る碩学鴻儒に富めり」と喜んでいた(同上:443)。

『天則』時期の加藤の議論のあと一つの特徴は、彼の社会ダーウィニズム論が、森羅万象における生存競争・優勝劣敗論から種族間の生存競争、国家間の生存競争論に比重を移していくことである。勿論『人権新説』にもその要素は充分に見られたが、種族間・国家間の生存競争に絞った立論ではそれはなかった。種族間・国家間の生存競争説を体系化するのは、オーストリアの社会学者グンプロヴィッツの『社会学の基礎』(一八八五年刊)だが、『人権新説』執筆時には当然加藤は利用できなかった。しかし『天則』時期には、「社会学者グムプロヰッツ氏は曰く、独り社会能く自ら思考するの力を有す」(同上:60)と彼の名を挙げ、その後の論稿には屢《しばしば》彼の文献を引用しているのである。

ダーウィンの『種の起源』が刊行されたのが一八五九年一一月二三日、その満三〇年が一八八九年一一月二三日に当るため、石川千代松等生物学に従事する学者達はその前日に記念会を開催し、石川に講演を依頼された加藤は、次のような講演をしているのである（同上：12–19；演題「チヤーレス・ダルヰン博士大著述三十年回の記念会に臨みて」）。

「人類社会における進化も亦、優強なる者が其力を以て劣弱なる者を圧倒し、以て已れに利益を占めたるに由らずんばあらず、而して此事たる、啻《ただ》に優強者の利益にして止まらず、併せて又社会の進歩発達を来たすの結果を生じたり」。

「社会と社会と（此人種と彼人種と、若くは此国民と彼国民と）の間に起れる生存競争、自然淘汰の作用を見るに、優等なる人種、強大なる国民が劣等なる人種、弱小なる国民を討滅、若くは征服することを得て益優等となり強大となるは、古今の歴史に徴して明々瞭々たることにして、殊に近今優等人種なる欧人が劣等人種なる黒、赤人種等の国土を奪ふて、此の人種を圧倒しつつある有様は現に見る所（中略）、此生存競争に由て更に優等は益優等となり、劣等は益劣等となり、優等は人口漸く増殖し、劣等は人口漸く減滅し、優等は愈豊富を加へ、劣等は愈貧困に陥るの有様にて、之に由て人類世界（畢竟する所優等人種世界）の開明は、益上進して底止する所あらざるなり、蓋し吾が日本人種の如きも欧人種と共に優等の地位を占むるものなれば、余は吾が日本人種が欧人種と共に勢力益増進して、相倶に世界に横行するを得るならんと信じ、且つ切にこれを禱るなり」。

「優等人種が若しも劣等人種を同等視して其国土を奪はず、其人民を圧倒せざりしならば、決して今日の開化を得ることを得ざるは明らかなり」。

『強者の権利の競争』と『道徳法律の進歩』

加藤は一八九三（明治二六）年末に刊行した『強者ノ権利ノ競争』を九五年四月号の『哲学雑誌』で解説し、同書の中で自説の独創性は三つあると述べている（加藤 1990:304-15;題名「先哲未言」、初出『哲学雑誌』[1895]）。

第一は、西洋の総ての学者が、強者・上位者の権力を下位の者が「限制」することによって始めて権利が生ずると「限制主義」を主張しているのに対し、自分はそれに反対して認許主義を唱えたことである。生存競争・優勝劣敗の法則により、強者の権力に対し弱者が之に抵抗するの力無くして、この権力を認可せざるを得なくなった時、この権力は最早天然の権力ではなくなり、法制上正当の権力となるが故に、始めて権利と称することが出来る。歴史の開化に従い、弱者の権力が上達してくると、強者はそれまでの権力が弱者に最早認可されないだろうことを察し、機先を制して弱者の権力を認可した結果、従前の弱者の権力が権利となるだけであり、強者の権力が他律的に限制を受けた訳ではない。

第二は、キリスト教や仏教の人類愛や利他心などというものは人類開化に絶対に必要なものではないことを明らかにしたことである。治者は臣民を僕妾とし、彼等の生殺与奪の権を恣《ほしいまま》にすることにより、社会を統一し国家を創立したのである。家族の成立も女子を奴隷視する男子の強権があったからこそのことである。北米の開化は奴隷制の存在により非常に進歩し、近年の西洋諸国は他洲の野蛮未開国を奪掠したため自己の開化を実現し得たのである。

第三は、各国の交際上には道徳の存在すべきものではないことを明らかにしたことである。一国社会の維持進歩のために必要とされ成立した道徳は、未だ決して真誠の一社会となってはいない国際社会では、「各国交際上に不道徳を許すことに至りては、余は未だ曾て先哲の議論を聴きたることあらざる」も、自説では、一社会をなしてはいない各国相互の間で只管《ひたすら》自国の利益を進めることは必要であり、故に、悪事とすることは出来ない。

このような権力・権利の解釈を社会ダーウィニズムに基づいて展開した以上は、当然のこととして、では法律と道徳というものは、社会ダーウィニズムに従えば、如何に位置づけねばならないのかが、加藤の次の課題となってくる。『強者ノ権利ノ競争』の中で基本的な見通しと筋道はつけてあるので、執筆は容易であった。前年一一月の出版に間をおくことなく、翌九四年二月、『道徳法律之進歩』が前書と同じく敬業社から出版される。一三〇頁という小冊子であったので、定価は前書の半額の二〇銭である。ここでは篇別構成を示して紹介に代えておこう。

第一章　利己心并に利他心
　第一　自然的利他心
　　甲　知識的利他心
　　乙　感情的利他心
　第二　人為的利他心
第二章　道徳法律は単に社会の維持進歩の要具たる所以を論し并に強者の権利と道徳法律の進歩との関係及び利己心利他心と道徳法律の進歩との関係を論す
第三章　各社会有機物相互即ち各国相互の交際上にも道徳法律は当然存在するべきものなる乎

出版の時期が時期である。出版直後の日清戦争を経て日本型国民国家が天皇制国家として確立していくが、正にこの時期が加藤の社会ダーウィニズム論を日本にどのように具体化するかの勝負処、思いつきと発想を文献によって根拠づけ論証していく時期となる。個々のテーマに関する議論を各処で繰り広げた上で、加藤は一九〇〇年四月、「余は曩に『道徳法律之進歩』と題する小冊子を世に公けにせり、然れども其説く所甚だ簡略にして未だ余の所見を悉《つく》す能はざりしを以て今復た本書を著して稍詳説するを得たり」との緒言を付した『道徳法律進化の理』を博文館から刊行する。全体は二一三頁と約二倍に書き足されていた。評判がよかったようで、翌五月には再版されることとなる。第三版は一九〇三年一二月に、三九九頁の増補改訂版として博文館より刊行されるが、増えたのは書評への反論が付されたためであり、本論は殆ど一九〇〇年刊と同一なので、以下、どのような論点がそこからつかみ取れるか、論点ごとに検討してみることとしよう。

(2) 日清・日露戦間期の加藤弘之説の特質

国家有機体説

『道徳法律之進歩』(「二七年本」[加藤 1894])の中で既にベンサムの「最大数の最大幸福」という道徳の原理は、「固より万種の社会に適合させるのみならす、今日の欧洲に於てさへも未だ決して其実を見る能はさるもの」(同上:66)として否定している。イギリスのように個人が社会の単位となり、自由主義が思考と行動の原則とされ、市民社会から国家が帰納されるような国にあっては、加藤のようなドイツ流社会ダーウィニズムは適用されにくい。逆に馬場辰猪が展開したように、イギリス流進化主義論によって、「仏国ノ革命ハ人民カ進化主義ニ従テ自然ノ活動ヲ為サント欲スル際ニ方リ、政府ハ却テ之ヲ抑圧シテ自然ノ進化ヲ防遏セントシタルニヨリ発生シタルノ結果ナリト謂ハサルヘカラス、元来人間ノ自然ニ進化シテ権利ノ平等ヲ熱望シ自由権利ノ伸暢ヲ企図スル場合ニ臨メハ、政府ハ必ラス其世間ノ風潮ニ従フテ転化セサルヲ得ス、是レ則チ優勝劣敗生存競争ノ法則ナリ」(『明治文化全集』1927:455)と、革命の必然性を論証する道具にすらなってしまう。

『道徳法律進化の理』(「一三三年本」[加藤 1900])で加藤は何故駄目かという理由を、「国家が若しもベンサム主義を奉じて総人民中の最大数を占むる所の中産以下の人民を恵恤することを以て国家が臣民に対する徳義として是等人民の納税を免じ、之に換ふるに極めて少数なる富民より非常巨額の租税を徴収するが如き制度を立てたらば其結果は如何、此の如きは総人民中の最大数なる中産以下の人民の為めには実に最大幸福たるに相違なしと雖、之が為に社会の経済上最も必要なる少数富民の財力が減耗せらるること甚だしきのみならず、又中産以下の納税義務心を減じて、畢竟社会其者の安寧幸福を害すること非常なるにあらずや」(加藤 1900:112–13)と述べて、学者らしく論理を一貫させる以前に、資産家の経済利害維持増大を露骨に所与の前提にするのである。

そして、加藤にあっては、右で言う社会は「一一七年本」で「人類の社会即ち国家なるもの」(加藤 1894:34)、「社会有機物即ち国家の維持」(同上:106)と述べている如く、即国家なのである。個々人が集合して国家を形成するのではなく、国家は生物と同様、有機体的存在なのである。「一一七年本」でも、「(国家のために一個人が生命財産を棄てる場合あり)何となれは一種の有機物たる社会の維持進歩は徒に各個人（社会組織の要素）か互に利益を共同するより生ずるにあらずして、実に社会全体か自己の利益を得有するより生するものなれはなり、是故に社会に於ける各個人は相互の共同利益を謀るを以て主眼とせす、其共同利益の溶化混一して社会全体の利益となれるものの充足を以て主眼とせさるへからさるなり」（同上:103）。

と国家有機体説を提起している。「三三年本」においてもこの説を詳細に述べ、「社会的有機物にありても、自己其者の安寧幸福と若干個人の安寧幸福とが到底全く一致し難き場合にありては、已むを得ず若干個人の安寧幸福を犠牲としても自己其者の安寧幸福を謀らざるべからざることあり、（中略）公益のために真に已むを得ざる場合若しくは非常の時に於て、一部人民の権利を減縮し若くは全く侵奪するを要するが如きもの是なり、是れ即ち社会的有機物其者の安寧幸福が個人の安寧幸福よりも迥《はるか》に緊切なるが為めに外ならざるなり」（同上:115）。

と、生物有機体において、それを組成する細胞全体が一個の生活体をなしている（同上:117）のと同様に、社会有機体たる国家では、個人が有機体全体の利害に従うことが、とりもなおさず、その個人が自己の生存を謀ることなのだ、と主張するのである。

道義としての良心と人道の否定

加藤は「二七年本」において、人間社会では生存競争と自然淘汰・遺伝応化の作用によって、次第に社会の維持と進歩とに不可欠となった風俗習慣が遂に社会の道徳法律となっていったのだと説明する（加藤 1894:35）。歴史的にみると未開国では、道徳法律とは、社会の要素たる君主貴族の男子のみからなる強者の「維持進歩を遂くるが為めの要具たるに外なら」（同上:50）ない。

そのため当時の宗教や道徳というものは専ら強者に有利で弱者に不利であったことは已むを得ない。強者は自己が掌る所の宗教と徳教をして弱者に常に強者を尊崇敬愛させ、「唯々諾々その命令に服従せしむるを主眼」とし、強者を尊崇敬愛する弱者を良善者として現世・未来の賞ありと説き、ひたすら弱者をして強者の利益を謀らせた（同上:56-57）。

未開国では法律道徳は未分化状態に止まっていたが、被治者が漸く進歩し、知識と権力とを得有して、能く治者の権力に抵抗するようになった時、即ち「君民間に於て強者の権利が偏頗の進歩より偏通の進歩に迄進みたる時」（同上:88）、元来一体だった法律道徳が二つに分かれることになった。

法律とは専ら社会（加藤にとっては国家と等置されるもの）の維持進歩に極めて必要なる行為を勧めるものであり、道徳とは社会（加藤にとっては国家と等置されるもの）の維持進歩に極めて必要なる行為を超過して更にこの維持進歩に利益ある行為を勧めるものである（同上:93）。この道徳の徳目たる善悪曲直を、加藤は「社会の維持進歩に利益ある行為（真実的若くは想像的）は之を善と称す、但し右に反して利益を害する行為は之を悪と称し、又必要を害する行為は之を曲と称するなり」と定義づける（同上:93-94）。

加藤はこのように道徳・倫理というものは外から強制されて内在化させられたもの、しかも時代によって変化していくとする徹底した歴史相対主義を以て臨み、人間に内在した不変不易な博愛なり人道なるものの存在を真向から否定する。

この論法は当然良心というものの捉え方にも波及していく。彼によれば、良心とは「凡そ社会（加藤にとっては国家と等置されるもの）の維持進歩に利なるものを正善とし、不利なるものを邪悪とすることとなりしより、其結果として良心なるものが次第に吾人の心性に発生」（同上：82–83）したものなのである。

この議論は「ならぬ」論文（一八九五年のものか？）（加藤 1990：182–87）で発展させられる。彼によれば、少しも逃れることの出来ない天然的の「ならぬ」と、逃れることの出来る道徳的の「ならぬ」の両者が存在する。開未開の違いなく社会を立てて行くためには善悪というものを作る必要があり、社会の為になることは善として奨励し、社会の為にならぬことは悪として懲戒されなければならない。これ故に道徳的の「ならぬ」が成立する。

宗教者は善を勧め悪を懲らすように人を導こうとするが、その賞罰はとても天然的の「ならぬ」のようにはいかないので、仕方無く神や仏を立てて神仏の加護・懲罰を説き出したが、なお天然的の「ならぬ」のようにはいかず、更に工夫をして未来の賞罰というものを考案した。キリスト教の天堂と地獄、仏教の三世因果と六道輪廻がそれである。ここにおいて、天然的の「ならぬ」に近づけることが可能となった。しかし知恵あるものは未来の賞罰に疑を容れ、天堂地獄の有無を疑うようになり、効験も薄らいできたので、宗教者・道徳者は善悪邪正の外に、更に人には本来良心というものがあると唱え出したのである。加藤はこのように論を展開して、次のように断言する。

「人に良心と云ふもののあることは天然なりと云ふ説あれども、善悪邪正の別が立て然後に良心と云ふものが出来たるなり、是れは善き事なり、必ずせねばならぬ、是れは悪き事なり、してはならぬと云ふことに道徳者・宗教者が教え込みたる故、其れが人の脳に染み込みて、善き事を為したりと思ふときは己の心に愉快を感じ、悪き事を為したりと思ふときは己の心に安んぜざることとなれり、斯の如く良心と云ふものが人類界に出来て、天然的のならぬの如き塩梅にな」ったのだ。

この主張は「三三年本」においても同様に、「道徳法律の進歩及び善悪曲直の変遷に随ひ善悪曲直の観念も亦進歩変遷するは当然のことにして、此観念が即ち良心及び道徳理想・法律理想となるものなれば、是亦決して一定不変にあらずして、漸次発生進歩したるものなること、敢て疑ふべからざるなり」とくり返されている（同上:104）。加藤の論では、国家内外の人間と人間とのつながりと結合の中で、権力的に押し付けられた道徳観・善悪観とは自立した良心・人道というものは成立の余地が全くなくされてしまうのである。

倫理学者大西祝は「良心の起源を強者の強迫力に帰するの説を論ず」論文の中で、強制によって善悪観を是とする時に当って、我一人がこれを非とし、そのことによって社会から迫害された場合の良心をどのように説明するのかと反論する（大西 1896:474）。大西は良心論を人間の内面性から立論する。人間は意識をもち生長進化する活物であり、その本来の目的を自ら予想憶測でき、ここに理想という観念が生ずる。この理想観念発生の時期が良心の生じる時となる。理想に対して覚える衝動が義務の衝動であり、良心の意識である。この衝動が妨害されると良心の不安・咎めの意識が生じるとするのである（堀 2002:50–51）。

儒教の普遍主義否定

善悪正邪・善悪曲直といった倫理観念が外部から国家の維持のために教え込まれ、時代によって変遷するのだとすると、日本人が江戸時代から親しんできた儒教的普遍主義の根拠、即ち「人の性は善」と主張し、「良心は本然の善心、仁義の心」とした朱子学と孟子の教えはどう捉えればよいのか、加藤は「三三年本」で、この問題を取り扱う*（加藤 1900：72–77）。

＊　加藤が、儒教の倫理を正面から取り上げるのは、［加藤 1900：234］以下にある「性善悪」論文（一八九八年執筆）前後からだと思われる。

加藤はまず荀子を取り上げる。荀子は「人之性悪、其善者偽也」と主張しており、彼はトマス・ホッブスと同じく道徳人造説の立場に立っている、とする。日本の儒者の中では荻生徂徠が道徳人造説の立場をとっているとして、彼の「弁道」の次の部分を引用する。

「先王の道は先王の造る所也、天地自然の道に非ざる也、蓋し先王は聡明叡知の徳を以て天命を受け天下に王たり、其心一以て天下を安んずることを以て務めと為し、是を以て其心力を尽し其知巧を極め、是道を作為し、天下後世の人をして是に由り是を行わしむ、豈天地自然に之有る哉」。

日本人であと一人取り上げるのは二宮尊徳である。加藤は門人福住正兄の『二宮翁夜話』中の次の部分を引く。

「天理より見るときは善悪は無し、其証には天理に任すときは皆荒地となりて開闢の昔に帰るなり、如何となれば、是れ即ち天理自然の道なればなり、夫れ天に善悪無し、故に稲と莠《はぐさ》とを分たず、種あるものは皆生育せしめ、生気あるものは皆発生せしむ、人道は天理に順うと雖、其内に各区別をなし、稗莠を悪とし米麦を善とするが如き、皆人身に便利なるを善とし不便利なるを悪とす、爰に至りては天理と異れり、如何となれば人道は譬へば料理物の如く三倍酢の如く、歴代の聖主賢臣料理し塩梅して拵へたるものなり、去れば兎もすれば破れんとす、故に政を立て教を立て刑法を定め礼法を制し、やかましくうるさく世話をやきて漸く人道は立つなり」。

ホッブスと荀子は人性に道徳の種子が絶無であることを明言しているのに対し、徂徠は天地の道を以て自然としているので、人生に道徳の種子があると考えているのは明らかだが、道徳そのものは純然たる人造物と認めている。尊徳の場合には、人性の中に道徳の種子があると考えていたかどうかは不分明である。人造説の四人の見るところは多少異なるが、人性中に一の種子（加藤は利己心を核にしており、利己のために利他心が発生すると説く）もない道徳を単に聖王英主等の力に依ってのみ生ずべき理はないので、聖王が人性に率由して道徳を制作したとの徂徠説が優れているとする。

そして加藤は、孟子と荀子の論旨を比較すれば、荀子説は大いに孟子に優りて真理に合しているものの、道徳の種子となるべきものが殆ど絶無にして、利他人は全く聖王の偽、即ち創造に成るというところは「甚だ謬れりと云はざるべからず」（同上:103-04）と断ずるのである。

このような良心と人道の捉え方が、加藤のみならず、文部省に関係する倫理学者の間で共通のものとなった時、第三章第7節で言及するように、一九〇〇（明治三三）年八月、小学校令施行規則教科及編制の教えらるべき修身の徳目の中から「良心」と「人道」があっさりと削除されるのも当然と言えるだろう。

「一七年本」での天皇の尊厳を説く論理展開（加藤 1894:58–63）は、あまり流暢でないように感じられる。加藤は未開国の徳教を語る文脈の中で中国の儒教に言及し、「孔子の徳教に於てさへも強弱両者の懸隔を許したるは掩ふへからさる事実」だと述べ、キリストの道徳は儒教の如き偏重偏軽を許しておらず、この点では儒教は「大に基《キリスト》教に劣れるもの」と断定、孔子は強者たる君父夫が専横なる権力を以て弱者たる臣子妻を圧倒し、弱者をして無限の恭順を以て強者に奉ぜしめたことは今日の開明社会に適さない、と明確に言った上で、それでも、君に対する臣の誠忠、父に対する子の至孝、夫に対する妻の貞順を最優先の徳義だと孔子が勧誘したことは家族の安寧、社会の幸福を促進するのに必要不可欠の基礎を与えたものであるとして、これに続けて「余は吾か日本臣民か万世一系の天皇に誠忠なることを以て至高至大の徳義として称賛せんと欲するなり」の語をもってくる。しかしながら、次のパラグラフでは「但し欧洲人種の性情風習は元来他の諸人種の如く永く社会の強弱即ち君臣貴賤夫婦の権力の大懸隔を許すものにあらさりしか、後世漸く開明進歩するに随ひ此強弱の権力の大懸隔は更に漸く消滅するに至」ったと述べるのである。進化主義を素直に展開すれば至極当然の叙述であるにしろ、天皇の座り心地はあまり良くはないのである。

この手直しが一八九五（明治二八）年の「殉国の節義」で行われ、次に引くような、万古に渉って不変な家族国家論の原型が示されることとなる。

「我が邦にありては天子は人民の族長、人民は其臣子にして、終始相離れず、其親子たる関係は万古に渉り変ずることなし、故に君に対する務を忠と云ふも、又同時に孝ともなるなり、即ち至尊は族長にして君主なれば、之に対する務は同時に忠たり孝たるなり」（加藤 1990:221）。「三三年本」では、善悪正邪曲直が時代によって変遷していく中で、愛国の大徳義だけは「文野開否」やその他の諸状況の異別によって毫も変遷するものではないと、何故か進化主義の適応を除外する（同上:92）。そして日本ではこの愛国心は忠君心と全く融和合一しているのだと加藤は強調する（同上:123）。その理由は、「吾人日本人が国初以来に日本民族の宗家たる一系の帝室を奉戴して之に臣事するが為に、遂に国と君とを全く同一視」（同上:123）したためである。更に天皇は立憲政体を立てて専制を廃した。欧洲人は族長政治を野蛮未開国の政体とし、開明諸国では此政体は必ず亡びると信じているが、「独り吾が邦の如きは既に開明に及びて猶純然たる族長政治にして併せて立憲君主政治たるものなれは、吾が邦の政体は実に万国に比類なき立憲族長政治と称すべきもの」（同上:124–25）と、これまた族長政治への進化主義の適応を除外している。

国家間には一切の道義無し

加藤が個人間の生存競争を否定し、社会＝国家有機体説による民族・国家間の生存競争・優勝劣敗の法則を強調する以上、加藤の社会ダーウィニズムのイデオロギー的効力は国対国の関係をどのように捉えさせるかという国際認識のレベルにおいて、その意味をもって来る。既に「二七年本」の中で、国家維持進歩のために発生・展開した法律と道徳を各国交際上に適応し、また各国交際上に生起する諸事件を法律と道徳によって正邪曲直を論じることとは非常なる誤謬だと主張する（加藤 1894:107–30）。

何故このような謬見が出てきたのか。それはキリスト教が人類は同一の感情を有すとし、全人類を同一視して博愛の義務を説いたことから出てきたものであり、これがため、本来社会＝国家維持進歩の道具であった法律・道徳を各国相互の関係にも当然適用すべきだとするに至り、遂に哲学上にまで取り入れられて真理と見做されるようになったからである。加藤は「今日に至るまで此主義の謬見たるを看破する所の哲学者未だ曾て出てさるは甚だ怪むへきこと」と述べている。

加藤は、このようなキリスト教を奉ずる欧洲人がアフリカ・アメリカ・オーストラリアの「野蛮人」やアジアの「半開人民」を圧倒征服して、ひたすら自分の利益を遂げようとしているのはキリスト教の教旨や彼等の哲理に反している。この矛盾・抵触は許されるものではない。彼等は教旨・哲理を取るか、実際を択るか、今選択を迫られている。

こう相手に回答を要求する加藤は、「独り余か執る所の学理は絶て実際と矛盾する所あら」ずと、「互に利害を同じくせさる各国間の関係は宛《あた》かも動物界に於ける関係と均しく決して道徳法律の主義に依るへきものにあらす」として、「欧洲各国か未開半開の人民に対して暴猛獰悪なる野獣に均しきは固より当然のこと」であって「不正不良」では断じてないと語る。他方、文明各国では互に利害を均しくするようになってきたので、遂に同胞兄弟たるの倫理思想が発生したのだが、文明各国は未だ単一の「真誠の社会有機体」となってはいない以上、文明各国の間といえども、法律道徳が充分に行われていないことを以て正理に背反するということは出来ない、と彼は結論する。

ところで、ヨーロッパ諸国でのキリスト教と植民地主義の矛盾は、筆者はそれなりに深刻なものだったと考えている。加藤的な優秀民族が発展し劣等民族は滅亡するのは生存競争の当然の結果との発想の前提には、これまで見てきたように民族なり国家なりを超えたところの共通の倫理と道義は全くありえないとの「哲理」が横たわっている。しかしキリスト教は、種族や民族を超えた神の被造物＝人類と神の人類愛というものを信仰の基礎にしている以上、劣等種族は圧迫され滅亡して当然とは、口が裂けても言うことは出来ない。ここから「文明化の使命」というヨーロッパ型植民地正当化理論が生れてくる。加藤的な社会ダーウィニズム論からは、「文明化の使命」という命題は生ずる余地が無い。

したがってキリスト教を排斥する加藤は、彼に多くのことを教えたグンプロヴィッツ*までが、甲国が乙国を略奪することは罪悪ではないが、甲国が乙国の国体・国性を破壊して顧みないのは背徳不義であると述べているのを、何故ためらいが生ずるかを理解できず、彼の論理の中途半端性を責め、「邦国なるものは徹頭徹尾自個の利益を主眼として、此主眼の為めには如何なることを為すをも許すなり」（加藤 1990:330）と得意げに語るのである。普遍主義を破壊しつつ社会ダーウィニズムを日本人にとっての現実の判断基準にさせていこうとする者の到達するのが、この地点となる。

＊　ポーランド系ユダヤ人という側面からグンプロヴィッツを研究したものに、〔小山 2003〕がある。

右の発言は、『哲学雑誌』一八九七（明治三〇）年四月号の「再び「先哲未言」に対する丸山通一君の批評に答う」の中でなされたものだが、また同一の論旨を「三三年本」にも述べている。そして後者では、加藤に社会ダーウィニズムを開眼させてくれたカルネリが、「他国民を侵掠するが如きことは仮令道徳に於ては許すべきも倫理に於ては全く許すべからず」と論じていることを、「頗る空想取るに足らざる論旨とすべし」（同上:155–56）と一蹴している。

このように考える加藤にとっては、戦争に義があるのかないのかという、「春秋に義戦なし」という朱子学と孟子解釈の出発点と関わる論義は全く馬鹿げたものとなる。日清戦争中かその直後に執筆されたと思われる「戦争」において彼は、次のように断じる。

「各国相互の間の関係は一国内各個人間の関係とは異にして、結局自己の利益を謀るべきものなれば、外国を亡ぼすことが己の利となれば外国を亡ぼし、己の害となれば外国と和するは当然のこと」だとして、「元来外国との戦争に義不義を論ずるは大なる謬見なり、故に所謂不義戦も亦決して徳義論に関係すべきものにあらず」と（同上：252–55）。

この論旨の主張は「三三年本」でもくり返され、同書出版直後の「一国内の道義と国交上の道徳とは大に其の目的を異にす」と題する講演でも、次のように話している。

「社会と社会、即ち国と国との関係に於ては、互に勝手次第なことをして宜い、決して道徳も法律も要らぬと云ふことになる。それが本当の道理である」、「自国の為めに不利益ならば、人の国を滅すことは固より当然の事である」、「欧羅巴の学者中、さう云ふことを多少云ふ人もなきにはあらねども、併し僕の様に極言した学者は、僕は知らないのである」、「自国に利益あれば和し、自国に不利益あれば戦ふのは、是れが本当のことである、それゆゑ、戦に義戦だの不義戦だのと云ふ別は少もないのである」（加藤 1894：263–75）。

日清戦争に関しては猫も杓子も義戦論をかつ語りかつ書いたが、加藤式社会ダーウィニズムが日本国民の隅々まで浸透してしまった日露開戦時には、義戦論を説える必要性自体が日本社会に消滅したのである。

生物学者丘浅次郎の『進化論講話』（一九〇五年版）では、次のように述べられていた。

「人類の生存競争における最高の単位は人種或は国であって、国と国と、人種と人種との競争では唯強いものが勝ち、弱いものが敗けるの外ないのであるから、社会の制度を改良するに当っても常に人種或は国を本位として打算しなければならぬ」と（佐貫 2010:75）。

第2節　井上哲次郎と東西文明融合論

加藤弘之の補完者

井上哲次郎（一八五六〜一九四四）は安政二年の生れだとはいっても一二月生れだから、福沢が天保五年の生れでも一二月生れ、西暦に直すと一八三四年ではなく三五年になるのと同様、単純換算は出来ない。太宰府の生れで父親は医者だから身分は平民である。一八七五（明治八）年二月に開成学校に入学して東京大学を八〇年七月に卒業、文部省雇いとして大学に残っている。哲学を学び、八一年には学友和田垣謙三・国府寺新作・有賀長雄の協力を得て『哲学字彙』を編纂、小野梓が経営していた東洋館書店から刊行する。井上は大学卒業後、共存同衆に加わり講演を行っており、小野と親交を持っていたのである（三橋 1976:461）。

しかし民権運動には関わらず、そして哲学的には当初から実在を現象に対立させる観念論の立場に立ち、八一年には雑誌『学芸志林』に東大で講義していた内容を論文「倫理の大本」として発表、八三年にはそれを『倫理新説』に纏めて出版している。タイトルからすると、東大総理加藤弘之の『人権新説』に倣ったものと筆者は考えている。井上は在学中から加藤には色々と世話になり、また議論を重ねており、哲学をやるなら東洋哲学を歴史的に研究すべきだとの教示も加藤から得ていたのである（『哲学雑誌』1897:631）。

民権運動につながりがあると思われたためか、と留学の選に漏れて不満をかこっていた井上（八二年に東大助教授となっている）がドイツ留学を命ぜられ、日本を出航するのは八四年二月のことである。三ヵ年という留学期限が与えられていたが、在独中に井上はドイツの東洋語学校の教官に採用され、帰国するのは九〇年一〇月、異例の長期にわたる在独研究生活であった。この留学の中でショーペンハウエルやハルトマン等のドイツ観念論哲学をしっかりと身につけるのである。

陸軍から軍医学研修のためドイツに派遣されていた森林太郎とは八五年一〇月一日に最初に対面しているが、当日の森日記には「はじめて井上とあふ、此夜独逸に来てより以来始めて東洋文章のことを談ず、快言ふべからず」（森 1937:69）とあり、森が大満足したことが知られる。井上自身、日本にいる八三年八月、外山正一・矢田部良吉と共に『新体詩抄』を刊行し、留学に際し八四年二月、「孝女白菊詩」も収めた『巽軒詩鈔』を出版しもした、文芸をたしなむ知識人だったので、無骨な軍人か能吏の外交官に取り囲まれ、彼等の機嫌をとらなければならない森としては、砂漠でオアシスにめぐり会った気持だったと思われる。

在独中から井上が西洋哲学を学ぶだけでなく、その超克の課題を考えていたことは、森日記の八七年一一月九日の条に明らかである。即ちそこには、「井上巽軒の仏教耶蘇教と熟れか優れると云ふ論を聞く、大意謂ふ、仏の如来には人性なし、耶蘇の神に優れり、仏の大乗は因果を説く、而して重きを後身に帰せず、其小乗との差此に在り、耶蘇の未来記に優れり、仏は覚者なり、耶蘇の神子と称するに優れり云々」（同上：198）とあり、既に在独中よりキリスト教を理論的に批判することを彼は意図していたのである。

では、西洋の哲学思想を学びつつ、その超克に利用できるとしたショーペンハウエル哲学を井上はどのような形のものとして在独中に修得したのだろうか。彼は「明治哲学界の回顧」の中で、自分が帝大で教えた哲学を次のように要約している。

自分は、現象即実在論を唱道した。現象と実在という二つの対立を「越上」、即ち Aufheben して真実一元観に達する説である。

「現象は活動的のものであるが、活動的のものはただ活動ではなくして、必ず法則的に活動せざるを得ない。法則的に活動するより外、活動は可能ではない。その法則的といふ方面は永久不変のもので、即ち常住的のもので、そこに古今に渉り東西に通じて一定した方面がある。これが根本原理で、即ち絶対といふべきものである。この根本原理は静止的のものである。これが即ち実在である。この一般法則的状態が即ちロゴス」であり、「それは叡智とも云ふべく、これを目的行動といふ方面から云へば Sollen とも云ふべく、人間終極の理想とも云ふべきである。認識はただこの現象のみについて成立しうるもの」であるが、「併しそれは経験的認識」であって、他方「超越的認識はこの実在に関する認識である」、「実在は経験的認識を超越したものである。即ち不可知的である」（『岩波講座哲学』1932：76）。

自分はダーウィンの進化論を信奉するが、但し彼の進化論（井上の理解の仕方は社会ダーウィニズム的なものである）が妥当するのは生存慾と生殖慾に関してのみであり、それ以外に智能慾というものを立てる必要がある。自然慾に対しては精神慾（＝智能慾・完成慾）となる。人間の精神作用は知情意という三方面に分かたれるが、知は学術に、情は芸術に、意は善の実行を目的とする道徳的行為に関わるものである。この知情意三方面とも、いずれも理想と目的があり、知は真を、情は美を、意は善を目標としその理想を図るものである。

加藤弘之の社会ダーウィニズムは国家間の生存競争と弱肉強食を天然自然の理法とするものであり、全体的傾向はその通りだとしても、では個として生存するのにどのような意義があるのか、という加藤説を受容する日本人がいだく自然的な不満と欠如感を、井上の哲学は基本的に社会ダーウィニズムを前提としながらも、理想と道徳なるものを掲げて、その不満と欠如感を緩和する機能を果すこととなるのである。客観的には加藤の社会ダーウィニズムへの絶妙な補完的役割を果すことになるのであった。一九〇三年段階の彼の表現を以てすれば、次のようなことになる。

「国家を振興しやうといふのには帝国主義が必要であります。併し帝国主義が国家を振興するに都合が好いからと言って、国民の品性を傷けてはいかぬ」、「社会的理想を実現することに貢献するといふ動作云為《うんい》の前には寸毫の障碍物もあらう筈はありません」（井上 1903：136）。

天皇制と宗教としての神道

井上が帰国後直ちに帝国大学文科大学教授に任じられ、国家の要請に応え、『勅語衍義』を執筆し、教育勅語の天皇・国家至上主義の精神に人類同胞主義のキリスト教は根本的に矛盾すると攻撃し、福沢諭吉の「修身要領」を社会に革命をもたらすものと非難し、更に哲学館事件に関し国家の立場から弁明するなど、八面六臂に大活躍することを、我々は後程、第三章の第2・第3・第6・第8節で見ることになるが、帰国直後、将来の井上の理論活動を予想させる二つの発言を既に行っていることは注意していいことである。一つは九〇（明治二三）年一二月の『教育時論』に「教育と陸海軍」と題して報じられたものである。

「文学士井上哲次郎氏が或皇族の処にて講義せられたるものなりと云ふを聞くに、陸海軍と教育とは宜しく帝室に属すべきものにして、陸海軍は腕力上の協同を謀り、教育は智力上の協同を謀るものにして、此二者は何れも天皇陛下の意志に相背かざらんことを要するものなりき」、「大中小の学校の如きも、十分に干渉して帝室と反対するが如きことなからん様に注意するを要す」（『教育時論』1890b:29）。

議会と政党には陸海軍の統帥権に決して関与させないとの断乎たる姿勢のもと、藩閥政府と官僚が用意周到に手を打ってきたことはともかくも、教育を立法主義ではなく勅令主義で行うとの原則が形成されるのは九〇年の枢密院での小学校令審議の過程（第三章第1節一五四頁参照）においてであり、一〇月中旬帰国したばかりの井上が、右のように某皇族に講義したことは、国家権力の意向を伺うのに並々ならぬセンスを彼が有していたことを物語るものとなる。

あと一つは、九一年一月の『教育時論』に「帝室と宗教との関係」と題して報じられたものである（『教育時論』1891a:22）。

「井上哲次郎氏の談話なりと云ふを聞くに、宗教は日本の憲法にては、人民の自由に任せあれば、政府が宗教に対するの道は公平ならざるべからず、之に対して偏頗の処置あるべからざるは勿論なり、然れども帝室に在りては大に此点に注意し、帝室の神聖を汚さざるものを撰ぶを要す、即ち我国の神道なるものは尤も之に適当なる宗教にして、帝室の栄えんことを望まば神道を滅するが如きことあるべからず、近来神道は宗教にあらずの説を唱ふるものあれども、是れは誤れる者なり、神道の如きは其教は甚だ少きものなりと雖も、身体を清浄にし、心神を潔白にすることを教へ、忠孝を以て其骨髄となせば、是亦一の宗教たるを免れざるべし、況や人の死したる時の如き、其葬事を執行するなど、全く宗教の形を存するに於てをや、然れは帝室の為めには神道を振興することは甚だ必要なり、神道にて忠孝を貴ぶは先祖を崇拝するものにして、我国にて皇祖皇宗を祭るが如き、全く之に依れり、彼の基督教仏教の如きは、帝室を相撞着することあり、之を採るべからず、殊に基督教の如きは最も害ある者なり」。

「一の宗教としては神道に如くものはなきなり、我国に維新の変動を生じ王政復古となりたるが如きは、全く神道の活きて居たるか故なり、神道は実に我帝室を厳尊にする宗教なり、欧羅巴にては斯くの如き宗教なきが故に、動《やや》もすれば革命等の起りて帝室に変動を来すなり」。

神社崇敬は宗教ではなく国民的民族的習俗と位置づけることにより、神社と神道を仏教とキリスト教の上位に置くことが戦前・戦中の神道行政であったが、井上はズバリ、神道は宗教だ、と断定している。

井上の観念論哲学においては実在なるものは科学的経験的認識では把握不能であり、超越的認識、即ち直観か神秘的霊的体験によって感知・了解されるのであるから、哲学と宗教は同一のものへ、異った方法により接近・大悟するということになる。一九〇一年段階の井上の表現を以てすれば、「不可知的の境界は認識の対象にあらざるが故に認識によりては一歩も進入し難きも、内面的直感によりて考察」（井上 1901:158）さるべく、「内面的直感は実在を映写し、人をして直に内部に於て直接に世界を想見せしむるもの」（同上:171）である。「哲学は学者の宗教にして、宗教は俗人の哲学なり」、「（宗教は）信仰によりて同一の結果を得んとす」（同上 :235）るものというのが、井上の理解の仕方なのである。

従ってキリスト教に対しては、天皇・国家至上主義に敵対する性格、人類同胞という普遍主義的体質を攻撃して、日本の「国体」への妥協的体質をキリスト教に創り出すことが井上の目標となり、それと既に世界主義を放棄している仏教や儒教を融合させることが狙われ、哲学の側からは、キリスト教や仏教・儒教における特殊性は最早必要がないので、それらを除去した「宗教的道徳」を建てなければならない、「是れを人類一般の宗教となす、是れを理想的宗教と云ふ」（井上 1902a:38）と彼は自らに目標を立てるのである。

では帝室に最も必要な、彼によれば明白な宗教である神道はどうなるのか。

この課題は国家が神道非宗教説の立場をとり続けているので、井上の場合でもストレートには自説を展開できてはいない。少くとも一九〇三年の段階では以下の三点を確認している。

第一は、次のように神話以来の帝室の不動の系統に大きな意義を置いている。

「（日本の帝室は）古代の神話と関係を有《も》つて居るといふ様な、下万民とは丸るで違つた歴史の存在して居るといふことが非常な結果を及ぼして居る。帝室は我国民中の重鎮であつて、家に喩へて言へば大黒柱の如きもので、之に依つて万民の平和が維持されて行くといふことになつて居るのです。帝室の安全は下臣民の安全である」（井上 1903:122）。

第二は、日本の神社は神聖な場所と意識され、美術的価値を有し、氏子を纏める公共的性格をもっていると井上は述べる。またその歴史性も重要だとして、次のように神話的起源による民族的一体感の醸成を神社が行っていることを強調している。

「神社の縁起を質すと云ふと、何か民族的の神様が土台となつて、それから神社が起つて居る、それで相互に同一の祖先からして斯う生まれ出て来て居ると云ふ血族的の意味が知れて来る」（井上1903:211）。

この両者を宗教的に結合させることとは国家方針と異ることになるが故に、明治期では井上は他の論者と同様に、天皇家を宗家とし祖先信仰を紐帯とした家族国家論で国体を説明していくのだが、神道を宗教的に発展させていく課題が強固に彼に意識され続けていたことは、一九三二年に発表された「明治哲学界の回顧」の中で、次のように述べているところからも伺うことが出来る。

「神道は固より我が国の民族教であるけれども、一面之を純粋化し深刻化し広大化し、真に最後の倫理的理想教たらしむることは果して出来ないであらうか、是れ今後の研究に属する問題である」と（『岩波講座哲学』1932:81）。

転機としての日清戦争

『勅語衍義』を執筆し、キリスト教攻撃を行う中で、時代はまさに我ものになった、と彼に自覚させたものが日清戦争の勝利であった。一八九九（明治三二）年刊行の『巽軒論文集』第一集に所収された論文「日本文学の過去及び将来」の中で井上はこう述べている。

「自家固有の思想を根拠として各種の外国思想を取り鎔鋳して始めて未だ曾て之れあらざる特質を成す、之を国民精神となす、国民精神成りて始めて国民文学を成す」（井上 1899:111）。

しかし維新以来の欧米思想の侵入には、すさまじいものがあった。彼は次のようにいう。

「我邦維新以来の変動は他に類例を求むべからざるほど激烈なるものにして、一たび欧米思想の侵入を迎へて国境の堤防を決するや否や、新規の潮流は地を蹴り天を撼《ゆる》かして至り、澎騰奔激「スネルストローム」の如き一大盤渦を成せり、此の如きことは実に千歳の一時にして常に之れあるものにあらず」（同上:117）。

これに対し日清戦争が大きな転機を作ったのである。即ち、

「恰も斯時に当り他の方面より国民文学の勃興を促す一大現象の起り来たらんとは。何をか一大現象となす。日清戦争是なり」、「戦争は又他の国民との差別を明晰に描出して列国の間に介立せる自覚心は国民文学の発達を促すに最も有力なる要素」なのである（同上:121）。

この日清戦争勝利の説明の仕方は、井上の場合には福沢のそれとは全く異っていることは注意して然るべきであろう。福沢の場合では第三章第6節に見るように、現状維持と守旧保守に固執する半開儒教主義清国と国内を変革し西洋文明を取り入れた日本との文明対野蛮の戦争として位置づけられる。しかし井上は文明主義で説明はしないのである。

一九〇三年刊の『巽軒講話集』第二篇に収められた「徳育の遷変に就ての所感」の中で井上は、「廿七八年の日清戦争、それから三三年の北清事変は宗教及び倫理の上には少なからざる影響を及ぼした。第一忠孝を嘲りつつあつた基督教徒の如きは、此の際一言を発することが出来ぬ」、「日清戦争及び北清

事変が国威を万国に発揚したのは全く忠君愛国思想の結果である」(井上 1903:246) と彼は説明する。井上においては英米を主軸とせざるを得ない文明主義ではなく、忠君愛国主義こそが日清戦争勝利の鍵だったのである。

井上は、このことを武士道精神とも表現している。一九〇一年に刊行された『巽軒論文集』第二集に収められた「武士道を論じ併せて『痩我慢説』に及ぶ」の中で彼は、日清戦争の兵士の観念の中には武士道が存在していたのだ、として、こう述べている。

「我国民的精神は単に受感的なりしにあらず、常に同化の力を有し、外来の思想をして已に合一せしめたり、換言すれば我国民的精神は輸入せられたる新思想を消化して己が有となすの力を有せり、仮令ひ如何なる倫理学にせよ、単に輸入せるのみにては未だ根柢を我国土に固うして深く人心を感化するに足らず、其れをして我国民的精神に嫁せしめて、然うして後始めて十分の結果を期すべきなり」、「道徳主義も亦此の如く、従来の道徳思想(即ち儒教仏教殊に武士道の精神)と撞着せざるものを選択するを以て最も策の得たるものとす、国民の道徳を進めんと欲せば、深邃《しんすい》なる理論的道徳を引いて之を武士道に接続せしめ、打ちて一塊となさざるべからず、我国民将来の道徳は此の如き東西両洋の道徳が延接抱合して胚胎する所のものならざるべからず」(井上 1901:91) と。

文明主義対武士道精神

一八九七(明治三〇)年一一月より文科大学学長に就任した井上は、当時の日本では最高学府の哲学界の責任者という立場に立つこととなる。国民精神・国体論に基いた新たな思想的・哲学的・道徳的・

倫理的枠組を提示しなければならない。

そのための一つの方向が西洋文明を導入することばかりに努めてきたとの福沢諭吉攻撃となる。典型的なそれは第三章第6節で見ることとなるが、右に引いた武士道論文においても、次のように難じている。

「今後はいつまでも（福沢）翁の所為に倣ひ、単に輸入することをのみ務むべきものにあらず、又同時に批評的精神を以て其是非正邪を識別鑑定して、積極的の建設を図らざるべからざるなり」（井上1901:99）。

また、一九〇二年刊行の『巽軒講話集』初篇に収められた講演「武士道と将来の道徳」において井上は、「武士道は日本の道徳主義である、武士道の発達していくのは日本民族の自我実現である」（井上1902b:122）と述べ、さらに「日本民族は日本民族の精華とも云ふ可き武士道の精神を発展せしめて、それを世界万国に実現せんければならぬのである」（同上:123）と、武士道を日本民族の民族精神であると断定し、然るに「福沢翁は西洋の道徳主義に接するや否や、日本従来の道徳主義の城壁を明け渡し彼方に移り変わつて、従来の道徳主義をば悉く排斥して陳腐である駄目であるといつて大いに攻撃をされました、それは福沢翁が精神上一戦をも試みずして城壁を明け渡したのであります（拍手喝采）」（同上:124）と、日本の伝統破壊者、西洋への屈服者として福沢を描き出そうとしている。

とは言うものの、客観的には福沢の個人主義、個人の自由と自由主義から社会と国家のあるべき形を構成していく思考と行動様式を解体するためにこそ井上のイデオローグ的役割が存在していた以上、福沢と対決する形をとって自己の思想を表明することは、井上にとっての宿命的な型となってくる。上述の「明治哲学界の回顧」の中でさえ、福沢は日清戦争での勝利は、文明の利器を利用したためだと言うが、日露戦争での勝利は、「わが日本人は皇室を中心として能く統一し得るやうな歴史的の素養を有つて居る、即ち精神的方面に於いて彼に優つていたからである」(『岩波講座哲学』1932:18)と主張し、兵隊は独立自尊主義では行かぬ、必ず将校の命令を待って行動せねばならぬと述べている。命令に従って死ぬ兵隊を創るためにこそ学校教育はある、ということとなるだろう。福沢は西洋かぶれとレッテルを貼られ、その個人主義は利己主義にすりかえられ、拝金宗の頭目として日本人男女の脳髄に刷り込まれていく。

東西文明融合論

あと一つの方向が宗教も含めての東西両文明の融合が日本の使命であり、日本国家にとってはさらにその日本化を目指さなければならないという、第二次世界大戦まで一貫して主張され続けた東西文明融合論と日本文化論の提唱なのである。

この考え方は先に引用した中での「我国民的精神は輸入せられたる新思想を消化して己れが有をなすの力を有せり」、「我国民将来の道徳は此の如き東西両洋の道徳が延接抱合して胚胎する所のものならざるべからず」といった発言からも伺えるものである。

井上は日清戦後、中国のあり方についても積極的に発言しているが、その中にも彼の構想は明かに表明されている。

『巽軒講話集』初篇に収められた「清国開発意見」の中で彼は、清国にあるのは孔孟の教えのみで外国交際の道徳などの積極的なものが存在せず、思想の自由もなく、智育が欠乏しており、清国は日本の学術を輸入して「東洋は古来東洋の哲学倫理宗教あり、此れは必ず東西両洋の思想を渾合調和して以て特殊の研究を経ざるべからず」（井上 1902b : 144）としている。*

＊ ここで井上は、日本では「ミル・ルソー・ギゾー・ヴォルテール・ボックル・スペンサー諸氏の説の如き、精神上の研究はやがて国民の元気を鼓舞作興して、其結果一種の活気を生じ以て進歩発展を促し」（同上 : 143）たとも言っている。

また一九〇三年刊行の第二篇に収められた「支那文明の欠陥」は右の「清国開発意見」に手を加えたものであるが、清国では孔子の教えが総てであり、進歩・権利思想が無いために人権の理想が欠乏し、孔子の教えに無かったが故に科学思想が欠けている、として、

「支那人が日本を学びますれば、日本国民が如何なる方法により如何なる精神に基いて西洋の文明を同化して来たのであるかと云ふことを理解することが出来るのです、如何なる手段方法によつて東西洋の文明を合一することが出来たであるか、此融合調和の経過の跡を逐ふて、彼等が将来支那に於て為すべき手段方法を理解することが出来やうと思ふです」（井上 1903 : 448）。

と語りかけている。東西両洋文明の融合調和と其の自国への同化の問題がここでの焦点であり、しかもその際の日本の指導・任務なるものが、聴衆に向って次のような形で訴えかけられるのである。

「日本が今日に於ては東洋諸国の先進国であると云ふことは、日清戦争以来何人も斉しく認容する所の事実となつて居ります。既に東洋諸国の先進国である以上は、従つて東洋諸国を驚醒して文明の域に進めんければ成らぬといふ自然の任務を負ふて居るのであります。殊に支那朝鮮印度暹羅《シャム》等

有志舎

出版図書目録

2012.4

ご　挨　拶

本年度の出版目録をここにお届けさせていただきます。弊社は、2006年より本格的に出版事業を開始し、お陰様で7年目を迎えることができました。

社名の由来は、つねに志をもって出版を行なっていくこと、そしてその志とは、「知」の力で地球上から戦争を無くしていきたいというものです。

もとより、これは簡単なことではないことは分かっています。しかし、出版業というものは単なるビジネスではなく、理想を追い求める「志の業」でもあると私は信じています。

ですから、これからも理想を掲げ、良質の学術成果を読者の皆さんにお届けできるよう鋭意努力して参りたく念願しております

この方針に則り、小社は近現代史を中心に、人文・社会科学に関する学術出版を行なって参ります。

まだまだ歩み出しはじめたばかりではありますが、新しい知の風を多くの方に届けられるよう全力を尽くして参りますので、ご支援・ご鞭撻のほど、どうぞよろしくお願い申し上げます。

2012年4月

有志舎

代表取締役　永滝　稔

異教徒から異人種へ

井村行子［著］
（いむら　ゆきこ）

—ヨーロッパにとっての中東とユダヤ人—

「他者」はどのようにして創られるのか！中世ヨーロッパの「異教徒」観から、反セム主義（反ユダヤ主義）の登場までを明らかにする。

定価 2310 円（税込）
四六判・並製・カバー装・200 ページ
ISBN978-4-903426-11-2

イギリス帝国と帝国主義

木畑洋一［著］
（きばた　よういち）

—比較と関係の視座—

「帝国史」という試み！　帝国支配の構造と心性とは何か。イギリス帝国と帝国主義の歴史を、日本帝国とも比較しつつ論じ、「帝国史」の新たな局面をひらく。

定価 2520 円（税込）
四六判・上製・カバー装・260 ページ
ISBN978-4-903426-13-6

イラン現代史 —従属と抵抗の 100 年—

吉村慎太郎［著］
（よしむら　しんたろう）

欧米列強の脅威にさらされ続けてきた激動の 100 年史。「イスラム原理主義国家」というイメージ先行の理解と異なる、この国の本当の姿と歴史のダイナミズムを描き出す。

定価 2520 円（税込）
四六判・上製・カバー装・240 ページ
ISBN978-4-903426-41-9

沖縄の復帰運動と保革対立

櫻澤　誠［著］
（さくらざわ　まこと）

—沖縄地域社会の変容—

「保守／革新」「復帰／独立」の分節化は沖縄の地域と住民に何をもたらしたのか。今も続く沖縄社会の保革対立が形作られた過程を明らかにする。

定価 6300 円（税込）
Ａ５判・上製・カバー装・288 ページ
ISBN978-4-903426-50-1

小野梓と自由民権

勝田政治［著］
（かつた　まさはる）

日本に立憲政を根付かせようとした熱き男の生涯を描き、近代日本の歴史の中で失われた「もうひとつの日本の在り方」を考える。

定価 2730 円（税込）
四六判・上製・カバー装・280 ページ
ISBN978-4-903426-34-1

オープンスカイ・ディプロマシー

高田馨里［著］
（たかだ　かおり）

―アメリカ軍事民間航空外交　1938～1946 年―

真珠湾攻撃、「航空大国アメリカ」誕生から冷戦へ。戦時・戦後世界の空をめぐる攻防を描く、新しい国際関係史。

定価 5250 円（税込）
A 5 判・上製・カバー装・290 ページ
ISBN978-4-903426-44-0

近世・近代における文書行政

小名康之［編］
（おな　やすゆき）

―その比較史的研究―

近世から近代にかけて、世界の諸地域ではどのように文書行政が展開されていったのか。日本・インド・トルコ・メキシコの比較により、それぞれの地域の文書行政の実態を明らかにする。

定価 2940 円（税込）
A5 判・上製・カバー装・245 ページ
ISBN978-4-903426-55-6

近現代部落史 ―再編される差別の構造―

黒川みどり
（くろかわ　みどり）［編］
藤野　豊
（ふじの　ゆたか）

被差別部落の存在を無視した日本史像はありえない！「部落史」のオルタナティヴをめざす新たな挑戦。

A5 判・並製・カバー装・280 ページ
ISBN978-4-903426-24-2

定価 2940 円（税込）

近代日本の形成と租税

近代租税史研究会［編］

【近代租税史論集１】

「租税国家」として明治国家を位置づけ直す挑戦の第一弾。
近代国家の形成にとって租税とはいかなる意味を持ったのか？

定価 5250 円（税込）
A 5 判・上製・カバー装・288 ページ
ISBN978-4-903426-16-7

近代日本の宗教概念

星野靖二［著］
（ほしの　せいじ）

―宗教者の言葉と近代―

「宗教」とは歴史的に変わらないものなのか？翻訳語として近代日本に新たに登場した「宗教」をめぐって、その概念の展開を宗教者の言葉を追うことによって明らかにする。

定価 6720 円（税込）
A 5 判・上製・カバー装・320 ページ
ISBN978-4-903426-53-2

皇国日本のデモクラシー

住友陽文［著］
（すみとも　あきふみ）

―個人創造の思想史―

日本のデモクラシー思想は、なぜ「皇国」を立ち上げたのか？ナショナリズムに潜む私欲を乗り超え、社会を担う「個人」を求める思想の分析から、そのモメントをあきらかにする。

定価 5670 円（税込）
A 5 判・上製・カバー装・320 ページ
ISBN978-4-903426-45-7

国民国家の比較史

【人間文化叢書】
ユーラシアと日本 ―交流と表象―

久留島　浩
（くるしま　ひろし）
趙　景　達
（チョ　キョンダル）
［編］

グローバリゼーションがもたらしつつある国民国家の再活性化のなか、その同質性よりも差異性に注目し、国民国家をめぐる新たな議論を提起。

定価 6930 円（税込）
A5 判・上製・カバー装・480 ページ
ISBN978-4-903426-32-7

近衛新体制の思想と政治

源川真希［著］
（みながわ　まさき）

—自由主義克服の時代—

かつて、われわれはデモクラシー再生の劇薬を使ってしまった…。デモクラシーを再生させようとする試みは，なぜ近衛新体制に帰結したのか？激動の昭和戦前期における錯綜した思想状況を解きほぐす。

定価 4830 円（税込）
A 5 判・上製・カバー装・240 ページ
ISBN978-4-903426-28-0

自他認識の思想史

桂島宣弘［著］
（かつらじま　のぶひろ）

—日本ナショナリズムの生成と東アジア—

およそ、あらゆる自己認識は他者表象の産物である。
東アジアに向き合うなかから、日本ナショナリズムの生成を問う！

定価 3360 円（税込）
A5 判・上製・カバー装・220 ページ
ISBN978-4-903426-17-4

シベリア抑留と戦後日本

長澤淑夫［著］
（ながさわ　としお）

—帰還者たちの闘い—

戦後日本はなぜシベリア抑留者の補償を拒否し続けたのか？国会で否定され裁判で何度敗れても、不屈の闘志で運動を続け、ついに補償を実現した抑留者たちの戦後史。

定価 2520 円（税込）
四六判・上製・カバー装・230 ページ
ISBN978-4-903426-49-5

植民地期朝鮮の知識人と民衆

趙 景 達［著］
（チョ　キョンダル）

—植民地近代性論批判—

知識人世界と民衆世界の差異と亀裂！　日本支配下の朝鮮は、果たして植民地権力のヘゲモニーのもとで“近代”を内面化し得た社会だったのか？

定価 5670 円（税込）
A5 判・上製・カバー装・338 ページ
ISBN978-4-903426-19-8

精神の歴史 —近代日本における二つの言語論—

田中希生［著］
（たなか　きお）

定価 5880 円（税込）
A5 判・上製・カバー装・390 ページ
ISBN978-4-903426-25-9

狂気と理性が裁断されえなかった近代日本という時空。
そのなかに現在とは全く異質の《精神》を見出す新しい思想史！

戦後日本と戦争死者慰霊

—シズメとフルイのダイナミズム—

西村　明［著］
（にしむら　あきら）

定価 5250 円（税込）
A5 判・上製・カバー装・256 ページ
ISBN978-4-903426-06-8

慰霊とは何なのか。そして何でありうるのか。戦後日本の長崎原爆慰霊を通して、死者への向き合い方を問う。死者と生者の宗教学！
［2007 年度国際宗教研究所賞受賞］

戦時期朝鮮の転向者たち

—帝国 / 植民地の統合と亀裂—

洪 宗 郁［著］
（ホン　ジョンウク）

定価 5670 円（税込）
A5 判・上製・カバー装・264 ページ
ISBN978-4-903426-38-9

植民地知識人の主体化と帝国秩序の論理。抵抗と読み替えの相克から戦時下朝鮮の思想史を再考する。

戦時体験の記憶文化

滝澤民夫［著］
（たきざわ　たみお）

定価 5880 円（税込）
A5 判・上製・カバー装・330 ページ
ISBN978-4-903426-15-0

戦争の体験はいかに文化として継承されるのか？報道写真、女学生の日記、新聞広告、映画館の上映目録を素材に、その文化史的意味を解きほぐす。

先住民と国民国家 ―中央アメリカのグローバルヒストリー―

小澤卓也［著］
（おざわ　たくや）

5刷！

定価 2520 円（税込）
四六判・上製・カバー装・240 ページ
ISBN978-4-903426-07-5

【国際社会と現代史】
「敗者」は勝利をもたらすか？　サンディニスタ、サパティスタ、そしてチャベスへ…。国民国家に抑圧されつづけてきた先住民からの問いかけ。

脱帝国のフェミニズムを求めて ―朝鮮女性と植民地主義―

宋 連 玉［著］
（ソン　ヨノク）

定価 2520 円（税込）
四六判・上製・カバー装・270 ページ
ISBN978-4-903426-27-3

脱植民地主義のフェミニズムとは何か！　饒舌な「帝国のフェミニズム」にかき消された女性たちの声を聴く。

田中角栄と自民党政治

下村太一［著］
（しもむら　たいち）

定価 2520 円（税込）
四六判・上製・カバー装・330 ページ
ISBN978-4-903426-47-1

―列島改造への道―
田中角栄の政治指導と、保守政治再生の政策・戦略とはどのようなものだったのか。
その政治手法に着目して、田中角栄の実像に迫った新しい政治史。

中国国境地域の移動と交流 ―近現代中国の南と北―

塚田誠之［編］
（つかだ　しげゆき）

定価 5460 円（税込）
Ａ５判・上製・カバー装・370 ページ
ISBN978-4-903426-31-0

【人間文化叢書】ユーラシアと日本 ―交流と表象―
中国国境地域に生きる諸民族の姿から、移動と交流の実態を明らかにする。

中国抗日軍事史 1937-1945

菊池一隆［著］
（きくち　かずたか）

定価 2940 円（税込）
四六判・上製・カバー装・400 ページ
ISBN978-4-903426-21-1

中国現代史から多角的に描く、本格的な日中戦争通史。
弱国・中国は強国・日本をいかにして破ったのか。

同時代史としてのベトナム戦争

吉沢　南［著］
（よしざわ　みなみ）

定価 2730 円（税込）
四六判・上製・カバー装・260 ページ
ISBN978-4-903426-30-3

ベトナム戦争とは何だったのか？ 60 ～ 70 年代の反戦運動とは何だったのか？「現代史」ではなく、「同時代史」を提唱し、民衆の視点からベトナム戦争とその時代を考える。

盗賊のインド史 －帝国・国家・無法者《アウトロー》－

竹中千春［著］
（たけなか　ちはる）

定価 2730 円（税込）
四六判・上製・カバー装・330 ページ
ISBN978-4-903426-36-5

盗賊や武装勢力とは何者なのか？ 彼らはなぜ戦うのか？「盗賊の女王」プーラン・デーヴィーはじめ、近現代インドを席巻したアウトローたちの世界に分け入り、その真の姿を描き出す。

日本近世社会と明治維新

高木不二［著］
（たかぎ　ふじ）

定価 5670 円（税込）
Ａ５判・上製・カバー装・280 ページ
ISBN978-4-903426-20-4

マルク・ブロック（アナール派）に学びながら、幕末・維新史を描き直す。日本近世社会はいかにして近代へと転換していくのか！

幕末民衆の情報世界 —風説留《ふうせつどめ》が語るもの—

落合延孝［著］
（おちあい　のぶたか）

定価 2625 円（税込）
四六判・上製・カバー装・240 ページ
ISBN4-903426-04-1

幕末はすでに情報社会だった！外国船来航、災害、戦争、一揆の蜂起。市井の情報人が残したユニークな記録から、幕末日本の姿を明らかにする“情報の社会史”。

東アジアの政治文化と近代

深谷克己［編］
（ふかや　かつみ）

定価 2940 円（税込）
A5 判・並製・カバー装・280 ページ
ISBN978-4-903426-22-8

「ウエスタンインパクト」によって、東アジアは自己変革していった！　民間社会にまで浸透していた政治文化の視点から、東アジアの近代化を再考する。

東アジアの民族的世界 －境界地域における多文化的状況と相互認識－

【人間文化叢書】ユーラシアと日本 —交流と表象—

佐々木史郎
（ささき　しろう）
加藤雄三［編］
（かとう　ゆうぞう）

定価 5460 円（税込）

「日本」の南北に広がっていた民族的な世界。そこで人々はどう生きていたのか。

A5 判・上製・カバー装・312 ページ
ISBN978-4-903426-39-6

武装親衛隊とジェノサイド —暴力装置のメタモルフォーゼ—

芝　健介［著］
（しば　けんすけ）

定価 2520 円（税込）
四六判・上製・カバー装・260 ページ
ISBN978-4-903426-14-3

「ヒトラーのボディーガード」から「絶滅のアルバイター」へ。武装ＳＳは、本当に栄光ある軍事組織だったのか？

プロイセンの国家・国民・地域

割田聖史［著］
（わりた　さとし）

定価 6930 円（税込）
A5 判・上製・カバー装・384 ページ
ISBN978-4-903426-52-5

―19 世紀前半のポーゼン州・ドイツ・ポーランド―

これまでドイツ人とポーランド人の混住地ゆえの民族対立の場とされてきた地域を舞台に、国家と地域の関係・構造を問い直す。

兵士と軍夫の日清戦争 ―戦場からの手紙をよむ―

大谷　正［著］
（おおたに　ただし）

定価 2415 円（税込）
四六判・上製・カバー装・240 ページ
ISBN4-903426-02-5

いま、日清戦争が問い直されている！　出征から異国での戦闘、「他者」への視線、そして最初の植民地戦争へ。戦地から届いた兵士たちの声は何を語るのか。

民族浄化・人道的介入・新しい冷戦

塩川伸明［著］
（しおかわ　のぶあき）

定価 2940 円（税込）
A 5 判・並製・カバー装・330 ページ
ISBN978-4-903426-40-2

―冷戦後の国際政治―

マスコミが報道する「国際政治」の姿は真実なのか？
正邪・善悪の二元論ではない、冷静な分析から新しい世界の見方を提示する。

「村の鎮守」と戦前日本 ―「国家神道」の地域社会史―

畔上直樹［著］
（あぜがみ　なおき）

2刷！

定価 6510 円（税込）
A5 判・上製・カバー装・368 ページ
ISBN978-4-903426-26-6

「国家神道」は、大正デモクラシーが生み出した！「伝統」が「発見」され、それが新しいナショナリズムに転換していくモメントを描き出す。

明治維新史研究の今を問う

明治維新史学会［編］

（めいじいしんしがっかい）

定価 3780 円（税込）
A5 判・上製・カバー装・230 ページ
ISBN978-4-903426-43-3

－新たな歴史像を求めて－

明治維新とは何だったのか。
この日本史上最大の変革の意味を、今、改めて考える。

明治維新と世界認識体系 ―幕末の徳川政権 信義と征夷のあいだ―

奈良勝司［著］

（なら　かつじ）

定価 6720 円（税込）
A5 判・上製・カバー装・320 ページ
ISBN978-4-903426-35-8

「文脈未決定」の時代から「日本」の創出へ！西洋列強との出会いにより、幕末の列島社会は、自己意識を肥大化させることで「日本」を新たに創り出していった。

明治国家と雅楽 ―伝統の近代化／国楽の創成―

塚原康子［著］

（つかはら　やすこ）

定価 5460 円（税込）
A5 判・上製・カバー装・270 ページ
ISBN978-4-903426-29-7

近代日本音楽の創成！
雅楽制度を改革し、西洋音楽を兼修して、伝統と近代とをつないだ人びとの実像を描く。

【2009 年度　田邉尚雄賞受賞】

もうひとつの明治維新 ―幕末史の再検討―

家近良樹［編］

（いえちか　よしき）

4刷！

定価 5250 円（税込）
A5 判・上製・カバー装・270 ページ
ISBN978-4-903426-05-1

長州藩「俗論派」、薩摩藩反討幕派、中立諸藩、下級公家……。薩長討幕派中心の歴史ではなく、沈黙させられた勢力の側から幕末史を再構築する！

遊女の社会史 —島原・吉原の歴史から植民地「公娼」制まで—

今西　一［著］
（いまにし　はじめ）

5刷！

定価 2730 円（税込）
四六判・上製・カバー装・280 ページ
ISBN978-4-903426-09-9

日本の「性的奴隷」制の歴史を、遊女・遊廓史から解明する。新しい解釈や新史料を使った、本格的な廓《くるわ》の歴史。

吉野作造の国際政治論

—もうひとつの大陸政策—

藤村一郎［著］
（ふじむら　いちろう）

定価 5460 円（税込）
A5 判・上製・カバー装・296 ページ
ISBN978-4-903426-51-8

大正デモクラシーをリードした吉野作造。彼の闘いは理解されてこなかった。
近代日本のリベラリズムはアジアにいかなる希望を残したのか？

リベラリズムの中国

村田雄二郎［編］
（むらた　ゆうじろう）

定価 6510 円（税込）
A5 判・上製・カバー装・352 ページ
ISBN978-4-903426-46-4

かつて中国には「自由」を求める揺るぎない潮流が存在していた。新しい中国近現代史を切り拓く共同研究の成果をここに提示。

私たちの中のアジアの戦争 —仏領インドシナの「日本人」—

吉沢　南［著］
（よしざわ　みなみ）

定価 2730 円（税込）
四六判・上製・カバー装・274 ページ
ISBN978-4-903426-33-4

「アジアと日本にとって、あの戦争とは何だったのか」「日本人とは誰か」— 今、改めて考える、戦争体験のオーラルヒストリー。

残部僅少

満洲国と日本の帝国支配

田中隆一［著］　定価 5880 円（税込）A5 判・上製・320 ページ
ISBN978-4-903426-10-5

植民地朝鮮の警察と民衆世界 1894-1919 ―「近代」と「伝統」をめぐる政治文化―

愼蒼宇［著］　定価 6510 円（税込）A5 判・上製・328 ページ
ISBN978-4-903426-18-1

目下品切

【2006 年度　サントリー学芸賞受賞】

核兵器と日米関係 ―アメリカの核不拡散外交と日本の選択 1960―1976―

黒崎　輝［著］　定価 5040 円（税込）A5 判・上製・320 ページ
ISBN978-4-903426-01-3

移民・難民・外国人労働者と多文化共生 ―日本とドイツ／歴史と現状―

増谷英樹［編］　定価 2940 円（税込）A5 判・上製・260 ページ
ISBN978-4-903426-23-5

植民地朝鮮／帝国日本の文化連環 ―ナショナリズムと反復する植民地主義―

趙寛子［著］　定価 5040 円（税込）A5 判・上製・256 ページ
ISBN978-4-903426-08-2

ボスニア内戦 ―グローバリゼーションとカオスの民族化―

佐原徹哉［著］　定価 3360 円（税込）四六判・上製・460 ページ
ISBN978-4-903426-12-9

明治維新を考える

三谷　博［著］　定価 2940 円（税込）A5 判・上製・256 ページ
ISBN978-4-903426-03-7

＊今後の出版予定（書名は仮題）

戦争の文化的記憶と占領空間……………………長 志珠絵著
－国旗・戦争の死者・モニュメント－

兵士はどこへ行った？ －軍用墓地と国民国家－………原田敬一著

日本帝国と民衆意識…………………………ひろたまさき著

講座 明治維新５ 立憲制と帝国への道………明治維新史学会編

講座 明治維新６ 明治維新と外交……………明治維新史学会編

講座 明治維新７ 明治維新と地域社会………明治維新史学会編

21世紀歴史学の創造１ 国民国家と市民社会…伊藤定良・伊集院立著

21世紀歴史学の創造２ 国民国家と天皇制……………宮地正人著

21世紀歴史学の創造３ 土地と人間……………小谷汪之ほか著

きのうの日本－近代社会と忘却された未来－…鵜飼政志・川口暁弘編

20世紀の戦争－その歴史的位相－………メトロポリタン史学会編

暴力と和解の南部アフリカ－植民地主義とその遺産－…永原陽子著

在日朝鮮人と「祖国」……………………………小林知子著

戦後沖縄における「占領」と「主体性」………若林千代著

戦後像を問う…………………………長 志珠絵・大門正克編

創られた“人種” －近代社会のなかの部落差別－……黒川みどり著

軍事占領とジェンダー－占領下日本における米軍と買売春－…平井和子著

ベトナム人民軍の現代史…………………………小高 泰著

戦後の教育経験……………………………………大門正克著

帝国の思考－植民地主義と台湾原住民－…………………松田京子著

海外引揚げ－戦後日本の異相－…………………………加藤聖文著

ジェンダーと国際政治……………………………竹中千春著

子どもたちの〈安全保障〉………………………勝間 靖著

越境する犯罪と非伝統的安全保障………………本名 純著
－東南アジアにみるマフィアと政治の関係－

「生活者」がひらく歴史経験……………………天野正子著

＊書店様へ

●当社の契約取次店は、

トーハン（取引コード　８６２０）

JRC（人文・社会科学書流通センター）

八木書店

です。

トーハン　電話：03-3269-6111（代）

JRC（人文・社会科学書流通センター）

電話：03-5283-2230　FAX：03-3294-2177

メール：info@jrc-book.com

八木書店

電話：03-3291-2968　FAX：03-3291-2962

メール：dist@books-yagi.co.jp

＊また、お客様からのご注文には柔軟に対応しております。
弊社へ直接ご注文ください。
在庫品は日販・大阪屋含め、どの取次店経由でも出荷できます。

＊JRCの場合は、JRC→鍬谷書店→貴店帳合の取次店、のルートで送品いたします。また、八木書店の場合は、八木書店→貴店帳合の取次店、のルートとなります。
いずれも、貴店帳合取次店への搬入は、受注日から２～３営業日後となります。
なお、直接、JRC・八木書店までご注文いただいても構いません。

＊また、新刊の刊行ごとに、その案内（注文書付き）を送ってほしいという場合は、その旨ご用命ください。
FAXにて送信させていただきます。

有志舎　担当：永滝（ながたき）

電話　03-3511-6085　　FAX　03-3511-8484

メール　yushisha@fork.ocn.ne.jp

＊読者の皆様へ（書籍のご購入にあたって）

●小社の出版物は、最寄りの書店でお求めになれます。店頭に見当らない場合は、書店にご注文ください。どの書店からでもご注文可能です。

●ただ、小社が大手の取次店（いわゆる問屋のようなものです）と契約していないため、ご注文の際にお店の方が、「取り寄せできません」とおっしゃる事がありますが、その時はその書店の方から小社宛てにお電話（03-3511-6085）を入れていただいて下さい。小社から直接、書店の方にご説明し、原則として、どの取次店経由でも送品いたします（ただし、取次店への搬入に２～３営業日ほどかかる場合があります）。

●お急ぎのお客様へは、直送のご注文も承っております。お手数ですがＦＡＸ、または電子メールにて小社宛てお申し込みください。原則としてヤマト運輸のメール便でお送りしますので、送料はどの本でも１冊ですと160円です。発送から２～３日でお届けできます。

●メール便は、郵便のように、ご家庭のポストへ届けさせていただくもので、受け取りのサインは必要なく、ご不在時でも荷物が届きます。ただし、到着日・曜日などの指定はできません。ご了承願います。

●商品と一緒に、納品書兼請求書・郵便振替用紙（振込手数料は当方負担）をお送りしますので、商品が届き次第お振込みをお願いします。

●なお、一度に２冊以上をご購入の際にはメール便が使用できないので、通常の宅配便でのお届けとなります。そのため、送料は640円以上になりますので、あらかじめご了承ください。

●ご購入申し込み先

ファクス　03-3511-8484

電子メール　yushisha@fork.ocn.ne.jp

※ご注文の際には、
ご注文書名、冊数、お名前、ご住所、お電話番号
を忘れずにご記入ください。

なお、ご記入いただいた購入者情報は、ご注文いただいた書籍の発送、お支払い確認などの連絡、及び小社の新刊案内送付のために利用し、その目的以外での利用はいたしません。また、ご記入いただいた購入者情報に変更が生じた場合は、小社までご連絡ください。

有限会社
有志舎
〒 101-0051　東京都千代田区神田神保町 3-10、宝栄ビル 403
TEL：03-3511-6085　FAX：03-3511-8484
E-mail：yushisha@fork.ocn.ne.jp
有志舎のホームページ
http://www18.ocn.ne.jp/ ~yushisha

の国民を率ゐて文明の域に進めやうと云ふのは日本国民を措いて他は無い」（同上:431）。また、宗教に力点を据え、一九〇二年刊行の『倫理と宗教との関係』の中では、次のようにも力説するのである。

「日本民族は仏教と基督教とを融合調和すべき天職を担へるものにして、此天職を決行するに最も適当なる地位に立てり、仏教は亜細亜文明を代表し、基督教は欧羅巴文明を代表するものなるが故に、今仏教と基督教とを融合調和するは、東西二種の文明を打ちて一丸となすものなり、是故に日本民族は東西二種の文明を結婚せしむる媒介者なりといふべきなり」（井上1902a:95）。

「国民教育」論から「国民道徳」論へ

西洋文明の単なる導入を峻拒し、仏教・儒教を組み込み、天皇制国家の支配原理たる天皇主権・記紀神話・万世一系の皇統と忠君愛国イデオロギーと融合させた倫理道徳を日本人の間に如何に浸透させていくか、という課題も井上が意識的にわが身に担った誇り得る課題となった。第三章第1節で見る如く、この国定道徳の国民への注入は、一八九〇（明治二三）年に前面に持ち出される「国民教育」論において自覚化されていくが、国家の要請は、日露戦後には小学校教育のレベルにとどまらず、日本人全体が社会教育の中で身につけなければならない道徳に昇化させられ、従って「国民教育」論は「国民道徳」論に「進化」させられていった。井上は、家族国家・忠孝一致・敬神崇祖等を成年男女の日本人が学ぶテキストとして『国民道徳概論』を一九一二年に執筆し、本書は社会教育上の要請から昭和期に至るまで手を加えられながら版を重ねていく。井上はこのことを次のように語るのである。

「倫理には普遍的一般的方面と特殊的差別的方面とがあるものと見なければならぬ、明治以来、倫理を講ずるものが動もすれば一般的普遍的の方面のみに着眼して、特殊的差別的方面を度外視するの傾向あるは、実践道徳の上から見て甚だその当を得ざるものである。そこで自分は国民道徳を力説することになつたのである。国民道徳のことを云ふものは明治の初年からであつたけれど、之を一個の学として講じなければならぬようになつたのは、明治末年からである。それには自分が主として関係したことで、その要旨は『国民道徳概論』に纏めてあるのである。殊に中島力造の如く西洋倫理を翻訳的に紹介し、全く一般的普遍的の倫理を講じて、毫も東洋倫理、殊にわが日本の国民道徳を説かないといふことは、余りに実際に適しない遣り方で、どうしても倫理は東西洋の倫理を打つて一丸とし、実行するのでなければならぬといふ考へから余は国民道徳を主張」(『岩波講座哲学』1932:79–80)した。

また、同じ論文の中で井上は次のようにも語る。

「人格実現はその特殊なる国家的民族的関係をはなれてなし得られるものではない、やはり特殊なる境遇に適応したる実現の方法を採らなければならぬ」(同上:82)、「教育は人格を陶冶するにはその被教育者の投ぜられたる特殊の境遇事情に適応することを必要とする」、「我が国に於ては何処迄も伝統的の日本精神を以て指導原理として教育を施さねばならぬ」(同上:83)。

人間として踏むべき道義、人としての良心と人道といったものがはじめから無視され、また子供の成長の権利といったことも念頭に全くなかったことも当然だろう。天皇陛下の忠良なる臣民として考え振舞うことが「国民道徳」の何よりの目標となる。この「国民道徳」を基として、大正デモクラシー期の「難局」を潜り抜けた後、軍部ファシズムの段階に適合する「国体の本義」が一九三七年三月に文部省によって刊行される。日中戦争の勃発はその四ヵ月後のことであった。

第3節　徳富蘇峰と「力の福音」

(1) 蘇峰の転向問題

蘇峰の人となり

徳富蘇峰（一八六三～一九五七）は「時代の大勢」を押えるや、真っ先にその先頭に立ち、その方向に日本の青年男女を運んでいくことに最大の喜びを覚える優秀な能力をもつ言論人でありジャーナリストであった。肥後豪農の出身、横井小楠門下生の父親一敬や叔父達は幕末維新期、肥後実学党の活動家として吉田松陰・陸奥宗光（海援隊士として長崎で活躍）・松方正義等と交っており、蘇峰も一八七〇～七一年には実学党の儒学者元田永孚に学び（徳富 1997:43）、幼い頃より日常的に国事を談ずる一族の中に成長したのである。『蘇峰自伝』で彼は次のように述べている。

「予は本来政治が好きであり、政治が予の生命であった」、「予はただ世の中の政治を吾が思うように動かし導かん事を欲したる迄にて、それ以外は何らの功名心もなければ名誉心も持たなかった。しかし極めて微力ではあるが、世の中を予の是なりと思う方に導かんとする意は、もしこれを野心というならば、その野心は燃ゆるがごとくあった」（同上:167）。

しかも、この「大勢」自覚の先達としての努力は、是が非でも結実させねばならない性格のものであった。山路愛山への送別の辞（一八九九年六月）では、「余は未だ余の政治的行為に就き、其の止む可らさる必要なくして、人に向て語りしことあらす、何となれば余の嗜好は、吹聴よりも成功にあれは也」（徳富 1899a:258）と語っている。

知識人には様々なタイプがある。自己の保持する思想的基盤を動揺も変更もさせず、時流に抗して十年一日のように貫こうとする人もいれば（但しそれは聞かれることはない）、世界史の新動向に結びつく日本の質的変容の可能性を、鋭く先の見通しを持って把握し、そのイデオロギーの根幹部分を適切なネーミングと躍動する名文で浸透させることに生きがいを感ずる人もいるのである。総合雑誌『太陽』で人物評論を担当していた鳥谷部春汀は、「（君は）機を知るに敏なり、彼れの頭脳は固定したる理想を有せず、唯だ勢来り、機に触れて之に応ずるの流動的智力あるのみ」（一八九七年一二月二〇日付『太陽』）と的確に評している。

日清戦前期の蘇峰

蘇峰にとってはあくまでも主体は自己ではなく、「時代の大勢」なのである。「吾人が政治的初恋は実に自由党にありしを明言するに憚らず、社会が彼等を嗤《わら》ひ彼等を咀《のろ》ひ彼等を虐遇するに際し、吾人は及はん限りの誠と力とを込めて、以て彼の自由党の成功を祈り且つ働けり」（徳富 1896:627；初出は［徳富 1895b］）と、「時代の大勢」たる自由民権運動を十代の蘇峰は恋愛の対象とし、その先端組織自由党に自己を同一化する。

その頃の蘇峰にとっては、十四年政変後、官民調和論を唱え「姑息の妥協論」を主張するようになった福沢諭吉には快からず、一八八二（明治一五）年夏、慶応義塾を卒業した従兄江口高邦の仲介で面会できた諭吉に対して次のようにズケズケと批判し、高邦からたしなめられている。

「先生は学者として世に立たれる積りか、学者ならば千古の真理を探明するが目的であり、政治家ならば当今の務めに応ずるが当然であろうが、先生の所論はいずれとも予には判断しかねる」（徳富 1997:144）。

一八八六年一〇月、田口卯吉の経済雑誌社から刊行した『将来之日本』により、数え年二四歳蘇峰の文名は一挙にして揚がり、挙家上京を彼に決意させることとなる。上京した蘇峰は翌八七年二月、民友社を設立し、反藩閥・平民主義・平和主義（四海同胞主義）・キリスト教的倫理主義・精神主義を掲げた月刊雑誌『国民之友』を刊行、文芸誌的な色彩が濃厚なこともあり、その清新さと理想主義は時の青年の心を強く捉え、第一〇号からは一万部を越える（徳富 1974:411「年譜」）、当時としては異例の売行を示した。

但し蘇峰の関心は「時代の大勢」をつかんだ政治であり続けた。そのためには雑誌よりも新聞が必要となる。一八九〇年二月一日、『国民新聞』第一号が刊行される。鋭敏なジャーナリストとして、政論新聞ではない特色を前面に押し出し、訪問記事や挿絵（流行画家久保田米僊が乞われて上京）が重視され、家庭の清潔さ、家庭の健全性が強く主張され、自尊の気象、自治の精神、労働尊重、理想を掲げての生活等の編集方針が紙面に横溢することとなる。このような従来の諸新聞にはなかった諸要素と結合させながら、蘇峰は自己の政治主張を『国民新聞』紙上に展開していくのである。先に言及した人物評論で、鳥谷部は次のように語っている（前掲『太陽』）。

「日清戦争以前までは彼は実に内治改革論者なりき、熱心なる社会改良家なりき、故に、政党作新を唱へ、撰挙権の神聖を唱え、貴族院の改造を唱へ、労働問題を議し、日本道徳の欠点を議し、日本婦人の地位を議し、拝金宗を痛罵し、宗教上の批判を試み、家族に於ける個人主義を主張し、其意見一として内治に関せざるなく、社会を離れたるはなし」と。

三国干渉と蘇峰

三国干渉による遼東半島還付は平民主義者徳富蘇峰を一日にして帝国主義者に転向させたというエピソードは、近代日本思想史上の画期を物語る事件として我々の周知している事柄である。『自伝』では次のように回想している。

「この遼東還付が予のほとんど一生における運命を支配したといっても差し支えあるまい。この事を聞いて以来、予は精神的にほとんど別人となった。而してこれというも畢竟すれば力が足らぬ故である。力が足らなければ、いかなる正義公道も、半文の価値も無いと確信するに至った」（徳富 1997：225）。

さらに『国民新聞』創刊二〇周年に際しての一文では、三国干渉に関し、「如何なる正理も之を厲行する力なきに於ては無用たることを教訓したり」、「大和民族の本分は内相ひ鬩《せめ》ぐにあらず、挙国を一団となし、以て帝国対外の政策を発揮するにあることを教訓したり」として、それ以降一貫して自分は強兵主義・富国主義・国民的運動・挙国一致の見方となってきたと語っている（徳富 1910b：302；初出は［徳富 1910a］）。

しかしながら、日清戦争以降の日本の歴史的展開は、世界史そのものの激動とからんだ異様なものだったのであり、回想からではなく、蘇峰の具体的な思想的営為そのものから、彼の「転向」なるものの内容を検討する必要があるだろう。

蘇峰が一日にして変ったのではなく、その第一歩は、一八九四（明治二七）年六月より一二月にかけて『国民新聞』紙上に執筆した八つの論説を纏め同月一二月に刊行した『大日本膨脹論』にあることは、以前から指摘されている。

日本・朝鮮・清国の三国鼎立状態を大前提とし、内政改革をめざし、自主外交・現行条約励行をスローガンに伊藤内閣を追いつめ、二度にわたり議会解散を余儀なくさせた蘇峰にとっては、日清開戦に際しての強大な大清帝国への挙国一致体制の現出と広島臨時議会での満場一致の軍事予算案可決という事件は、彼にとって見えなくなってきた「時代の大勢」がどちらに向っているのかを確信させる機会となった。国民的統一運動は廃藩置県・西南戦争・国会開設で終了し、「国民的より世界的に入」（徳富 1974:270）ってきた、この戦争を契機に収縮的・防御的日本は「国民的精神を土台として世界的経営に入らねばならない、とするのである。そして「吾人は世界に於ける膨脹的日本を建設する為めに戦ふのみならず、亦た膨脹的日本を建設するの自信力のために戦ふものなるを自覚せざる可らず、決戦せよ、大決戦せよ、国力を挙げて接戦せよ」（同上 :254）と呼号する。

但し、この膨脹論を主張したことで彼が転向した、と非難されたわけでは全くない。「余は明治二十七年の晩に、早くも大日本膨脹論を著はし、帝国主義を提唱したりき、而して当時何人も之れか為めに、余を目して変節漢となしたるものなきのみならず、余の重なる論客は、敢て之に附和したりと謂ふ可らさるも殆んと同一轍の議論をなしぬ」（徳富 1899:264）と、一八九九年六月段階で彼が述懐しているの通りなのである。松方デフレの終息と産業革命の開始、第一回経済恐慌の出現という経緯を経た日本資本主義は、日清戦争の勝利を機に、その発展の将来を大陸への進出と結びつける。膨張主義への傾斜は日本人全体のものとなっていたのである。

蘇峰は「時代の大勢」を「日本国民の膨脹性」と巧みに命名し、日本膨脹の必然性を人口の増加による面積の拡大要求に結びつけ、更に天皇の心と国民の心ここに一致し、尊王心と愛国心ここに一致し、帝室と国民ここに一致し、「茲に始めて三千年来世界無比の大日本国体が発揮するを得」（徳富 1974:263）と、対外膨脹に際しての天皇制度の機能を認めるなど、その後の彼の日本型国民国家論の原型を提示してはいるものの、未だ未成熟のものであった。国際情勢においては「北方に鋭進すると同時に南方の経営を閑却する可らず、南方の経営とは台湾占領を意味す」（同上 :257）、「北は露を控え南は英と対し、此に始めて東洋の覇権を揮ふ可きのみ」（同上 :258）と、後日、三国干渉を許してしまったとして首相伊藤博文や外相陸奥宗光を激烈に攻撃するジャーナリストとしては、それほど冴え渡る国際認識をしていたわけでは全くない。また日清戦争の根拠づけについても、次のように、あくまでも義戦論に据えているのである。

「如何に大なる獲物あるも、故なくして兵を他に加ふるは正義を以て唯一の国法となす我が日本国民の屑《いさぎよし》とせざる所」、しかるに「今や天好機を賜へり、彼の清国は自から頑冥不霊にして、其の開戦の辞を与へたり、それ彼既に朝鮮を属邦となし、而して我が朝鮮の独立を担保するを妨害す、それ弱国の独立を扶けて暴国の呑噬《どんぜい》を挫く、是れ侠士の事、是れ義人の事、而して亦た仁者の事なり、之を天地の公道に質し、之を世界の公論に訴へ、之を古今の事実に尋ね、亦た何んぞ疑はむ」（同上：250）。

一八九五年四〜五月の露・仏・独の三国干渉・遼東半島還付は、蘇峰に国民国家システム下の欧州列強の軍事力に対する日本国家の圧倒的な格差を痛感させ、臥薪嘗胆的努力による強兵主義・富国主義の実現を決意させたとはいえ、極東をめぐる国際情勢の複雑怪奇さは、これに止まるものでは決してなかった。三国干渉への日本の屈服は、たちまち朝鮮王室の日本からの離反運動を引き起し、それを食い止めようとする三浦梧郎公使等の大院君引き出し策動は、九五年一〇月八日の閔妃殺害事件という国際的大スキャンダルを惹起させる。蘇峰はこの事件を「唯だ朝鮮と我邦との関係のみより着眼し、遂ひに或る意味に於て成功しつつも、或る意味に於て失敗したるが如き、吾人は世界的知識欠乏の結果として之を浩嘆に附するの外なし」（徳富 1896：691）と他人事のように難じているが、実は『国民新聞』漢城特派記者菊池謙譲（長風）も、当日の殺害事件に関与した一人なのであった（徳富 1987：220–23）。翌二月一一日の朝鮮国王の露館播遷事件とロシアによる国王の取り込みは、あまりにも当然の帰結であり、日清戦争で獲得した朝鮮への日本の政治的影響力は全く地を払ってしまったのである。

蘇峰への変節漢攻撃

蘇峰は、外交政策で大失態を演じた伊藤・陸奥内閣を打倒し、より安定した長期的な強兵・富国政策を実現させるため薩派の松方正義と進歩党の大隈重信を中心とする新内閣を構想すると共に、実際に欧米列強における対外膨張主義の実態とそれを可能にしている政治的・社会的仕掛けを確認する必要に迫られる。一八九六（明治二九）年五月から九七年七月のヨーロッパ・アメリカ巡遊がなされる所以である。

但し、対外進出主義・膨張主義のための国際的枠組みをどの方向で形成していくのかは、出発以前に蘇峰は見通しをつけ始めている。英国との提携が可能かどうかの模索である。九六年二月に彼は数回にわたり論説「世界に於ける英国」「世界に於ける露国」を執筆しているが（徳富 1898a:56）、センスのいいジャーナリストとして、英国部隊の侵入を撃退したトランスヴァール共和国大統領クリューガー宛のドイツ皇帝祝電（九六年一月）や、ベネズエラと英領ガイアナとの間の国境紛争への米国の強圧的介入（九五年七月）などを指摘し（同上:55）、「世界に於て孤立の苦境に陥り居るは英国ぞかし、四境の外、皆な彼の敵ぞかし、露国は宿世の仇たる、固より申す迄もなし、仏国とは埃及《エジプト》事件に就て年来紛争解けず、仏国人民は独逸よりも寧ろ英国を嫉悪するの風を長養しつつある也」（同上:54）、「今日に於ては合衆国は決して英国の味方にあらじ」（同上:55）と、露・仏・独・米四ヵ国に対する英国の孤立を描き出す。他方ロシアに関しては「極東にて日本の清国に於ける、尚ほ東欧にて英国の土耳其《トルコ》に於るが如し、而して思ひきや、今や土・清両国は露国の両手の花とならんとは」（同上:60）と分析し、英国の対日接近の可能性を検討している。そして巡遊中にも彼の念頭に一貫して掛かっていたことは、彼の腹心、人見一太郎が九六年九月一四日付の手紙で、「日英同盟に対する豫《かね》ての御経綸、御実行被成候には何よりの好機会と存申候、加藤（高明）公使（当時駐英公使）と御協議の上、日英同盟に御尽力被成、日本外交史上に一大光輝を与へられ度切望候」（徳富 1982:184）と書通していることからも伺える。しかし、「栄光ある孤立」を一八一五年以降一貫して採り続けている世界最大の海軍強国たる大英帝国のこと、世界史的大変動のない限り、いくら片思いをし続けようと、起こりようのないことでもあった。

他方、蘇峰の構想していた松方・大隈内閣は彼の予想と計画とは異り、一八九六年九月には既に成立し、帰国した蘇峰は、九七年八月内務省勅任参事官に就任し、松隈内閣の新聞対策の方面を担当することとなる。彼は就任に当り首相官邸で松方正義・大隈重信（外相）・西郷従道（海相）・高島鞆之助（陸相）・樺山資紀（内相）等各大臣の前で、自分は進歩党系でも薩派でもないが、この内閣が積極主義をとり、日清戦後経営を完成するために努力するならば、「微躯を挺して諸公の知遇に酬いようと発言した（徳富1899a:261）。

この松隈内閣への参加は蘇峰にとって始めての権力への加担となった。日清戦前からの『国民之友』『国民新聞』の支持者で反藩閥民党主義・責任内閣主義の読者にとって大きな失望となったことは、「（参事官になってからは）不思議に人気が落ちてきた」（徳富1997:243）との彼の回想からも明らかである。しかも増税方策のためついに地租増徴に踏み込まなければならない事態を迎え、支持層の反発を恐れて反対の立場にまわった進歩党と、自由党と通じても実現させようとする薩派との対立が深まり、一〇月末、進歩党は松方内閣との提携断絶を決議し、政府は進歩党系官吏を懲戒免職、反発する大隈外相が一一月六日に辞職する中で、蘇峰のみ参事官の地位に止まり、松方内閣存続のため奮闘する事態となり、「藩閥への降伏者」「変節漢」「政治的売徳漢」等の非難を一身に浴びることとなった。「最早や人気が落ちるとか落ちないとかいう問題では無かった」と彼は述懐している（同上:243）。藩閥と手を結ぶことは、この一八九七（明治三〇）年段階でも、それだけの反発を産み出す社会に日本があったのである。

また蘇峰の政治的立場を改進党・進歩党系とこれまで見なしてきた人々も極めて多かったのである。

蘇峰の必死の努力にも拘わらず、この九七年一二月末に松方内閣は総辞職し、代わって伊藤博文が第三次伊藤内閣を組織するも、地租増徴に関し議会の支持を得られず、九八年六月一〇日議会が解散されるや、同月二二日には進歩党と自由党が合党して巨大政党憲政党を組織し、ついに同月三〇日、初の政党内閣たる大隈・板垣内閣（隈板内閣）が成立、八月の第六回総選挙では憲政党が二六〇議席の圧倒的多数を占めるという、政党中心時代が到来したかに見えた。「藩閥への降伏者」と集中攻撃を受けた蘇峰にとっては、九七年一一月から、藩閥との接近を図って星亨が憲政党を分裂させ、旧自由党派だけで新憲政党を成立させて第二次山県内閣の与党となる九八年一一月までの一年間は、生涯の中で最も苦しみ抜いた一年となった。この間のことを彼は次のように語っている。

「予が最も遺憾に堪えないのは、『新日本の青年』『将来之日本』『国民之友』その他の予の著作を愛読し、真に予の味方である人々が、あたかも自ら裏切られたるが如く感じて、予に対する信用と尊敬の念を失墜したることだ」、「他の人々は予を以て主義を犠牲として、節操を犠牲として、世間の名誉・富貴に殉《とな》えたる者とみとめたるは、予においては心外千万であった」（同上:243）と。

具体的な数字としては、二万五〇〇〇部あった『国民新聞』は四〇〇〇部にまで減紙し、九八年八月には『国民之友』『家族雑誌』『欧文極東』を終刊とし、九月には『国民新聞』の経営と編集を大改革し、社員の三分の一を削減することとなった（徳富 1974:416）。一八八七年二月の『国民之友』創刊以降、一貫して平民的・革新的・西欧的にイメージされてきた、蘇峰の表現を以てすれば、「頭の硬き連中」に愛読された『日本』と対照的に「気の迅《はや》き人々のために愛読」（徳富 1997:210）されてきた清新な出版物の発行主体「民友社」の名の響きとその香りは、ここに一掃されることとなったのである。

激動の一八九八年と蘇峰

四面楚歌となった蘇峰は藩閥との接近を強め、一八九八（明治三一）年一月内閣を発足させた首相伊藤博文に対しても、皇室主義・軍備拡張・地租増徴で支援することを約し、伊藤内閣に引き続き、明治天皇の命を承けて六月発足の隈板内閣に陸相として留任した桂太郎からは、同内閣の内部事情までを総て漏らしてもらうなど、国内情勢・国際情勢の動向に関しては、新聞社として頗る有利な立場を占めることとなった。

更に、この第三次伊藤内閣・第一次大隈内閣が政権を担当した一八九八年、即ち明治三一年は、世界史としても一つの時代を画する年となった。中国においては、ドイツの山東省膠州湾租借地化（三月）を皮切りに、朝鮮独立の脅威となるとして軍事的威圧を以て日本に遼東半島を還付させたロシアが、こともあろうに遼東半島の二五年間の租借地化（三月）を清国に強要し、これに対し英国は直ちに反応し、極東での軍事バランスを確保すべく、日本が未だ占領中（日清戦争賠償金支払完了の五月迄占領）の威海衛の租借地化に動き、七月に実現、フランスも南部広州湾を租借地としようとした。遼東半島を租借地化したロシアは、一八九六年既に獲得していた東清鉄道敷設権を、旅順にまで延長させる南満州支線敷設の権利もこの時入手したのである。ロシア帝国長年の夢、不凍港の実現がここになった。列強の中国進出は清朝内での危機感の増大となり、抜本的な政治体制の改革を唱える革新派の康有為・梁啓超等の登用となったが、九八年九月の戊戌政変により、「百日天下」にピリオドが打たれ、「逆臣」康と梁は日本に亡命する。

しかもこの年四月、アメリカはキューバの独立戦争に介入してスペインと戦い、同年一二月のパリ条約により、キューバの独立（実際には米国の保護国化）、フィリピン・グアム・プエルトリコのアメリカへの割譲を実現させた。ハワイのアメリカ併合は、この年七月の出来事である。レーニンが植民地再分割戦争の始まりととらえ、帝国主義時代への突入のメルクマールとしたのが、この九八年の米西戦争なのである。

国内の政治動向も、この世界史の動向と結合して決定されていった。戊戌政変そのものが、激動する中国情勢をその目で確認し、新たな政治主体形成構想の前提にしようとした前首相伊藤博文が光緒帝に拝謁した九月二〇日の翌日に断行されたのであり、清朝新政のモデルとされた日本帝国元勲との皇帝会見が守旧派の危機感を募らせた一つの要因となったのである。国内の政党の複雑な動きも、対露軍拡の最後の財源と見なされた地租増徴法案に賛成するかどうかにかかっていた。

一八九八（明治三一）年一一月に成立した第二次山県内閣は純然たる藩閥内閣であったにしろ、東アジア全体の動向をにらみつつ、日清戦後経営と対露軍拡の完遂を目指した内閣であり、星亨に指導される憲政党より地租増徴支持を獲得する一方で、彼等の求める代償提供を惜しまず、その議会対策の上でも安定した手腕を示すこととなった。山県内閣の蔵相となり、山県の相談相手もつとめる松方正義にとっては、蘇峰は松隈内閣時に忠節を尽してくれた人物であり、松方は蘇峰を山県に近づける労をとり、また松隈内閣時の閣僚だった西郷従道は内相、樺山資紀は文相となっており、更に親交を結ぶ桂太郎は陸相に留任、新聞の取材にとってはこの上ない好条件を獲得、日本人の東アジア認識も大きく変化し、九八年八・九月にどん底を迎えた『国民新聞』の報道声価は好転し始め、九九年九月段階では、東京府下においては『東京日日新聞』『時事新報』と「鼎立の姿に相成候」（徳富 1974:416）と自負するまでになってきた。

当然蘇峰の側でも、報道面での全面的協力は勿論のこと、山県内閣と憲政党との提携を画策するなど、山県内閣のために尽力し、更に藩閥と政党の融合を図るため、一九〇〇年四月には伊藤博文や井上馨に随って八年ぶりに熊本に帰り、前回一八九二年の帰県では県知事の選挙干渉に抗し、民党議員の当選のため奮闘したのに対し、今回は伊藤を助け、伊藤新党結成のため協力するのである。

日本型国民国家への蘇峰の主張

日清戦争の勝利は蘇峰をして大日本膨脹主義を唱えさせることとなったが、進出すべき東アジアの国際的権力構造は全く見通すことは出来なかった。だが一八九八年の世界史的激変は、日本人の意識を大きく変えると共に、蘇峰の「時代の大勢」にかかわる自己の認識の正しさに自信を持たせ、またロシアに対する英国の軍事対決的スタンスの明確さを確信させた。更に一九〇〇年、列強の義和団蜂起鎮圧において山県内閣のもとで行使された日本の軍事力発動が決定的な役割を果したことにより、対露軍事対決の方向性への少しのためらいも彼からは消滅する。他方日清戦後、紆余曲折の末、ついに九八（明治三一）年一二月、蘇峰の望み続けた地租増徴法案が議会で可決されたことにより、藩閥・政党間に基本的妥協が成立し、続いて一九〇〇年九月、伊藤博文を党首とする立憲政友会が結成されることによって日本を支配する階級的枠組が安定することになった。蘇峰が九四年以降、一貫して主張し続けてきたことが次第に現実のものとなってきたのである。では言論人徳富蘇峰は、どのような論理構造のもとで、「時代の大勢」とそれに対する日本人のあるべき姿を説いていったのか、少しく検討してみることにしよう。私は、それが日本型国民国家とは何であったかの、見事な回答になるものだと考えているのである。依拠する材料は、彼が『国民新聞』に執筆した論説や各所での講演等を逐次纏め、「著者を知るものも此に在り、著者を罪するものも此に在り」（徳富 1899a：冒頭の広告文）と宣伝し、シリーズ名を「国民叢書」とした全三六冊（一八九一〜一九一三年）の一連の小冊子である。以下、発表年月日が判るものはそれを取り、不明なものは小冊子刊行月を以て彼の見解公表の時とする。

(2) 蘇峰の日本型国民国家論

生存競争機関としての国家

蘇峰は一九〇三（明治三六）年八月、愛知師範学校同窓会総集会での講演で、「世界の平和近づけりとの予想は全く外れてしまった」（徳富 1904a:215）と語っているが、日清戦前、日本知識人の中で最も雄弁にこのことを語り、多数の青年男女を魅了したのが外ならぬ彼なのであった。「時代の大勢」とは、では何なのか。「世界の大勢は予想以上に一変してしまった。十九世紀の下半期に至って国民的精神が発揚せられ、国民的統一の運動が熾《さかん》となつた」（同上:212）。ドイツ・イタリア・アメリカ、そして日本がそれである。「普仏戦争と日清戦争とは十九世紀に於ける世界の大勢に一大変動を与へたのである」（同上:217）、「（国民的）統一は一転して国民的膨脹、若は戦争となりたる結果である」、「国民的統一の出来た以上は、国が本位となつて働き、其の喧嘩が国家対国家である」(同上:217)。

この国家が価値の主体にならなければならないならば、個人・国民・国家の関係はどうなるのか。「私の考へまするに、国家を信仰することである、国家の位地を進め、国運の発展を図つて往く道は、国民が自国の運命を信ずるの外はない」(同上:267)。国家に力が欠如しては、あらゆる道義も無意味になる。というより最高の国民的道義は力である。他の総ての道義は国家とその力を不動の源泉とした従属関数に過ぎない。

「私は教育家諸君に向つて、諸君が力プラス道徳、力プラス正義、力プラス仁義、力プラス愛国心の必要なることを教へられんことを希望する。力マイナス道徳、力マイナス正義、力マイナス仁義、力マイナス愛国心の役に立たぬといふことを充分に説明せられんことを希望する、此が我が日本国民の運命を賭するの一の大なる綱である」(同上:262)。

蘇峰はこの講演への、日露開戦直後の四月二六日付の追記に「日本国民の恃みとす可きは、唯た自国あるのみ、精しく言へば自国民の力あるのみ、平和にも力を要し、戦闘にも力を要す、吾人の福音は即ち力の福音也」(同上:267)と書き加えている。「力の福音」とは蘇峰らしい巧みなネーミングと言うべきか。

ところで、蘇峰が日清開戦後、日本膨張主義を主張しても、民友社の支持者層が離反しなかったのは、そのレトリックに戦前的な香りが依然として籠められていたからである。彼は一八九五年元日の「明治二十八年」の中で、「愛国心をして単に愛国心たらしめよ、其の結果は、支那人に石塊を擲ちて、自から快とする頑童の悪戯と迄堕落せずんば休せざる可し、真成の愛国心は愛人心を一端に、愛世界心を他の一端に連串《れんかん》したるものたらざる可らず」（徳富 1895:128）と述べ、九五年九月刊行の『国民之友』第二六三号で、「日本国民の活題目」と題し、「（活題目とは）今後に於ては国民的膨脹たり、膨脹とは他邦を侵略するの謂ひにあらず、日本国民が世界に雄飛し、世界に向つて大義を布くにあるのみ」（徳富 1896:669）と語っているが、『国民新聞』のどん底をくぐり抜けた後の彼の論説・講演には、国家を超越する道義論は全くその姿を現わさなくなる。

蘇峰は、日清戦争以降の「時代の大勢」をこのように説くと共に、日清戦前のそれを次のように説明している。

「十八世紀末に於る仏蘭西革命以来、世界に横溢したる思想は自由主義・個人主義・平和主義である」、「其の時分の考へは一国の本位は国家ではなくして個人である。個人甚だ重く、国家頗る軽し、国家の役目は単に個人の生命財産を保護するに過ぎぬ」（徳富 1904a:205-06）。

聴講者たる教師達は、自分の学生時代を想起しながら相槌を打った筈である。

日清戦争を境に個人本位から国家本位に「時代の大勢」が激変し、我々はそれに対応しなければならない、との論理構成が出てくるのは、「国民叢書」の中では、「明治三十一年の春夏の交」（徳富 1899a:120）に発表された「匈加利《ハンガリー》」論頃からであろう。「近代文明の大勢に乗じ、世界の進歩に伴ひ、文明諸国の仲間に入り、其の国際的人格を取得し、敢て一歩も後れをとらぬもの」（同上:41）は西にハンガリー、東に日本あるのみとして、マジャール国民は「各階級の一致して共同の目的に直前」（同上:112）しており、「党派として数ふ可きは唯た一つの自由党あるのみ」（同上:115）、「吾人が唱道する積極的政策なるものは、匈加利に於て其の活ける模範を見る」（同上:120）と彼はここで述べている。*

＊ 蘇峰が帝国主義という用語を使い出すのは、国民叢書の中では山路愛山への送別の辞（一八九九年六月）あたりではないだろうか（同上:264）。国民叢書第一六冊『社会と人物』（一八九九年一一月刊）所収の「帝国主義の真意」では、「吾人は帝国主義なる語の、平生吾人か使用したる大日本主義、若しくは制限ある意味に於ての積極主義と大差なきを見る」（同上:41-42）と述べている。また、『国民新聞』三〇〇〇号（一九〇〇年一月一日）に向けて執筆した元日の「述懐」では、「若し以上述ぶるが如きことを帝国主義なりと云ふならば、「国民新聞」は帝国主義を主張し、又た主張しつつあるといふて宜しい」と断言している（徳富 1910b:287）。

一八九九年後半期執筆されたと思われる「明治の傷寒論」では、「如何に此の二三十年間に世界が精神的にも物質的にも大なる変遷をなし、又た為さんとしつつあるを見よ」（徳富 1899b:60）と国家中心主義への転化を指摘し、その変化を認識できない日本の守旧的な政党人を批判して次のように語り、その旧さを嘲笑する。

「彼等の多くのものは二十年前、若しくは十五六年前、慶應義塾若しくは当時の帝国大学において学習したる知識の外、其の新らたに取得したるもの幾《いくばく》可そ、彼等の学習したる書籍は概して千八百七十年代の著述若しくは出版にかかりたるものにして、ミルの代議政体、スペンセルの社会学、リーベルの自治論、バックルの文明史等に外ならさる可し」（同上:58）。

「スペンセルの絶対的非干渉論も今や何人も相手とするものなきにあらすや、コブデン・ブライトにより唱破せられたる自由貿易主義すら、今や場合に於ては其の適用に制限を附するの止むを得さるに到」ると（同上:60）。

当然、国家の機能は変化しなければならない。「政府を以て必然の害悪となし、其の必要は唯た小なる害悪を以て大ひなる害悪を退治するにありとなしたベンサムの説や、政府は消極的に国民の為に害を防くの具にして、積極的に利を与ふ可きものにあらすとなしたるスペンセルの論」（同上:63）は過去のものとして葬り去らねばならない。

内に立憲政友会が成立し、外に「極東の憲兵」たる軍事強国であることを列強に示した一九〇一年に入っては、蘇峰の「時代の大勢」論と新旧対照表は完成形態をとることとなる。同年初めの「二十世紀の特色」では、前世紀の変化を、「個人的自由論の渇望に始まり、国際的生存の競争に終りたり」（徳富1901:91）、「二十世紀の特色は列強の生存競争なりと謂はざるを得ず」（同上:91）と談ずる。社会ダーウィニズムに依りつつ、国家に結集した国民を単位とする生存競争が争われるのが世界史の大勢とするのである。そのためには「国民の力は政府に集注し、政府は之を代表して対外の活動をな」（同上:96）さなければならない。国内的抗争は中止しなければならない。「国際的競場に角逐せんと欲せば党派的闘争を中止せざるを得ず、党派的争闘に耽らんと欲せば、国際的競場より退かざるを得」（同上:97）ないのである。

彼は正直に言う、これは「切取強盗」の行為だ、しかしこの競争に加わらなければ、強盗の餌食になるほかない。

「我人は我国をして必ずしも切取強盗の仲間に入らしめんと欲せず、然れども苟も我が帝国の生存せん限りは豈自ら強国の餌たるを以て満足す可きものならんや、此の国際的競争の時代に於て、自ら立つ所以は他なし、先づ国民の向ふ所を一にせざる可らず、国政を刷新して国家を富強ならしめざる可らず、国民の体力を発育し、如何なる緩急にも耐はしめざる可らず、其の教育を実物的活動的践行的ならしめざる可らず、而して国民の道義的精神を養成し、自個以上の物に向て貢献せしむるの気風を鼓吹せざる可らず」(同上:98)。

そして蘇峰の場合、ここでの「自個以上の物」とは、日本国家以外にありえないのである。社会ダーウィニズム的な国家唯一価値源泉主義は、一九〇三年七月の論説「平易なる真理」では、日清戦前と対置させて、国家は「生存競争機関」(徳富 1904a:170)と表現されることにもなった。彼は読者に「国家が人民のための除害機関たりしは過去の夢のみ、今は国家は国民の政治的生活の範囲に止らずして、又た経済的生活の範囲たり、別言すれば国家は国民の協同生活の請元にして、或る意味に於ては国家は国民を保険する一大保険会社也」(同上:168)、「若しこの機関の勢力を薄弱ならしむるに於ては、外力内侵は固より覚悟の前とせざる可らず」(同上:170)と語りかける。

立憲政治と政党の機能

このように外に向っての国家の強力化、軍事・経済両面での拡大化を図るためには、国内を分裂化させようとする政党が否定的に評価されるのは当然である。一九〇二(明治三五)年前半の「非割拠論」では、「今や薩長藩閥の弊は既に殆んど過去となりぬ」(徳富 1902b:102)と、非立憲的部分を弁護しつつ、他方で、「今日地方行政の上に於て、若し其の害毒の甚だしきを求めば、党閥に加ふるものなかる可し」(同上:103)、「吾人は必ずしも政党内閣に反対せず、但だ掛念に堪へざるは、政党内閣と与に此の害毒を来たすこと是れのみ」(同上:104)と政党が国内分裂を促進する面を強調する。

また一九〇二年後半の「先進と後進」では、国策の堅持と安定的実施の課題に触れ、「我国の現時において最も相続の円満に行はるるは陸海軍なる可し、（中略）之に反して最も困り物は政党なる可し」（徳富 1903:58）と国策継続を妨げる「困り者」だと政党を批判している。

但し、軍部・官僚的な立場からの反政党論では決してなく、政党政治先進国イギリス等の傾向を踏まえた「時代の大勢」論からの政党批判であることも押さえておく必要があろう。一八九九年後半の「代議政治と人物」では、「吾人は代議政治か果して賢者位にあり、能者職にあるの理想を実行するに最も適当なる政体なりや否やを独断するの勇気なし、何となれは欧州各国の実例は寧ろ反対の看あれはなり」（徳富 1899b:15）とヨーロッパの新事態を指摘し、前出の九九年後半の「明治の傷害論」でも、「英国の如きすら、党派の組織は今は半は破壊し、政党内閣と謂ふも其実は人物内閣たるの有様也」（同上:62）と述べるのである。

政党は国内を分裂させるのではなく、纏めあげ、一致して外に当る国内体制を作り上げるためにこそ、機能しなければならない。一九〇〇年前半の「調停的精神」では、「何故に立憲政治を以て少くとも当世に於ける最善の政体となす乎、答ふる迄もなし、其も最好なる調停機関なるを以てのみ」（徳富 1900a:85）、「惟ふに調停的精神の程度は（政府政党）双方与《と》もに大日本帝国の利害如何を以て之が権衡となす可きのみ」（同上:88）と、政党の活動する議会を対外的一致の実現の場と考えさせようとしている。この考えの先が前出「非割譲論」で述べた次のような結論になるのである。

「文人と武人との別なく、政党と非政党との分なく、互ひに手を握り膝を接し、胸襟を披き、其の信ずるところを語らしめよ、而して各々其の立つ可き所に立つと同時に、互ひに許す可き点に於て許さしめよ」（徳富 1902b:108）。

従って、政党は日清戦前期の藩閥政府対民党といった旧い対決姿勢から脱却し、藩閥・官僚・陸海軍と提携しつつ、日本を纏めあげる方向に転進しなければならない。中江兆民を始め多くの人々が一九〇〇年九月の政友会成立を自由党精神の放棄と攻撃したが、それは「時代の大勢」からして至極当り前のことだと、政友会成立を目前にして執筆した、タイトルもそのものズバリの「政治上の節操」では、次のように雄弁に論じるのである。

「政治の目的は国民の幸福を増進し国家の隆運を恢宏するにあり、故に苟も政界に身を立てんとするものは、政界に身を立つるものは此の一念に到りては終天終地決して漉《もと》ることある可らず、是れ則ち政治的首尾一貫なり、是れ則ち政治的首尾節操を全ふするなり、苟も此の目的を達せんとせば、其の手段は時に異同あるを免れず、否な時としては異同あらざる可らず」(同上:138)。そして、「世と与に進歩し、鎖国攘夷の非を暁り、翻然として開国進取の国家大計なるを看取し、前説を改むるに吝《やぶさ》かならざりし維新元勲諸氏の如き、亦た政治的節操に於て大ひなる遺憾なきを見る、変進す可きに変進し、固執す可きに固執す、要は国利民福の為めに自箇良心の嘉賞する所に従ひ、其の去就取捨を決す可きのみ」(同上:140)と。

日清戦前期の民友社の清新さを記憶している読者は、この一文の中に蘇峰の巧みな自己弁護をも同時に読みとったに違いない。

単純に今日の我々は蘇峰の「転向」なるものを口にするが、民権期には自由党左派の立場をとって紫溟会グループと闘い、一八九二年二月の選挙大干渉下の総選挙では、横井小楠門下生だった越前藩出身の熊本県知事松平正直と正面から闘争した蘇峰のことである。地方議会での党派、帝国議会での政党の持つ重い意味を、「転向」によって忘却するほど軽薄な経験でなかったことも、これまた事実であった。彼のいう立憲政治論は、政党存在の必然性の認識を基礎に、それなりの比重を有していた。

蘇峰は彼の立憲政治論を中々見事に駆使している。一九〇二年六月、千葉教育会第二七回総集会で講演して、こう語りかけているのである。

「露国流儀の、内に専制政体を扶植して、外に進取の政策を行ふに於ては、当座は如何にも痛快なる目醒ましき仕事が出来ることありとするも、遠からず脚下より鳥の立つが如き、即ち外に伸びて内に壊るるの憂」（徳富 1903:213）がある。

日本のような「立憲自治の制度にあらざれば国民の各箇をして有効に且つ有力なる発達を為さしむる能はず、国民の各箇が健全なる発達を為さざるに於ては、開国進取の経倫も到底は画餅に属するものたることを看破し、此に於てか両者（「立憲自治の利益」と「開国進取の経倫」）相関的の国是を定められたることを合意して貰ひたい」（同上 :212）。ここに日本型国民国家論の典型が提示されている。

教育と個人の膨脹主義養成

では、「時代の大勢」を認識し、日本人が国家対国家の生存競争に勝つためには、国家に価値を集中させ、換言すれば、国家以上の諸価値を徹底的に従属関数に転化し、国際競争の一大闘争場＝コロシアムに立ち向かうためには、政党・藩閥・陸海軍が協力し合い、帝国議会が調停的機能を果せば事が大団円となるのかというと、蘇峰の場合は決してそうではないのである。彼の国民国家論においては、その正否を決するのは教育の場なのである。国民たるべき資格は、教育の場においてのみ形成されるからである。

一九〇一（明治三四）年一〇月、東京市京橋区教育会第二回総会での講演で、蘇峰はこう力説する。「今茲に最も注意せねばならぬのは、道徳の要目の世の進歩と与に移り行かねばならぬと云ふことである」（徳富 1902a:76）、「小学の教育は国家の目的に順応し適恰する国民を養成する可きものである」（同上:87）、「小学教育、即ち国民教育に於ては、其の国民たるべき、普通の人民たるべき資格を養成せしむることが必要である。即ち平凡なる道徳の必要なる所以が此処である。平凡なる道徳とは、如何なる人にも如何なる時にも如何なる場合にも是非行はねばならぬ道徳である。特に地方に自治制あり、国家の立憲政治あり、対外の方針に於て帝国主義ある今日及び今後に於て最も国民に欠く可からざる道徳である」（同上:91）。

では国家が価値の源泉となる前提、立憲政治が国民を纏める調停機関となる前提を創り出す、小学校で教えるべき日本人の「平凡なる道徳」とは一体何になるのか。蘇峰は一九〇〇年一月一日、『国民新聞』が三〇〇〇号を迎えるに当って、世界の大勢を踏まえた挙国一致を未だ実現できない理由を「日本が未だ完きを得ざる理由は、国民が未だ自由と共に責任といふことを解せず、進歩と共に秩序といふことを知らず、個人の動作と共に共同一致の精神を了解せず、自主と共に服従の大切なることを会得せぬからのことである」（徳富 1910:286）と述べている。ここには、従来の自由・進歩・個人・自主という徳目に対置し、責任・秩序・共同一致・服従という新たに必要となってくる徳目が、見事に定式化されている。

一九〇〇年後半、彼は「協同一致」と題し、「協同一致・戮力成業の気風を長養せんには調停的精神の鼓吹を要するや多言を須《ま》たす」（徳富 1900b:74-75）と述べ、また服従の徳目に関連しては、一八九九年後半の「教育と遵法的精神」で、「如何にして此の精神（遵法的精神）を扶植す可き、先つ学校の徳育に於てせよ」（徳富 1899b:24）と主張している。

そのために必要になってくるのは何よりも教師の時局認識なのである。一九〇一年八月、帝国教育会主催教育家茶話会での「教育家は時務に通ぜざる可らず」と題した講演では、次のように強調している。

「教育の目的は国家が必要とする所の人物を作ると云ふに外ならぬと信ずるのである。即ち国家の需用する所を教育は供給せねばならぬのである。教育の方針は国家の方針と一致することが何より大切である」（徳富 1902a:22）、「（教育者の資格とは）其れは経世的知識である。言換ゆれば時務を知ると云ふ事である」（同上:23）、「国家が個人を併合して国家万能主義が実行されつつありと云ふものも極端なる癖見であるが、国家は単に個人の便宜の為めに存在すると云ふも亦た均しく妄論である。今日の大勢を観察すれば、国家と個人と相ひ協力して外に向て競争する時代である」（同上:25）、「最も記憶す可きは教育と時勢との調和である」（同上:47）、「二十世紀の天地に雄飛する堅実・勇敢・活発・活動・膨脹・進取・責任を重んじ職分を守り国家の需用に応ずるの国民を養成せんことを祈るのである」（同上:74）。

右の講演にも現れているが、蘇峰は自分の議論が個人を国家の鋳型にはめ込む性格のものだと捉えられることを極めて警戒している。彼の論では個人はそれなりの意味を持たされているのである。

この微妙な問題について、蘇峰は一九〇一年一一月、東京市麻布区教育会の講演を、演題をそのものズバリ「教育上より見たる個人の価値」と題し、次のように力説する。

「諸君、縦令《たとえ》茲に千人の生徒を教育するも千人の一団体としてではなく、一個一個の特性を具有したる各別なる千個の人間を教育するてふことを記憶して貰ひたい、一個人は決して部分ではない、全体である」（同上:107）。

但し彼における個人の能動性は個人の膨脹性に等値され、個人の膨脹性は国家の膨脹性に結合されるという論理の中での個人であり、個人の能動性と「自恃の精神」（同上:112）なのである。彼は話を次のように結んでいる。

「七十年の役に独逸が仏国に克ちたるは、教育が克ちたるのであると云ふは、畢竟教育が兵士の個人的有効力を増加せしめたる故と解釈せねばならぬのである。されば教育家諸君に於ても、須《すべから》く個人膨脹して而して後国家膨脹するの要理を会得せられ、先づ個人の膨脹に向ひて力を竭されんことを希望するのである」（同上:137）と。

「独立自尊」批判と皇室主義

ここに見た個人と国家との関連づけは、では福沢諭吉の個人と国家の関係づけとどう異ってくるのだろうか。

蘇峰は民権期以前より福沢の文章を読み、その理想を良く理解していた知識人であった。「福沢翁」（一八九八年一二月刊の『漫興雑記』に収められているが、初出はもっと早いと思われる）では、一方で「翁は力を以て人性の第一義と為す、而して金銭を以て力の権化と為す、或は直に力と為す、是れ拝金宗の称ある所以」（徳富 1898c:60）と、彼の他の論説でも繰返し行っている「拝金宗」のレッテル貼りをここでもしているものの、他方で「福沢翁は個人の不羈独立を以て発起点と為し、社会の文明を以て帰着点となし、国家の外に世界なしとせずして、世界の裡に国家ありと為す、其の気宇快活、豈に尋常迂儒の比ならんや」(同上:62)、「翁の如きは日本の大市民也、(中略)翁は敵人に誤解せられ、味方に了解せられず」(同上:61)と、福沢の思想の本質をよくつかんでもいた。それだからこそ、彼の「独立自尊」という教育の立脚点が、自己の教育論とどのような矛盾を来すのかも、十二分に理解することが出来るのである。

蘇峰は、一九〇一(明治三四)年前半の「協同一致と教育」の中で、

「吾人は所謂独立自尊なる性格の養ふ可きに於て異論なし、異論なきのみならず、或る程度迄は之を奨励するの必要を感ず、併し余《あまり》に此点に重きを措き、其の真意を語る時には、其の同情の範囲は極めて狭窄となり、身外万物皆我敵たる感を生ぜずとも限らじ、此の如くんば是れ畢竟個人的鎖国主義の世の中となり、協同一致の如きは到底夢にだにも見る可らざることならむ」(徳富1901:115)。

と述べた上で、個人主義と自由主義は膨脹主義に対抗する「鎖国主義」を生み、国家に対しての献身的協同一致の精神を阻害すると、正しく指摘しているのである。

この蘇峰の福沢思想への距離感はその後も一貫したものとして、折に触れ表出される。日露戦後の一九〇八年二月、東京府下小学校校長会での講演(市内常盤学校でのもの)では、「今日の世界の大勢は、一方に国に総てを纏めやうとするのと、他方に国を弱くし国を無視して行かうとするのと此の二つである」(徳富1911:257)として、話を「最後に一言すべき事は独立自尊と云ふ事である」、「之れのみを教

へて行けば、共同生活には行かずして個人主義となつて了《しま》ふ、即ち唯国家主義とはならずして、唯我主義となるのである」、「独立自尊のみを主とすれば、君も無い、父も無い、社会も無いと云ふ事に一歩間違へばなるのである」（同上：257）、「日本人は果して之れ（独立自尊）が適当であらうか、私は是れ以外、是れ以上の事を考ふるの必要があると信ずる、陳腐の言のやうであるが、私は教育勅語を以て教育の中心にするがよいと云はうと思ふものである」（同上：258）と述べ、「独立自尊」主義批判で締め括っている。

福沢の社会論を無視した強引な福沢批判ではあるが、教育勅語の本質を「唯国家主義」イデオロギーだと指摘するところなど、事物を的確につかんでいる。

蘇峰が国民の国家的統一の鍵を皇室に見ていた一斑は前出の「日本膨脹論」にも既に現れていたが、その確信度は年が進むにつれて強固なものになっていった。

一八九八年前半の「帝室と国民」では、「国民をして帝室の藩屛たらしめよ、国民の敬情愛感中に帝室を擁護せしめよ、是れ万古不抜の皇基を保つ所以也」（徳富 1898a：22）と、国家の中核としての皇室と国民との間の情誼共同体の必要性が謳われることとなり、一九〇一年の「帝室と社会の風教」では、「思ひきや、我国に於ひては帝室に於て社会風教の泉源を見んとは。我が国民にして若し帝室の活ける教訓に随喜し奨順して怠らずんば、我国の社会は如何に其の調子を清高ならざらしめんとするも、亦た能はざらむ」（徳富 1902b：10）と、道徳を皇室から由来させることの必要性を説いている。

更に日露戦争終了直後、大日本帝国が世界の中で占めることになった一等国の地位を踏まえ、皇室と国民とのあるべき姿を語る「追遠論」には、家族国家論が典型的形をとって語られてくる。即ち、次のようにである。

「日本帝国は我が皇室を中心として組織せらる、大和民族ありて皇室あるにあらず、皇室ありて大和民族ある也、我が皇室の無限の尊栄と天生の敬愛たる所以は、皇室が我が民族の根幹なれば也、苟も大和民族の単位を定めんと欲せば、先づ之を万世一系の皇室に帰せざる可からざれば也、即ち皇室は吾人の主家にして且つ宗家たり、吾人が皇室に忠なるは単に吾人の祖先が皇祖に忠なりしが為めのみならず、皇室自からが大和民族の祖先たるが為めのみ、是れ我が国体の世界無比なる所以にあらずや」（徳富 1906:195）。

蘇峰の儒教的普遍主義批判

国家以上の価値を日本人に信じさせなくするために天皇制国家が最も努力してきたのが、普遍主義的立場をとり世界宗教として行動するキリスト教への攻撃であったことは多言を要しない。しかし蘇峰の場合、彼が熊本バンドの一員であり、同志社に学び、新島襄を尊敬し、言論人活動の出発点となった民友社そのものがキリスト教的精神主義に包まれていたこともあって、キリスト教への正面切っての非難は、「国民叢書」の中には見当たらない。それは、所謂「転向」後にあっても、『国民新聞』の主張の一つの柱が「家庭の神聖」と「精神文明を学ぶこと」に置かれていた以上、キリスト教的倫理観を払拭することは不可能だったこととも関連していると私は思っている。母の久子は献身的な信者であり、彼の父の徳富一敬も一九〇七（明治四〇）年四月、八六歳でキリスト教に入信しているのである。蘇峰は客観的には井上哲次郎の狙った「日本化したキリスト教」実現のために働いた、ということが出来るだろう。

だが、日本人の普遍主義的道徳観は、キリスト教以外に、そしてそれ以前に朱子学の浸透の中で形成され、定着していった。南宋の朱子は、四書の中でも孟子を最も典拠としながら、彼の壮大な普遍主義的倫理道徳の体系を理論化していったのである。彼の父、一敬も心酔し信奉した横井小楠も朱子学者であり、「四海に大義を敷かんのみ」との「大義」論も、「義とは天理の宜きとする処」という儒教的普遍主義を前提としたものであった。

とするならば、蘇峰が「唯国家主義」を理論化していこうとするならば、この朱子学的普遍主義と人としてとるべき「人倫」、如何なる民族と国民にとっても、共通し普遍的な人としてのあるべき道義、行動すべき倫理という、日本人の中に内在化していった道義論の根拠への攻撃は、どうしても必要なもの、単に人に対する訴えの上だけではなく、自己納得のためにも必須のものにならざるを得なくなる。またそれは、横井小楠的道義観とキリスト教的四海同胞主義の融合としての、日清戦前の彼の思想的立脚点との訣別ともなるものである。

一八九九年九月に刊行された『世間と人間』に納められた「論語を読む」において、蘇峰はこの作業を行っている。

蘇峰のとった方法は、孔子と孟子をくっきりと対立させることである。彼によれば孔子の主眼の一つは礼の確立にあった。「礼とは何ぞや、社会の秩序也、秩序は如何に保障する乎、曰く、人各々の分限を踰へざるにあり」（徳富 1899a:16）。社会の秩序を作り上げるのと政治を行うのは並行する作業となる。政治の要諦は君子が小人を治めることである。「君子の徳は風なり、小人の徳は草なり、草、これに風を上《くわ》うれば、必らず偃《ふ》す、是れマヂニーか最善最賢者の誘導の下に、庶民を率ひて庶民を進歩せしむる所以にして、平民政治の要義、亦た此に外ならず、否な其の政体の如何は必らすしも向ふ所にあらす、其の実際の働きは必らす此の如くならさる可らす」（同上 :18）。

これが孔子の政治論なので、「されは其の跡に就て察すれは、殆んと主義もなく節操もなく、進退出処の際、如何にも臨機応変的に見え、大江広元も斯く迄はあらしと思はるるなり、然も吾人は此に於て孔子の意の真且つ実なるを見すんはあらす」（同上 :21）。読者によっては、蘇峰の自己弁明をこの中にも感じたことであろう。

孔子に対し孟子は次のように描かれることになる。

「試に孔子の管仲を評したる言葉を以て孟子の管仲に対したる態度を比較せよ、孟子は曾西の言を藉り来て、汝奚《な》んそ予を管仲に比すると喝破し去りたるにあらすや、孔孟の優劣は多言を須ひす、却て此裡より判し来る可し、蓋し孟軻は孔子の徒と称すれとも、其人物品類敻《はる》かに相ひ同しからす、孟軻は偏理家なり、題目に拘泥する人なり、独断者なり、実際に近きか如くにして、実は自個独造の天地に住す、彼は総ての点に於て韓非と其の科を一にす、（中略）孔子を後世に誤解せしめたる第一の罪人（中略）は孟軻にして、最後の罪人は朱熹たらすんはあらす、孟子を透して見たる孔子は理窟を謂ひ、八釜間敷、且つ強弁なる遊説の浪人のみ、朱熹を透して見たる孔子は禅僧の悟道しそこねて重箱の隅を楊枝てかき廻すか如き村学究のみ、（中略）其の言人情に近きか如くして、却て人情の外に逸」（同上 :25-26）しているのだ、と。

蘇峰の引いている曾西の言は、孟子「公孫丑章句上」第一章に出てくるものだが、幕末期の吉田松陰の場合には、『講孟箚記』の中で、この言は王道と覇道との別を明らかにしたもので、覇道の道をとった斉の恒公・管仲は、「九合一匡の功ありと云ども、修身斉家の道に於て一も得る所なし、故に恒公・管仲一たび目を瞑すれば、国事潰敗して復た収むべからず、是れ曾西が管仲の功烈を卑とする所以也」（吉田松陰 1983:42–43）と説いていたものである。松陰のみならず幕末維新期の漢学生の読み方は、このように王覇論の中でなされたものであったが、一八九九年段階の「唯国家主義」の立場をとる蘇峰にとっては、朱子学の生命たる「王道論」自体がやかましいだけの理窟となってしまったのである。幕末維新期の漢学生が空気のようにそらんじていた「春秋に義戦無し」（孟子「尽心章句下」二）の一句、そしてこのためにこそ起こされる、この戦争には義があるのかどうかという侃々諤々の論争も、蘇峰にとっては馬鹿馬鹿しいものになってしまった。

前出の一九〇三年八月の「国民教育の方針」講演の中でも、彼は「国民教育は人類教育とは大に其の趣を異にしてをる」、「国民教育に於ては単に人類たるの外、時間と空間との観念を要する、即ち空間からいへば日本、時間からいへば明治、つまり明治の日本国民の教育である」（徳富 1904a:203）と教育の目的を絞り込み、日本人の欠点は「力を非常に軽く視る、力の必要を一向に感ぜぬ、道徳と力とは両立することが出来無いもののように思ふ」（同上 :258）ことだとして孟子を引き合いに出し、次のような結論を得て、「力プラス道徳」論を提示するのである。

「孟子の如きは道徳其物を勢力なりとし、道徳其物の外に勢力があって、始めて之を実行し得るということを知らない、孟子は滕《とう》の文公に答へて、弱者が強者に圧服せらるる時には、死する乎将《は》た逃げるより外、仕方がないといふてをる」（同上 :260）。

日英同盟と蘇峰

一九〇二（明治三五）年一月の日英同盟の締結は、藩閥・陸海軍に対ロシア戦への決意を最終的に固めさせるものとなった。三国干渉の仏独両国がロシアと軍事協同に出る可能性は消去され、また日露両国の極東軍事力ではその段階では日本優位となっていたからである。蘇峰もこのことは明瞭に認識する。「日英同盟の国民的性格に及ぼす影響如何」という、条約発表直後の論説では、「日英同盟の報が全国の人心を駆りて驚喜せしめつつある今日」、「世界唯一の海軍国と提携するを得たるは、強きが上にも人意を強ふしたるものにして、固より快心の業なり」（徳富 1903:1-3）と、長期の彼の願望がようやく実現した喜びを隠してはいない。

日本にとってこの同盟は何を意味するか、彼は、この同盟成立によって「我が国民が世界的市民の資格を取得するに就て至大なる刺戟にして、又た至便なる機会」（同上:11）を得たことを指摘する。ボカした表現ながら、彼は同盟が日本を帝国主義列強の一員にしてくれたこと、そして対露戦を可能にしてくれたことの意義を語っているのである。

では、この同盟を日本国民はどのように利用すべきか、かれは世界的「眼界」を拡大すること、世界的智識を深めること、そして世界的同情を獲得することに役立てるべきだ、とする（同上:12-14)。彼にとっては「眼界」とは満州・朝鮮の現状に視野を拡げることであり、「智識」とは欧米列強の膨脹主義と生存競争の実態、そこでの国家の機能を更に知ることになる筈である。そして「同情」の中には、財政窮迫の中、巨額の戦費を外債募集によって賄う上での英米の支援もそこに入れていた筈である。ともあれ、日英同盟以降の蘇峰の論説の講演には、対露強硬姿勢と開戦已む無しと煽る態度が明白に出てくるようになる。一九〇二年五月の明治学院青年講演会での演説では、次のように煽動している。「我が日本国民は平和の代価にも限度があることを知らざる可らず、屈辱の平和は光栄の戦闘に劣り、有為の戦闘は逸遊の平和に優ることを知らざる可らず」（同上:194）、「諸君、今日の世の中は武装の世の中也、是れ果して吾人の理想たる可きや否やは別問題として、吾人は当面に此の事実を認め以て之に処せざる可らず、之に処するの道は、吾人も亦た武装するにあるのみ」（同上:195）、「戦闘を経て達したる平和は最も安全の平和也、最も健全の平和也、而して最も信頼す可き平和也」（同上:197）。

一九〇三年五月の論説「国民の理想」では、「力を伴はざる善根は事実の上に於ては半文の価値なき也、文明も人道も之を実行し之を支持しこれを他に推及するの力ありて始めて其の明光を発するを得る也、国家として他より其の体面を毀損せられ、其の利益を侵略せられ、而して唯だ文明を説き人道を語る、誰れか之に重きを措くものぞ」（徳富 1904a:34–35）と、国家の体面と利益が損われた場合の闘う必要性を語っている。

この五月の「国民の理想」ではいまだ一般論の形で説いているが、七月の論説「平和なる真理」になるとロシアを正面に据え、満州での対決を主張して「露国が南下の如きは事実也、明白なる事実也、吾人若し満州に之を防がずんば、朝鮮に於てせざる可らず、朝鮮に防がざれば日本海に於てせざる可らず、別言すれば、満州の防禦全からざれば、朝鮮を保つ能はず」（同上:165）と述べ、さらに、「国を挙げて来る者には国を挙げて迎ふ可く、国を以て動く者には国を以て当る可し」（同上:169）と開戦の心構えを説いている。

そして開戦直前の一九〇四年二月七日付の「義憤論」では、開戦の理由づけを「我が国民的生存権」の「毀害」に対する「正当防禦の権利」（徳富 1904b:177）行使だとするのである。

蘇峰も日露開戦までは建前として朝鮮独立・清国保全を唱えてはいるものの、日英同盟下の対露戦勝利の暁には、少くとも朝鮮を保護国化すべきだ、との帝国主義的見通しは持っていた筈であり、そのニュアンスが一九〇二年一一月の論説「国民の志望」に問わず語りに現れている。彼は言う、

「自国の機密を外国に売りて其の財嚢を肥す大僚あり、外敵侵入の嚮導者として其の賃銀を貪ぼる小民あり、此の如き国民によりて組織せられたる国家は果して独立国として永遠に存在す可き権理あるや否や、吾人は支那・朝鮮の独立を唱道する毎に、具体的に其の内情を吟味し、端なく其の論鋒の鈍るを禁ずる能はず」（徳富 1904a:23）と。


当然、日露戦時下で彼は朝鮮の保護国化を主張し、依然として朝鮮を独立国として扱おうとする人々を鋭く批判することになる。一九〇五年二月の論説「国民教育の一端」において、蘇峰は「彼等（「我が政客中」を指す）は韓国を以て今尚ほ外国と思惟する乎、是れ実に彼等が根本的誤謬に陥りつつある所以にあらずや」、「夫れ交通の権我に在り、兵権我に在り、財政の権我に在り、警察の権我に在り、而して尚ほ韓国を外国視、帝国の韓国に対する施設を以て之を外交政策の中に数ふるに至りては、思はざるも亦た甚だし」（徳富 1906:20）と、朝鮮独立保証論者を攻撃するのであった。

他方において、日露戦争が海陸共に日本優勢の展開を示し続けていたことは、蘇峰に「力の福音」が真理であることを更に確信させ、孟子的な「仁義道徳」説の時代遅れさを印象づけることとなる。

一九〇四年一〇月の論説「戦争と教育」において、彼はこう語るのであった。

「戦争が吾人に向て力の福音を宣伝しつつあること是れ也」、「無気力なる仁義道徳説は、今日に於ては更に新たなる装束を著けて出で来れり、当時の所謂る平和説・弱国主義・非戦論の如きは、其の旧思想が新衣服を纏ふたる標本として見る可きが如し」、「力ありて権利あり、権利ありて力あるにあら」ず、「仁義も力によりて始めて光輝あり、道徳も力によりて始めて活動す」（同上 :29–31）、「乃ち知る、吾人が個人としても国民としても理想とす可きは善なる強者、若しくは強なる善者たらざる可らずことを」（徳富 1905:32）。

国家が総てであり、国民を立憲政治によって国家に統合し、其の基礎を個人の能動性・膨脹性の育成においた「国民教育」によって形成しようとした蘇峰の国民国家論を震撼させたものが、一九一三年二月、大正政変時、民衆騒擾による国民新聞社焼打ち事件であった。非立憲的桂内閣擁護新聞社として東京の民衆から狙われたのである。彼は『自伝』の中で、「大正二年の第二回焼打以後の予程、精神的に惨めであることを感じたることは、前にも後にも、ほとんどその例が無かった」（徳富 1997:309）と述懐している。彼は無産の都市民衆の政治的不満の蓄積とその爆発力に、この時始めて気がつかされたのである。「時代の大勢」を読み取る優れた能力を有していた徳富蘇峰のことである。彼の国民国家論は修正・改良を加えられ、これ以降、その新聞の柱には「普通選挙の実現」が高々と掲げられることになるだろう。一九一四（大正三）年、大正期言論界の雄、馬場恒吾が国民新聞社に入社する。

第三章　イデオロギー闘争の諸段階

第1節　「忠君愛国」と「国体」概念の形成

(1) 国家権力の模索

主権論論争

太政官政府は神道イデオロギーに基いた天皇統治権論に依拠して専制政治を推進しようとする。しかし、英米思想の国内への流入と浸透、専制・抑圧に対する自由の要求、社会を構成している個々人から日本社会を形成し、社会の内部の論理から国家と政府を構成していこうとする澎湃たる自由民権運動によって守勢の立場に追い込まれ、深刻な政治危機に直面する。

太政官政府は、一八八一（明治一四）年一〇月、十四年政変を断行し、政府部内から参議大隈重信と大隈・福沢系自由主義官僚を完全に一掃すると共に、一八九〇年に国会を開設することを日本人民に約束することにより、危機回避を試みる。僅か九年後には、否応なく選挙によって選出された議員が構成する国会が国家構造内の重要でかつ不可欠な要素となってくるのである。

国会が始動するまでの九年間が、薩長藩閥政府が新事態に対処しうる体制を如何に形づくるかを模索する必死の時期となってきた（宮地 2010a：第2章第2節二「期限付き専制化」）。

太政官政府がとった第一の緊急措置は天皇の国家統治権の根拠を提供してきた神道イデオロギーと神社行政から、宗教性を形式的には除去することであった。仏教やキリスト教と同じレベルの一宗教として神道が捉えられ続ける限り、日本人に強制しうる絶対的なものとはならず、個々人の純粋な信仰問題に還元されてしまうからである。一八八二年一月、神官の教導職兼補は廃止され、葬儀への関与は禁止される。かわって「敬神崇祖」の標語と神社崇拝は日本人の民族的慣習という国家神道のイデオロギーが日本人の中に浸透させせられ始まる（宮地 1981：第2部第1章）。

第二の、そして最も基本的な自由民権運動に対する攻勢は、国会が開設された後も、国家主権は依然として天皇に存するという立場を貫き通すことであった。その象徴的な事件が、太政官政府の御用新聞たる福地源一郎の『東京日日新聞』と民権派諸新聞の間で激しく展開された一八八二年一～三月の主権論論争である。

福地は東京大学法学部に在籍する関直彦や渡辺安積の助けも借り果敢に論戦し続けるが、如何せん、イギリスの国王・議会・法律に則った限りは、国会を開設した後の日本での天皇主権を強弁することは到底不可能で、精々「君民同治」が妥当な処となる。福地はこの論争を回顧して、次のように述べている。

「外邦政治学者の所説如何と諸書を閲して以て我説の応援を覓《もと》めたるに、残念なるかな、余が平素敬服の心を置きたる英米諸大家の説は概ね皆余が所説に異りて却て反対の論趣のみなれば、燭を以て暑《き》（日光）に継ぎて旁羅せる書籍は全く余に利あらずして、空く敵の兵器弾薬たりき」、「独逸大家の所説は主権論に関しては如何なるやと質問したれども、誰ありて明瞭なる説明を与る程の人なかりければ、余はわづかに渡辺安積、関直彦の両氏を友として、零細の材料を英米の書中より蒐集し専ら防戦の具に供したれば、今日より回顧すれば余が論拠の当初に薄弱なりしは敢て怪しむに足らざるなり」（『明治文化全集』1928:19）。

この時期は、日本の言論界では立憲政治の形は立憲政治の母国たるイギリスの形態こそがノーマルなものであり、立憲政治の国ではイギリスの議員政党内閣制の如きものが、当然採用されるべきものと一般に考えられていた（稲田 1960:645）。後年帝国憲法解釈においてはその最右翼となる穂積八束ですら、東京大学法学部学生時の八二年五月に『東京日日新聞』に発表した「政治学政党論ヲ講ズ下篇」において、立憲君主政体ではイギリスの議員内閣が通則であり、ドイツの帝室内閣は変則であると発言するような時代だったのである（同上:652）。

紫溟会の大敵は「彼の自由論者」

右の穂積八束の意見にもあるように、天皇主権の立場を堅持する者達にとっても、国会が開設される以上は、民権諸政党に抗し、その主義を政党を以て貫徹するのが当然だ、との発想は、一八八二（明治一五）年当時には当然すぎるものであった。それが故に福地源一郎も、東京では『明治日報』の丸山作楽、『東洋新報』の水野寅次郎、大阪では『大東日報』（原敬も記者として三月に入社している）（季武

2010:31）の西川甫・羽田恭輔と組んで天皇主権・欽定憲法を綱領に掲げ、三月に立憲帝政党を結成したのである（『明治文化全集』1928:18）。純理論的に考えれば、国会開設の暁での立憲帝政党が組織する「政党内閣」が可能態として存在することとなる。しかし、薩長藩閥政府は、内閣は政党の外に超然とするとの方針をとるようになり、帝政党に速かなる解散を要求し、帝政党は解党に追い込まれる。

但し、国会開設直前の総選挙によって選出される国会議員が政府支持派なのか反政府民権派なのかは、九年前から考えても、極めて重大な問題になるだろうことは言うまでもないことであり、天皇主権の立場を社会に普及し、それを根拠とした政治勢力を早期に養成していく必要性は、権力内部の人々によっても、それぞれに検討され、具体化されていった筈である。その一例として、ここでは熊本県の例を取り上げてみよう。

熊本藩は、幕末期は親幕的立場をとり続けたため、薩長土肥の後塵を拝することとなってしまったが、藩士の漢学・儒学の力量においては他藩の追随を許さない程の優秀な人材を輩出した大藩であった。実学党のリーダー横井小楠は、狭い道学的で攘夷主義的な儒学の枠組を打破した名儒であり、廃藩置県直前には、若き明治天皇の漢学・儒学の侍読として、反西洋主義者の玉松操や中沼了三が排除された後は、横井に親炙していた年少の友人、碩儒元田永孚以外に適任者が存在しなかったのである。横井やその考えを忠実に継承した元田にとっては、君徳培養は「公共の条理」と結びついた開かれたものとなっており、知なるものは君主の徳にとって障害となるものではなく、逆に広い知識（その対象は世界全体から取られるべきもの）の吸収こそが君徳培養の前提となるもの、知の蓄積とその内在的関連の洞察（=格物致知）の中でこそ、君主の徳性が磨かれていくのである（宮地 2010b:80–81）。

他方、木下犀潭の女婿で官僚となった井上毅は抜群の力量を有し、その他の追随を許さない卓越した漢学・儒学能力、緻密な論理構成力、鋭利な官僚的立法立案能力は岩倉具視と大久保利通の深く信頼、依拠するところとなり、大久保横死後は伊藤博文が重用し続ける。

フランスにも留学し、欧米の憲政史とその議会の実態を知悉している井上にしてみれば、一八七六年段階で既に「全人民の代議人と共議せずして国憲を創定するの理なし、民撰議院あらすして国憲独り成立する物にあらす、是れ今世士人の喧伝する憲法の性質なり」（伊藤博文関係文書 1973:306）と断言するのは当然のことであった。しかも彼は十四年政変時、岩倉と伊藤に向け、将来の国会に対して設けられるべき憲法は憲法制定議会で制定される憲法ではなく、天皇主権を貫徹した欽定憲法であり、そこで規定される内閣とは議会多数党が組織する議院責任内閣制ではなく、天皇によって任命され、天皇に対してのみ個々の大臣がそれぞれ責任を負う帝室内閣制であり、国会で予算案が否定された場合には前年度予算を施行するという、将来の明治憲法の骨格を提示する当の天皇制官僚でもあったのである。

幕末維新期においては、熊本藩の学校党と実学党は鋭く対立し続けており、全国の藩政改革の中でも最もドラスチックに断行された同藩の一八七〇年大改革は、学校党を一掃した実学党の人々が遂行したものである。しかし自由民権運動の全国的高揚に対し、太政官政府部内の両派は接近し、行動を共にするようになっていく。

一八八一年一一月、元田永孚は息子の永貞に対し、自己の実学党の立場を、次のように伝えている。

「大日本国は地球上万国と其体を異にし、天祖天孫以来万世一系の君主国にて、万国に比類無之候えば、今日にても後世にても何処々々迄も君主の大権は毫も動すべからず、又決して揺動致す事に無之候へば、国憲も民法も人民の権利も総て天皇陛下の主権に有之候義、確乎不抜の条理に候故に、我国の臣民たらん者、誰か此義を奉体せざらんや、況や吾党の実学社中に於ては、世界民権の風潮、仮令天下に満候とて、確然不動、一人にても此君主国体の主義を頭に戴き、七生人間決して変移すべからざるの精神は迂老が言を不待事にて候」（元田永孚関係文書 1985:223）。

実学党は封建教学たる儒教の解釈をめぐって幕末期に学校党と対立して形成されたものであるが、その実学党においても、サムライ・士族が政治を行うものではなく、仕えており忠誠を尽す対象である君主を有徳の賢君になし奉り、この君主こそが政治主体であるという理解においては、封建教学の延長線上に位置していたのである。

熊本県下では一八八〇年八月、学校党の佐々友房（西郷軍に参加）や実学党の津田静一（津田山三郎《さんさぶろう》の子）・嘉悦氏房・山田武甫等が、西南戦争後、分立状態になっていた県内諸党派の融和と親睦を図るため忘吾会を組織し、活動していた。井上毅は県下の政治動向を左右する同会を足掛かりに、君主主義の立場から政府に国会開設を建白させ、民権運動と対抗する政治母体を出身県で形成しようとしたのである。その工作のため実学党の元老院議官安場一平や学校党で内務省御用掛の古荘《ふるしょう》嘉門らが熊本に下った。古荘には、事と次第によっては、官を罷め井上と連携しつつ熊本工作の中核となることが求められていた。[*]

＊［伊藤博文関係文書 1973:318］に「奉願候古庄嘉門件、偏に奉懇祈候は、私郷里中にて前途同心共力いたし度存候人物は独此人にて、此人なれは少年輩の人望も有之、十分の団結力を得而已ならず、且神風連之一派にも勢気を及ほすに足るものに御座候、それ故是非共内地にて尽力いたさせ度奉存候」との伊藤宛井上毅書状がある。

一八八一年九月一日、熊本県下の士族勢力と地主層を結集する形で紫溟会が結成された。井上毅が執筆した主旨書には、次のように述べられていた。

「奮進淬励《さいれい》以て国民の本分を尽し、皇祚を無窮に護持せんと欲する者なり、若し夫れ官権を弄し私利を営み苟且偸安以て公議を壅塞し内乱を醸成する者は即ち我党に非ざるなり、抑又熱躁悖戻《ぼつれい》虚無共和の説を唱へて以て社会の秩序を破壊する者は則ち我党に非ざるなり」（佐々 1936:18）。

そして、同会の規約第一条は「皇室を翼戴し立憲の政体を賛立し以て国権を拡張す」とされたのである。

但し学校党側が紫溟会に加えようと試みた民権結社相愛社は、主旨書が「社会は民約に始まると謂ひ主権は国民に存すると謂ひ法は衆庶の好欲に成る」という「詭激政論」を激しく攻撃している箇所の削除を求め、拒否されるや紫溟会から離脱した（津田静一 1933:126）。対立は結成前から明白になっており、結成当日、相愛社員で会場に来たのは、実学党の最古参で水俣郷士徳富一敬の息子猪一郎蘇峰と、西南戦争時、宮崎八郎の協同隊に加り西郷軍側で闘った有馬源内の二人だけであった（同上:125）。

つづいて、一〇月一二日、国会開設の勅諭が出されるや、紫溟会は第二次分裂の事態を迎えた。一一月、実学党の嘉悦・山田等は、紫溟会の主義は保守か自由かの質問に対しては改進主義・自由主義と答えるべきであり、天皇に主権があるとするのではなく主権は立法府にありとするべきだと、次のように論じるのである。

「主権天皇陛下に存すと云ふ時は、君主専治を是認するに当るを以て、吾輩之に同志し難し、唯だ君民同治を望むの意を明白に表せんことを望むものなり、蓋し吾輩が考にては、主権は之を君に存す可らず、又民に存す可らず、之を立法府に存す可し、如何となれば、若し主権を専ら君に存せしめんか、君権の専横を制するに術なからん、吾国とても万世一轍に明君のみ践祚せらるるを保し難し、不幸にして暴君位に在る時は、国家の不幸言ふ可らざるに至らん。若し又主権にして専ら民に存せしめんか、是れ皇上を蔑棄し、上下の秩序を失ふ、宇内無比二千余年の情誼に於て忍びざる者あり、（中略）他日憲法制定の日には主権を立法府（立法府は天皇と両院を以て成る）に存せんとす、是れ所謂君主主義にも非ず、民主主義にも非ず、即ち君民同治なり」（同上：133）。

紫溟会内の学校党派は、この要求に対し、逆に「皇室翼戴」を天皇主権と明確化して嘉悦等の求めを拒み、嘉悦等は離脱した。他方一一月、東京においては、安場一平・古荘嘉門以下の紫溟会の面々は「本会が始終の大敵は彼の自由論者に在るを以て飽迄も之を撲滅するの計を為さざる可らず」（同上：141）と決議し、ここに実学党は最終的に津田山三郎・同静一・安場一平等の紫溟会グループと嘉悦・山田・徳富一敬・同猪一郎等の反紫溟会グループに分裂する。横井小楠の民富蓄積によっての国力増強の思想や、「公共の条理」尊重の思想は、元田的な方向ではなく、士族率先しての殖産興業論や、民意重視の国会設立論へ発展する方向性をも内包していたのである。特に徳富蘇峰は小楠の「大義を四海に敷かんのみ」という思想を、民権運動での対外平和主義、四海同胞主義に、この当時発展させようとしていた。

徳富一敬の弟、江口純三郎は、一八五三年一一月、吉田松陰が横井の許を訪れた際にも同席し、六八年小楠京都上京の際にも随行した郷士実学党派の中心人物の一人だったが、明治一〇年代は東京で雑誌『内外交際新誌』を刊行し、また息子達を慶応義塾に入学させるようになっていた。この雑誌の第七〇号（八二年二月刊）には、次の「熊本県ノ政党」なる無署名記事が掲載されるのである。

「余輩ハ昨年二三官吏輩カ熊本ニ於テ名ヲ立憲帝政ニ託シ、民権ノ仮面ヲ冒シテ官権党ヲ団結セントスト聞キ落胆ニ堪ヘス、日本ノ大藩タリシ熊本ノ人士ニシテ一人ノ之レヲ看破スル者非ラサルカトマテニ嘆息シタリシカ、近頃聞ク所ニ拠レハ、彼ノ二三官吏輩ノ為メニ眩セラレ、一時方向ニ惑ヒシ者、悉ク其真正ノ政党ニ非ラサルコトヲ看破シ、分離シテ更ニ団結シ一大政党ヲ樹立セリト、而シテ其主義トスル所、前ノ日ニ反シ自由改進ヲ以テ主義トセリト」（宮地 2010b:84-85）。

国家権力への士族糾合政策

井上毅や永田永孚の危機感が、民権運動の全国的展開に対し、防壁を如何に構築するかというところから発する限り、熊本県一県で「能事了れり」とならないことは当然のことである。士族の中に根強く存在する西洋的なものへの反発、自由思想への反感、朝廷尊崇の観念、儒教的な孝悌忠信道徳と上下身分秩序の保持志向、更に男尊女卑思想とサムライ的「家」と家督制度の固執姿勢等は、体制強化のためには全国的体制形成を試みる際の是非とも必要な酵母菌なのである。一八八一（明治一四）年七月、士族対策の急務につき、伊藤博文宛の書翰中、井上毅は次のように述べている。

「今日に在ては猶是（プロイセン憲法）を挙行して多数を得以て成功に至るべし、何となれば英国風の憲法論未だ深く人心に団結するに至らずして、地方の士族中王室維持の思想猶其余瀝を存するもの必ず過半に居ればなり、若し今を失ふて因循に付し、二三年の後に至らば天下の人心既に成竹ありて、百方弁説すとも挽回に難」からん（稲田 1960:502）。

また八二年九月、元田永孚は岩倉宛の書翰中で次のように訴えている。

「士族の情、一種真に憐む可き者ありて、華族官員の体察せざる所あり、蓋往時列藩の日には、士族其各《そのおのおの》其主を持して、恩愛情義の親密実に骨髄に塡す、王政復古一旦其旧主を離れて忽ち頼る所を失ふ、而して我天皇を仰見すれば漠然として遥かに天井にあるが如く、一度拝謁の礼も許されず、一片雨露の恩も蒙らず、已に十五年の星霜を経て、益々遼遠に至るを覚ふる者のみ、永孚、県下士族に対する毎に必らず君臣の情義を談じて其心志を勧誘するに、其名分大義を知るの士にして君臣の情に於ては漠然として路人に対するが如きを以て、実に県地人情の異なるを慨嘆せしなり、是今日士心の王室に繋らざる所以、士心の悪むべきに非ず、其実は廃藩置県、旧主を離るるの日に当り、一層王室の恩義を示されざるに基かせしことなり、是華族官員王室密通の人の知らざる所の士情故に、今日にして之を収めずんば、終に収拾すべからず、仮令授産の方を立て貧困を免るるとも、君臣の恩義を此時に収拾せられざらんには、後には士族自分富有の如く心得て、依頼する所の主君もなく、自主自由の士族となり、王室を蔑如し、外国同様の国体とならんこと、慨嘆に堪へざるなり」(元田永孚関係文書 1985:83-84)。

井上毅は伊藤博文らの同意を取り付け、元老院を改組して、旧各藩の士族中より人数を限り、其中で人望あるものを互選せしめ、中央に集めて常住させ、一種の議政諮詢府を創設しようと試みるが(伊藤博文関係文書 1973:321, 324)、士族数の厖大さと、従来の士族政策を逆転させるものとの反対意見もあり(尾崎 1980:347-48)、実現には至らなかった。

しかし、国会開設を前に士族層を体制側に引きつけておかなければならないとの認識は太政官政府共通のものとなっていった。

第一に、一八八二年度より本格的な士族授産事業が展開していく。政府は八九年度まで毎年五〇万円の勧業資本金を一般会計から支出し勧業委託金を設けることを決定する。実際には八九年度までに企業基金三〇〇万円、士族勧業資本金二九五万円、勧業委託金二九万円が貸与された。国会開設迄の期間の乗切り政策なのである（『明治時代館』2005:102）。当初から成功か失敗かは二次的な問題に過ぎなかった。この動きに対応し旧藩主も旧藩士への授産事業を具体化する。

第二に、王政復古に尽力した薩長及び水戸の旧三藩において、それぞれの藩祖・藩主を祭る照国神社・豊栄神社・常磐神社が八二年、別格官幣社に列せられた事実が象徴するように、明治一〇年代後半、旧藩の藩祖・藩主を祭る神社が創建または規模を拡大され、県社等に列せられる動きが目立ってくる。国家による旧藩顕彰の動きであり、これらの神社が旧藩士の結集の場、士族授産の事務所的役割を果すようになっていく。

第三に、当該時期が儒教主義復活期と言われているように、教育において西洋の倫理・道徳の翻訳教科書は全面的に禁止され、仁義・忠孝という儒教的徳目が、新たな教科書を用い、そして従来一般に行われていた口授を改めて暗記・読解の方法を以て教えられることとなった（吉田・海後 1934:64）。

第四に、府県行政の当局者は、府県官員人事、郡長人事、官立学校人事において、反民権派士族の登用を積極的に推進していった。

熊本県の事例に戻ってみると、二回の分離を経て純化した紫溟会は、県下で自由民権派と正面から闘うとともに、従来の自派の学校同心学舎（佐々友房が中心）を八二年二月済々黌に改組し、機関誌『紫溟雑誌』を軸として政治活動と教育活動を結合させるようになっていく。同雑誌社の社長は津田静一、編集人は西郷軍に参加し、懲役一年を勤めた後に同心学舎の運営に尽力してきた高橋長秋である。

他方、創立当初の済々黌の人事は、校長が飯田熊太郎、副校長が古荘嘉門、幹事が津田静一と佐々友房、皇漢学教師が高橋長秋・佐々友房他、明治初年に林正明と共にアメリカに留学した津田は英語教師も兼ねている。この済々黌の活動を奨励する目的を以て、元田等の仲介により、異例にも八三年五月、恩賜金五〇〇円がこの私立学校に宮中より下賜されることとなった。*

＊　下賜の背後に元田が働いていたことは、〔元田関係文書 1985:186〕を参看のこと。また政府が特定の私立中学校を支援した他の例としては、新潟県において神道系の私立明訓学校を一八八五年一〇月に県立中学校に移管した事例がある。

学校党の木村弦雄は古荘と共に明治初年、熊本藩飛地鶴崎の有終館で藩軍組織強化に関与し、反政府陰謀の嫌疑により、七〇年一一月に捕縛（古荘は藩地より逃亡、後に自訴して七三年七月禁獄三年、七四年二月放免）、七二年八月に除族禁獄処分となり七四年一〇月放免、しかし政府密偵を殺害した中村六蔵事件の連累者とされ、七八年六月より古荘と共に再度投獄、獄舎で衰弱したため、責付となって井上毅が引き取り、八〇年六月、大審院で中村事件が結審となるや、古荘は以前三年の判決を受けていたので放免となって内務省御用掛となり、木村は免罪となって帰県、紫溟会設立運動に尽力する事となる（木村 1896）。また木村は帰県後、県庁より熊本中学長兼師範学校長に任じられるのである。

一八八三年に入ると松方デフレが深刻化し、自由民権運動は沈静化に向い、紫溟会の政治・教育活動も津田静一・佐々友房両名の提携・尽力により安定してくる。このような事態を迎えた結果、木村弦雄は八三年四月、宮内省御用掛に任ぜられて上京、同年五月、学校党の重鎮鎌田景弼が佐賀県令となるや、高橋長秋は西郷軍熊本隊隊長で刑死した池辺吉三郎の子、吉太郎（三山）と共に佐賀県県官に就職し（高橋編 1938）、更に同年冬には紫溟会と済々黌の安定化を実現させた古荘嘉門は青森県大書記官に任ぜられて熊本を去るのであった（熊本自由民権百年記念実行委員会編 1982:96）。

但し、当該時期は未だ体制側でも模索の時期であった。紫溟会の理論的指導者で実学党後継者として元田に深く期待されていた津田静一においても、その国体論は後年、天皇制イデオロギーの根幹となるような理解では全くなかった。次のような単純な形式論的なものなのである。

「国体は君主と民主との二類に出でず、而して政体は独裁君主、立憲君主、共和政治の三類に出でざる者なれば、苟くも国体を論ずるもの、君主にあらざれば必ず民主、民主にあらざれば必ず君主なるべし」（津田 1933:153）。

津田のように若い頃アメリカで勉学した知識人にとっては、欧米の歴史はどうしても文明史観と歴史主義の枠で理解される傾向を払拭できず、ドイツ流の民族・国民の特性論や文明対文化の極端な対比論を駆使することは相当に困難だったと思われる。

このような理解は津田に限ったことではない。国体に関する合意がそもそも当時は権力内部ですら形成されてはいなかったのである。憲法起草に関与した金子堅太郎の証言によると、八四年九月段階でも伊藤博文は、憲法政治が行われるようになれば、日本の国体は変更される、と強く主張し続けている（金子 1937:105）。

国体という言葉は、当時は使用する人毎に異ったニュアンスを持たされていた。福沢諭吉が『文明論之概略』第二章で、ナショナリティーの訳語として国体という言葉を使っているのは周知のことだが、旧幕期では、横井小楠などは、一八五二年八月の藤田東湖宛書翰の中で「我が国体、是迄敬上の事共、何とも歟とも言語に述られ申さず候、俗論頑固、有志者少も動かれ申さず、真に恥心限りなき事に御座候、夫故同志中津田山三郎と申もの罷出、国体事情内実御相談仕り、小子輩念願の事共、委細御聞取成下され度」（侯爵細川家編纂所編 1932:176）と記している「国体」とは熊本藩の藩情のことを意味しているのである。藩の有様という使用の仕方は福沢の国の有様というのと共通した理解となる。この当時から水戸学的な国体論のみが流通していたと考えるのは実態に合致はしないのである。

また、仁義・忠孝という封建時代のサムライ階級の徳目が儒教主義の復活の中で浮上してきたとは言っても、先の元田の訴えにあるように、一八七一年の廃藩により、藩主の恩顧と藩士の忠節という君臣関係・主従関係は太政官政府こそが解体したのであり、だからこそ事態の本質を誰よりも鋭く見抜いた福沢が、その直後士族の新たな主体性論を『学問のすすめ』で説くのである。その後、士族にとって忠節の対象は消滅させられた儘となっている。

他方、この時期までは「尊王愛国」という表現が一般的であった。尊王攘夷は幕末期の日本人であれば三歳の幼児までも知っていたスローガン、万国対峙の方針採用以降、攘夷にかわって愛国の二字が入ってきただけのものであり、イギリス的君主制を構想する人でも、「君民同治」派の人でも共に容易に唱えうる幅の広さを持っていた。

それだからこそ、天皇主権と愛国精神とを結合させようとする政府側の人々からは、釈然としないわだかまりを惹起するものともなった。

この矛盾を象徴する事件が一八八三年の国歌選定の挫折である。この時、国歌案として、神器・国旗・日出処・日本武尊・蒙古来・神功皇后・豊臣秀吉の七案に尊王愛国と題する国歌案も提出されたが、本案に関しては、「或は尊王愛国とは只に維新の事を云ふかと誤解せしむるの患も可有之か」、「(此歌曲中の)尽くせや尽くせ国のため、の国の字を皆君の字に改むべし」(長志珠絵 1995:465) との意見が出され、他の七案と共に選定されず、結局国歌を決定することは出来なかった。津田静一は八八年一月の徳育論でも「尊王愛国」を使用しているし、元田も八七年九月の書翰の中では「愛君忠国」「尊王忠義」等というこなれない用語を使っている(元田関係文書 1985:116)。「忠君愛国」のスローガンが「尊王愛国」のそれを駆逐するには、次のステップが必要となってくる。

(2) 先端モデルと伝統との熔接

「忠君愛国」と「国体」概念の出現

金子堅太郎は上述した一八八四(明治一七)年九月の伊藤博文との国体論争の際、同席の井上毅は沈黙していたままだった、と回顧している。だが井上にとっては正にこれこそが自己の課題だったのである。そして国会開設の迫っていることが、その解決の緊急性に拍車をかけた。

一八八四年七月、国会に対抗する貴族院を構成する華族を皇室の藩屏とすべく公侯伯子男の五爵を定めた華族令が出されたが、受爵者二九二名は、八月七日宮中神前に次のような誓書を奉呈する。

「臣某世爵ノ栄ヲ賜ヒ併セテ聖勅ノ辱キヲ拝ス敬テ皇祖ノ神霊ニ奉対シ仰テ盛旨ヲ欽《つつし》ミ益々忠誠ヲ致シ永ク皇室ノ尊厳ヲ扶翼センコトヲ誓フ」。

皇室神道と直結した国家神道イデオロギーが五爵位受爵の前提とされるのである。*

＊ 記紀神話に天皇主権の根拠を求める手法は、欽定憲法発布の際の賢所での告文、発布式典での勅語に踏襲される。憲法制定議会により国民からその権利を授与される形式を拒否した以上、主権神授説の形式は不可避となる。

宮内大輔吉井友実に対し元田永孚が、この七月二四日、「宗教は住民の所信に任《ま》かせ、政府は（キリスト教に対し）不拒不容の地に立ち、偏倚する所なく法によりて処断するのみ、然して政府若し主とする所なくんば、民信を置く所なく、はた疑を廟堂間に容れん、故に天子は皇族大臣参議卿輔の群臣を帥《ひき》い、一意天祖の訓を奉じ以て国体を立」（元田関係文書 1985:237）つべしと書通し、八月一日、また吉井大輔に対し「天祖敬承の実行は向来速に御発施に相成度企望の至」（同上:238）と書通しているのは、この誓書奉呈の儀式及びそのイデオロギーの発動と連なっているものであった。

また極秘裏に欽定憲法草案の検討が進行するのに対応して、『東京日日新聞』は八六年三月、「内閣職権論」と題する論説を連載し、立憲君主制では大臣を任命するも罷免するもみな君主の大権であるとの帝室内閣論を主張し、イギリスのやり方は、国民主権を原理とする民主主義の結果だと攻撃、四月の連載論説「報知新聞を駁す」では、真正の君主制と議院内閣制は両立できず、その強行は主権を君主から奪って議会に移すことになると主張する。八二年の主権論争時の態度とは一八〇度転換した強硬姿勢を同紙はとるようになってきた（稲田 1962: 第23章第1節）。

国会開会を前提とした欽定憲法制定という動きは、一方で万世一系の天皇統治権正統化の神道的根拠づけの諸整備を、他方でこの憲法が順調に展開する日本社会を教育の場から創り出す制度の具体化を求めさせることとなる。

井上にとって最良の協同推進者となったのが、八四年三月、駐英公使を免ぜられて帰国し、五月参事院議官・文部省御用掛兼勤を命ぜられた森有礼である。欧州の地において仏国を敗北させた国民国家ドイツ帝国の国力が躍進する中、イギリスを凌駕する勢いとなっていくのを目の当たりにし、強烈に印象づけられた森は、日本という国家と日本人民を、最先進国ドイツ帝国に見倣い、国家のもとに日本人民を一糸乱れず団結させるため、教育のあり方に大鉈を振おうとしたのである。そして八五年一二月、森は初代の文部大臣に任命される。

森の教育思想は八六年三月の帝国大学令と四月の師範学校令に如実に現れてきた。帝国大学令では、王国や皇国ではもの足らず、帝国という言葉を使い、帝国大学の使命は「国家ノ須要ニ応スル学術技芸ヲ教授シ及其蘊奥ヲ考究」することだと、国家への奉仕を大学の第一の任務とする。また師範学校令第一条に但書を入れ、「(師範学校の)生徒(将来の教師でもある)ヲシテ順良信愛威重ノ気質」を備えさせることが師範学校の重要任務だと明記するのである。

この三つの気質を養成させるため、森は八五年から東京師範学校に兵式体操を導入し、翌年より小学校も含めて全国の学校に兵式体操を施行していく。森は兵式体操こそがこの三気質養成のための「一法即チ道具責メノ方法」だとし、何故ならば、これは第一に「軍人ノ至要トシテ講スル所ノ従順ノ習慣ヲ養」い、第二に各々伍を組むので相互に信愛の情を養成し、第三に「隊ヲ結ヒテハ其一隊ノ中ニ司令官アリテ之ヲ統督シ其威儀ヲ保」つこととなるからだ、と説明している。従順という気質は「唯命是レ従フト云フ義」と彼が語っているように、上位者に対する絶対的服従心の養成が、そこでは狙われていた(森 1972a:481–86)。

このような国家主義教育貫徹の立場から、森は従来の儒教主義の立場に立った仁義・忠孝の教育を教科書を用いて教えることを禁止した（吉田・海後 1943:73；明治一九年五月二五日文部省令第八号）。森の下で倫理教科書を執筆した能勢栄は、森の考えを次のように解説している。

「孔孟の教は仁義の守る可きを説きて、其何故に果して守る可きを証せず、又孔孟の教は人生の目的を立てず、道徳の標準を定めず、只仁義は有難き者なりと説けり、而して儒学者も亦何故に仁義は守らざるべからざるかを自ら考究せず、只孔孟は聖賢なり学庸論孟（＝四書）は有り難き経典なりと信じて疑はざるのみ、自ら道徳学を研究し、道徳の標準を立て、之に孔孟の教を適用せしめ、而して自ら守るにあらずして、恰も宗教を信ずるに似たる所あり」（能勢 1890:28）。

森は不信者が必ず出現する宗教的信仰的な教えの形ではなく、また古い封建社会への回帰を想起させる形ではなく、国家というものを最高の価値源泉として、それとの関連の中で従来の諸徳目を再編成しようと試みたのであり、そのため能勢に倫理教科書案を執筆させ、関係する人々の意見を徴したのである。その一人が森の旧友福沢諭吉であり、福沢は八七年五月、国家は道徳の規範を示すべき立場にはないと、否定的に回答している。この回答が三年後『時事新報』に掲載された次第は後述する。

他方、修身教科書ではなく倫理教科書を執筆するとの能勢の方針（森の方針でもある）から、君臣の義に関する言及がどこにも無く、これについて不満を懐く人々も存在した（森 1972b:489）。森文相自体が国家と天皇をどのように相互に関係させて論理化するか、考えの詰まらない所があったのである。森の国家主義教育方針を全面的に支持し、それを国体論と結びつけるのが井上毅、八七年夏、森に委嘱されて執筆した「閣議案」においてである。

井上は森の名を仮りて語る、教育の目的は「列国ノ際ニ対立シ以テ永遠ノ偉業ヲ固ク」すること、「大難ヲ冒シ大危ヲ忍ンテ其立国ヲ争奪ノ間ニ維持スル」ことであり、そのためには「国民ノ志気ヲ培養発達」させることが根本方法である、欧米の人民は上下となく男女となく、一国の国民は各一国を愛するの精神を存して団結して解くべからざる状態であるのに、日本では志気が鍛錬されてきたのは士族のみであり、「其他多数ノ人民ハ或ハ茫然トシテ立国ノ何タルヲ解セサル者」が多い、教育の規則はほぼ備ってきたが、教育の目的はどのような方針で実現させるのか、それは我が日本の特質、即ち「我国万世一王天地ト与ニ限極ナク、上古以来威武ノ耀ク所未タ曾テ一タヒモ外国ノ屈辱ヲ受ケタルコトアラス、而シテ人民護国ノ精神忠武恭順ノ風ハ亦祖宗以来ノ錬磨陶養スル所、未タ地ニ堕ルニ至ラ」ざるという特質を「一国富強ノ基ヲ成ス為ニ無二ノ資本至大ノ宝源」とすることによってである、「蓋国民ヲシテ忠君愛国ノ気ニ篤ク品性堅定志操純一ニシテ人々怯弱ヲ恥チ屈辱ヲ悪ムコトヲ知リ深ク骨髄ニ入ラシ」むるならば、協力同心して事業を興すことが可能となる（森 1972a:344–45）、と。

この「閣議案」の中で井上は、欧米列強との国家的競争、それを可能にする「資本」としての日本的特質＝国体論、標語としての「忠君愛国」四文字の三位一本の論理を提示する。天皇への忠義を尽すことが、即ち愛国心となるという論理が定式化され、廃藩で否定された筈の封建的忠節観念が、ここで意味内容を変質させられて再浮上することとなり*、逆に天皇への忠節以外の愛国心形成の論理が、ここで完全に否定されることとなるのである。

＊　この意味内容の変質という事態は、帝国憲法の新鋳成語「臣民」においても起こっていた。漢学上、臣は官吏であって治者に属し、民は衆庶、即ち一般人民のことをいい、臣民とある場合は臣と民を併せ称したまでのことであった。『帝国憲法義解』草案審議の際、漢学者・国学者から難じられた事実を諮詢に与った穂積陳重が『続法窓夜話』（岩波

文庫）の中で回想している。

紫溟会と「国体」論

中央の動向はストレートに熊本に反映し、また熊本の動向が中央に影響を与えていく。紫溟会の代表的役割を務めて来た津田静一は、旧主家の細川護成英国留学に随伴して一八八五（明治一八）年三月に渡英し、その後の紫溟会と済々黌を代表する人物は佐々友房となり、また文部行政をも反映してドイツ学術の影響が済々黌内で強まっていった。済々黌は安達謙蔵を編集人として、一八八七年一月、『大東立教雑誌』を創刊する。済々黌生徒の進学指導が雑誌刊行の一つの目的だったため、進学先の学校事情紹介は詳細で、第一号には第一高等中学校が取り上げられ、「先般政府の大改革と共に学校（一高を指す）主任者の変遷ありしより、忠君愛国の徳、信義を重んじ廉恥を貴ぶの風を養成せしむるの方針を取」（『大東立教雑誌』1887a:26）っていると、井上よりも早く「忠君愛国」の四文字を使っている。筆者の知る限り、四字熟語の最初の用例となる。井上と紫溟会との交流の中で、この用語に煮詰められていった可能性もあるだろう。

この『大東立教雑誌』論説の特徴は、第一に、生存競争・優勝劣敗イデオロギーが色濃く打ち出されていることである。第三号（五月刊）の山下貞吉「国民《ネーション》論」では、「優勝劣敗ハ天下ノ真理ニテ、無論一日モ寒心ノ至リニ堪ヘサルモ、若シ夫レ優者ノ地位ニ立テ権利ヲ伸シテ他権ヲ圧シ、天下朝宗（天子の位置に立ち諸侯の拝謁を受けること）ノ権柄ヲ得ンコトハ豈ニ快トスヘキニアラスヤ」（同上1887c:17）と語られ、第四号（七月刊）の中西牛郎「東西思想ノ調和」では、「此ノ世界ハ優勝劣敗ノ世界ナリ、有形世界ニ於テ強ナルモノハ勝チテ弱ナルモノハ敗ルカ如ク、思想世界ニ於テ正真ナルモノハ独リ存シテ妄ナルモノハ遂ニ消滅スルニ至ル可キハ吾人カ信シテ疑ハサル所ナリ」(同上 1887d:11)と、強が正真と弱が妄と同質だと述べられている如くである。

第二に、国体論が繰り返し論じられていることである。本雑誌の刊行趣旨がその強調にあることは、第一号の趣旨解説に明瞭である。そこでは、次のように語られていた。

「習慣・気風・感情・歴史・文学・美術ナルモノハ所謂国情ヲ合成スルモノニシテ、一国ノ精神トスル所茲ニ在リ、一国ノ勢力トスル所茲ニ在リ、一国ノ生命トスル所亦タ茲ニ在ルナリ」、「国家ノ独立ハ国情ト相存亡スルモノニシテ国情亡ビテ国家独リ存スルモノハアラサルナリ」、「国モ亦一箇ノ有機体ナリ、一個ノ生活物ナリ、然ルニ今ヤ国情ヲ以テ内部ノ機関トシ、新気運ヲ以テ外部ノ境遇トシ、以テ我国ノ活動ヲ司ルモノトセム、学術技芸ハ国情ノ所生ナルノ事実ヲ発見シタリ、近代ノ独国ヲ見ズヤ、独国国情ノ発達シテ嶄然《ざんぜん》頭角ヲ顕テ天ニ昇ルカ如ク、諸般ノ学芸斐然トシテ美観ヲ呈セサルハナシ、是レ又タ独国国情ノ施《ひ》ヒテ学芸ニ及ビタル者ニアラサル乎」(同上 1887a:1–2)。

そして、有機体たる国家は内部の国情を発展させることで強化される、そのことを実践し世界の先端を走ることとなったドイツの例を見倣うべきである、と主張されている。

この先端国家モデルをドイツにとる国体論は、同時に、西洋近代の成立全体を歴史的・文明史観的に把握することを峻拒させる思考法を押し付けることとなる。第二号(三月刊)で済々黌幹事佐々友房は、次のように語り、万世一系の国体論を基軸に欧米文明を取捨選択しようと演説する。

「苟モ其ノ事情ノ害悪ニシテ我邦ノ基礎ヲ傾クルカ如キ者ハ欧米文明国ノ中心ヨリ出ツルモノト雖

トモ、必ラス之ヲ排斥セサルヘカラス」、「我国ハ開国以来茲ニ二千五百余年、国家ノ基礎鞏固ニシテ人民ノ風俗敦厚ナルモノハ、彼ノ王位ヲ以テ変棋トナシ鮮血ヲ灑ヒテ権務ヲ争奪スルノ諸国カ常ニ驚嘆感服スル所ナリ、此ノ如キノ国情ヲ有シテ而シテ他邦ノ美ニ眩シテ顧《かえりみ》テ自国ノ本領ヲ遺棄セント欲セハ、其ノ得ル所果シテ何レニカアル」(同上1887b:3)。

清津静蔵は第五号(九月刊)で「国家教育」と題して国体論を展開し、「国体ナル者ハ邦家原理ニ源シ顕ハレテ社会ノ性質トナル者アリ、発シテ人民ノ気象トナルモノアリ、表シテ政府ノ組織トナルモノアリ、然レトモ邦国ノ原理異ナルハ其本末亦均シキ能ハズ」と、それぞれの国と社会のあり方は、当該国の固有の原理によって異ってくると主張する。そして「我邦ノ如キハ政治ノ組織ヲ本トシテ社会ノ性質、人民ノ気象ヲ末トスルモノト謂ツ可シ」と、日本の場合には、人民あるいは社会よりも基本になっているのは政治であり、それを支えているのが「大和魂」とするのである。清津に従えば、この「大和魂」の六つの気象とは、一「皇室ヲ擁戴ス」、二「神明ヲ崇敬ス」、三「本国ヲ愛重ス」、四「忠孝至誠ノ精神」、五「英武壮烈ノ気象」、六「優美和靄ノ気風」の六気象だが、「皇室ヲ擁戴スルノ念慮ヲ以テ本トシ、余ノ五種ノ気象ヲ以テ末トス」、「我国人カ協同一致ノ精神トナリテ社会ヲ維持スルモノハ豈独リ皇室ヲ擁戴スルノ念ニ非サルヲ得ンヤ」と、論の出発は、各国固有の異る気性がそれぞれの国の在り方＝国体を作っていくのだとの、諸事実を踏まえての帰納論に見せかけながら、結論では、協同一致の精神を涵養するには、「皇室擁戴」の念慮を強化する以外にないとの当為論となっている(同上1887e:5–9)。

清津は、この精神を薫陶するには歴史・文学・演劇・音曲・絵画の五手段があると述べているが、歴史を以ての薫陶においては「国体ヲ薫陶スルノ目的ニ応スル者ハ事実ヲ撰択スルノ歴史ヨリ寧ロ叙述スルノ歴史ナラサル可カラサルナリ」と解説している部分は特に注目に値する。個々の史料を吟味し、選択し、確実な史実をもとに実証的に全体構造を組み立てていく科学ではなく、名教を目的とした物語としての「歴史」によってこそ、「大和魂」は薫陶されると彼は主張しているのである。同号において東洋学会幹事小中村義象が「愛国心ト歴史学トノ関係」と題し、「歴史学ハ愛国心ヲ涵養スルノ元素トナルモノナリ」と主張しているのも、同一の論法となる（同上 1887e:14）。

この『大東立教雑誌』には、第三号（五月刊）に元田永孚が、第四号（七月刊）に井上毅が、第六号（一〇月刊）に井上が、第七号（一一月刊行）に元田と井上が寄稿しているように、東京との連絡は極めて密接であった。また第四号に、ドイツ留学中の有賀長雄（後の国際法学者）が通信を寄せ、その中で有賀が東京大学の先輩井上哲次郎（在独中）のことに言及している「海外通信」は中々面白い内容となっている。即ち次のように有賀は弁じている。

「凡そ独逸の学事に通ぜざる者は学者と謂ひ難き勢と相成居候ことは誰しも確認する所に御坐候」、「（井上哲次郎の）持論を伺ひ候に、矢張り東洋は文事を振起するの必要を見ること甚だ切なるに就ては、昨今流行の独り西洋を知つて東洋の美観を見るに迂き某々の学風を排斥せらるること小生の愚見と寸分不違候」、「同氏（井上）帰朝の上は軽卒に議論を出たす者も自から少なくなりて、日本の学風一変可仕こと必条《ママ》に御坐候、従て我党の勢力大に加はり可申候」（同上 1887d:32）

彼の言う通り、ドイツ留学者とドイツ学を奉ずる者達は既に立派な党派意識を有していたのである。

済々黌は第一の目的を「よき人物」を作ること、第二の目的を学力養成としていること、日本を取り巻く国際社会を生存競争・優勝劣敗の社会と捉え、日本は、内部に自由を主張して分裂を生じさせ、民権を唱えて上下を対立させるのではなく、日本を日本たらしめている万世一系の皇室を核として一致団結しなければならないと考える青年達を薫陶していること、この実態を一八八七年一月、同校を訪問することで体験として知った森文相（森 1972b:31）は、同年六月、大分県書記官となっていた古荘嘉門を第一高等中学校長に据え、古荘は内務省警保局保安課長のポストにあった高橋長秋を一高幹事に引き抜いた。帝国大学につづき高等中学校の国家主義化も森文相の構想に従って進められ始めるのである。

ところで、一八九〇年七月の衆議院議員選挙と一一月の国会開設を前に、熊本は八八年から政治の季節に入り始めた。同年二月、紫溟学会（八四年三月に紫溟会が改組）に学術部・実業部と共に政務部を置くこととなり、学会長にヨーロッパから八七年一〇月に帰国した津田静一が、副会長に佐々友房が就任する。同年一〇月には『紫溟新報』が『九州日日新聞』と改称、翌八九年二月一五日憲法発布の直後、政党として国権党が紫溟学会の中から誕生し、佐々友房は政治活動に打って出るため、済々黌校長には東京から戻った木村弦雄が選出される。

八九年五月には、古荘が第一高等中学校長を辞して熊本に戻り、紫溟学会会長に就任、他方同校幹事を勤めていた高橋長秋は東京に留まって細川家が作っていた有斐学舎舎監となり、国権党のために奔走し、同時に陸羯南の『日本』新聞の客員となって活動する。時正に大隈条約改正反対運動の最中であった。そして古荘の後任校長に木下犀潭の子息で井上毅を義兄にもつ帝国大学法科大学教授木下広次（後の京都帝国大学初代総長）が任命されるのである。

創立された熊本国権党の主意書は「吾党ハ国性ヲ発達シ国権ノ拡張ヲ計ル」ことが我党の主目的だと述べる。この「国性」なるものは、それぞれの国家が有している固有の特性なのであり、我が日本では、「皇統一系言語文学風俗習慣美術宗教（神儒仏）」を指しているとし次のように主張しているが、ここには既に立派な国体論が形成されているのである。

「孤島一歩ヲ出レバ四面皆敵ナル今日ニアリテハ国家ノ特性ヲ発達シ国家ノ体格ヲ堅牢ニスルノ外、決シテ祖宗二千有余年ノ国家ヲシテ天地ト共ニ悠久タラシムルノ道ナシ」（『明治文化全集』1929:64）。

この国権党に対し八九年の県会議員の選挙を闘い、翌九〇（明治二三）年七月の国会議員選挙を準備する自由民権派の熊本改進党の綱領（同上:66-67）は、平民主義の拡張、個人主義の拡充、政党内閣の実現、政府の民業干渉反対、平和的外交政略を唱え、真っ向から国権党の方針と対決する。政治の基礎となり根底となるのは「往時ヨリ久シク賤メラレ力ナカリシ全国多数人民」なのであり、国家主義を方針とするものは政府の勢力を固くして一個人の権利を削殺しようとするものであり、帝室内閣は輿論政治を否定するが故に強力なる国家を組織することが出来ない、「我党ハ英国ノ制度ニ倣ヒ、務メテ之（政党内閣）ヲ実行シ、平和間ニ政権授受ノ法」を計ると国権党との対立諸点を明白にした。九〇年七月の第一回衆議院議員熊本県下選挙では、民権派の山田武甫・松山守善・前田案山子《かがし》に対し紫溟会・熊本国権党側は古荘嘉門・佐々友房・岡次郎太郎（士族）・紫藤寛治（士族）、そして木下助之の五名を当選させた。木下は木下犀潭の末弟、玉名郡大地主の家に養子に入った人物で劇作家木下順二の祖父に当る。

ところで、欽定憲法発布が各地での政党組織の発足や再編成の出発となったとすれば、それは同時に将来の日本人を国家権力の目的に合致させるための教育制度の確立の必要性を当局側に更に強く自覚させることにもなった。一八八六年の帝国大学・師範学校・高等中学校といった諸制度においてドイツ式の国家主義を貫ぬかせた森文相の次の目標は小学校に向けられる筈であったが、欽定憲法発布当日暗殺されたため、欽定憲法体制下の将来の教育の方向を東京に参集した府県知事に演説したのは、臨時に文相を兼任した陸軍大臣大山巌であった。島根県知事籠手田安定によると、その内容は次のようなものであった。

「文部大臣ハ教育ノ大体ニ付、其方針ヲ示サレタリ、其中ニ云ヘル事アリ、曰ク、修身道徳ノ事ニ就キテ或ハ宗教ノ力ヲ借ルベシト云ヒ、或ハ支那主義ヲ取ルベシト云ヒ、世未タ定論アラス、然レハ此上ハ偏ニ忠君愛国ノ四字ヲ以テ本邦道徳ノ基本トナシ、此針路ヲ取リ少年子弟ヲ教養スヘシト」（籠手田 1985:470）、「（文部大臣の諭示の中に）国家ト云フモノハ無形ナルモノナレ共、之ヲ仏ノ如ク神ノ如ク大切ニナシ、仕事ヲナサシムルモ学科ヲ学ハシムルモ、国家ト云フ事ヲ以テ思想ヲ支配シ鼓舞シテ行クヨリ外良策ナカルヘク、又実際斯クセサルヲ得サルナリ、世ノ中ニ宗教ヲ基トスルヲ良トスルノ説アレ共、容易ニ行ハレス、独リ国家ト云フ事ヲ一向ニスルヲ良トス、（中略）（ドイツは）始メ仏ニ敗ルルヤ、小学校教師常ニ忠君愛国ノ四字ヲ説キ、生徒ヲシテ国家ノ恥辱ヲ雪《そそ》クノ心ヲ養ハシムルヤ久シ、此義憤ノ志気、遂ニ仏ノ軍陣ヲ圧倒セシニヨル、故ニ勝軍ノ功ハ小学教師ニ帰セサルヘカラスト論定セリト云フ、是レナリ、是レ則チ富国強兵ノ元気ヲ養生スル必要ナル所以ナリ、即チ大臣カ演説ノ末段ニ於テ特ニ府県知事ニ向テ其決心ヲ求メラレシモノナリキ」

（同上：473-75）。

籠手田知事の話だと大山文相は演説の中で「忠君愛国」の四字を使用した如くである。前年一〇月までは「尊王愛国」の語を使ってきた籠手田（同上：454）も、これ以降「忠君愛国」をスローガンとし、この年から日本全国に急速に広まっていくのである。

但し宗教をとらず「国家を以て生徒の思想を支配せしむべし」と、「忠君愛国」の四字スローガンを与えられただけでは、教育での儒教主義を否定され、また宗教色も払拭しなければならないとの制約を負わされた府県知事レベルでは、管轄下の師範学校・中学校・小学校の教員にどのように語りかけるのか当惑するのは尤もなことであった。従って九〇年二月、各府県知事総代東京府知事高崎五六の左のような「徳育涵養ノ義ノ付建議」が榎本文相に提出されることとなる。即ち、そこには次のように述べられている。

「（徳育が定まらないのは）畢竟徳育ノ主義ヲ定ムルノ困難ナルニ因ルナルヘシ、然レトモ不肖等ノ見ル所ヲ以テスレハ、我国ニハ我国固有ノ倫理ノ教アリ、故ニ我国徳育ノ主義ヲ定メント欲スレハ、宜ク此固有ノ倫理ニ基キ其教ヲ立ツヘキノミ、而シテ徳育ノ主義已ニ定マラハ、宜ク師範学校ヨリ中小学校ニ至ルマテ、其倫理修身ノ学科ニ用ユヘキ教科書ヲ選定シ、全国一般之ニ依テ其教ヲ布カシメ、（中略）然ルトキハ冀クハ今日猶狂瀾頽波ノ勢ヲ挽回シ以テ我国固有ノ元気ヲ維持スルコトヲ得ヘシ」（同上：497-98）。

この建議を受け、明治天皇が文相に下命し、法制局長官井上毅が立案、元田永孚が修正し、帝国議会開会直前の九〇年一〇月三〇日、教育勅語が芳川文相に授けられることになるのは周知のことである。

福沢諭吉は、右の文相と府県知事とのやり取りを儒教主義に則った徳教書編纂の動きとして捉え、八七年五月、能勢倫理教科書に関し森文相に宛てた回答を九〇年三月一八日付の『時事新報』に公開する。福沢の批判は次の二点である。

第一に、この教科書は人生戸外の公徳を主として、家内私徳への言及に乏しい。自分は公徳の本源を家内の私徳に求め、またその私徳の発生は夫婦の倫理（「家」の倫理ではないことに注意されたい）に原因することを信じているので、論の展開には賛成できない。

第二に、この教科書は文部省撰とあるが、それでは日本政府の撰定する倫理教科書となる。「然らば則ち今の日本政府を日本国民一種族の集合体として、此集合体は果して徳義の叢淵にして、殊に百徳の根本たる家の私徳を重んじ身の内行を厳にして、常に衆庶の景慕する所なるやと云ふに、論吉又これを信ずるを得ず」。国家は徳目を日本国民に押し付けることは出来ない、と批判する（福沢1960:397–400）。

そして福沢批判の七ヵ月後、日本国家は天皇の名において、教育の憲法とされていく次のような内容の教育勅語を発するのである。*

「皇祖皇宗国を肇《はじ》むること宏遠に徳を樹つること深厚なり、我が臣民克く忠に克く孝に億兆心を一にして世々厥《そ》の美を済《な》せるは此れ我か国体の精華にして教育の淵源亦実に此に在す」。

* もっとも出された直後、大喜びした済々黌に対し反対派の新聞が、「済々黌が教育勅語の煥発を喜んでゐるが、例えて云へば、それは大海に舟出した小舟が破れ荒波の中に漂流して溺死せんとしたとき、舟の破片を見出したやうなものだ」と論評した時、「その当時当局者はそれをとがめもしない位で、その当時の社会一般の情勢が窺ひ知られる

と思ふ」（佐々1938:558）と、宇野東風が回想していることも、やはり念頭に据えておく必要があるだろう。

但し、府県知事の建議と教育勅語の渙発を無媒介的に直結させていいのか、という問題が残っている。森文相以来のヨーロッパ最先進国ドイツ帝国の教育体制にこそ学ぶべきだ、との大方針が他方に継続しているからである。

実は、九〇年一〇月七日、教育勅語の直前に、義務教育を始めて本格的に制度化した小学校令が出されているのである。それはドイツ連邦を構成する各邦の教育法規を丹念に調査して作成され、文部省参事官江木千之並びに法制局部長平田東助が立案を担当したものである。平田はドイツに長年留学し、ドイツ派官僚として活躍してきた官僚である。従って小学校令第一条「道徳教育及国民教育ノ基礎並其生活ニ必須ナル普通ノ知識技能ヲ授クルヲ以テ本旨トス」は、ドイツ各邦の義務教育法規に共通した、例えばザクセンマイニンゲン国小学校法第一条「児童ニ授クルニ宗教的道徳的及国民的教育ノ基礎幷ニ国民生活ニ必須ナル普通ノ知識及技能ヲ以テスルニ在リ」（『教育時報』1890a:13）という教育目的の表現をほとんどその儘の形で踏襲しているものであった。

この小学校令案はもともと文部省により小学校法案として作成され、井上が長官を務める法制局で揉まれ全面的に修正された上で、六月に閣議決定され、八月に枢密院に諮られ、教育の基本法令は法律ではなく勅令とすべきであるとの枢密院意見に従い[*]、勅令第二一五号として出されることとなったものである。

＊　小学校令が勅令として出されるまでの複雑な経緯については、［久保義三1979:32-39］を参看のこと。

井上は原案が法制局で揉まれる際にも、枢密院審議の際にも当然深く関わっていたのであり、小学校令が出された暁には、そこで言う「道徳教育」の内容そのものが直ちに問われるだろうことは知悉している立場でもあった。しかもドイツ諸邦と異り日本ではキリスト教的倫理教育は論外となる中で、如何なる形式の道徳基準が適切なのか、考えざるを得なかったのである。

また、「国民教育」という言葉も、法令としてはここで始めて出現する。「小学校において国民教育の基礎を授ける」とは、日本におけるあるべき「国民」とは何かが道徳教育と関連させて明確にさせられていなければならない筈のものであった。立案者江木千之は、学校教師を前に、「帝国小学校教育ノ本旨」と題し、次のように解説する。

「今地球上ニ国ヲ建テテ居ルモノハ実ニ数多イコトデアリマスガ、其国々ハ皆ンナ固有ノ特性ト云フモノヲ持ツテ居ラヌモノハアリマセン、故ニ若シ一国ヲ組織スル所ノ分子ノ中ニ其国ノ特性ニ適当シナイモノガ殖テ参ツタナラバ、其国ガ盛ンニナツタリ栄エテ行タリスルコトノ出来ナク成ルハ勿論、甚シキニ至テハ其ノ独立ヤ存在ヲ保ツコトスラ出来ナクナルコトモ起リマスルコトハ必然ノ勢デアリマス、夫レ故ニ国ト云フモノモ其国ヲ組織スル所ノ分子ヲ其国ノ特性ニ適当サセル様ニ務メナクテハナラヌモノデアリマス、然ルニ一国ヲ組織スル分子ヲ其国ノ特性ニ適当サセル様ニシマスルニハ、必ズ其国ノ特性ニ関スル所ノ教育ヲ全国ニ普及サセナクテハナラヌコトデアリマス、今此ノ国ノ特性ニ関スル所ノ教育ハ即チ国民教育ト称スル所ノモノデアリマス、ソーシテ此ノ国民教育ト云フモノヲ全国ニ普及サセマスルニハ主トシテ普通教育ニ依ラナクテハナラヌコトデアリマス、即チ国民教育ヲ以テ小学校ノ事業ノ一大成分トスルコトノ由テ生ズル所以デアリマス、今帝国ノ沿革ヲ考ヘテ見マスルニ、我帝国ハ紀元以前ノ実ニ二千五百余年ノ沿革ヲ経テ居リマシテ、其言語ナリ文字ナリ習俗ナリ国体ナリ、皆ナ我国固有ノ性質ヲ帯ビテ居ラヌモノハアリマセン、ソーシテ宇内ノ万国ニ対シマシテ特ニ比類ノアリマセヌ所ノ事ハ万世一系ノ天皇ヲ奉戴スルト云フ最大ノ栄誉ト最大ノ幸福トヲ有シテ居ルコトデアリマス」(『教育時報』1891b:13-14)。

万世一系の天皇を戴くことを至上の特性としている日本の国体に小学校生徒を「適当」させていくことが「国民教育」の眼目とされる以上、教育勅語とこの「国民教育」は表裏一体の関係とされなければならなくなるだろう。

第2節 井上哲次郎の『勅語衍義』

井上の教育勅語認識

在独期間足かけ七年、国威隆々たるドイツ帝国の政体・学術・文化に傾倒・心酔し、日本に戻った暁には帝国大学文科大学教授として哲学・倫理・宗教を広く講じ、西洋文明の精神的基礎たるキリスト教よりも東洋哲学を土台とした仏教の宗教的優位性を説き、東洋と西洋を渾然一体とした哲学を開こうとの野心を抱いて井上哲次郎が帰国したのは数え年三六歳、一八九〇(明治二三)年一〇月のことである。八二年より東京大学助教授だった彼は同月教授に任ぜられる。

新帰朝者の誰でもが抱く感慨であったヨーロッパ社会と日本社会のあまりの懸隔に井上も一時呆然となる。彼は次のように述懐している。

「余欧洲ヨリ帰来リ、久シク燦然タル文物ヲ観タルノ眼ヲ以テ、忽チ故国ノ現状ヲ観ルニ、彼我ノ軒輊《けんち》（＝優劣）殊ニ甚シキヲ覚エ、悽然我心ヲ傷マシムルモノ少シトセズ、是ニ於テカ百般ノ感慨、胸中ニ集マリ、我邦社会上ノ改良ニ就キ、論弁セント欲スル所極メテ多シ」（国民精神文化研究所編 1939b:30; 井上『勅語衍義』序）。

時の文相芳川顕正に教育勅語の公的性格をもつ解説執筆を依頼*された井上は、ここが勝負処だと意識する。自分が国家権力に認められるか、そうでなくなるのか（留学しても認められない帝大教授も当時から存在していた）、その試金石にこの解説がなる筈だからである。

＊ 芳川文相は井上に「国体」に関する彼の考え方を質した上で執筆を依頼し、彼の草稿を文部省は、加藤弘之、中村正直、井上毅、島田重礼、南摩綱紀、小中村清矩、更には文部省官僚江木千之等に示し意見・修正・訂正を求めた上で井上に完成させている。井上は八九回書き直したと述べている（国民精神文化研究所編 1939b:解説;同上 1939a:466-67;同上:597）。小中村清矩のもとに文部大臣秘書官永井久一郎添状の付された草稿が文部省から送られたのは明治二四年四月七日であり、小中村は翌日自分の意見を記した附箋をつけ、九日に永井が小中村の自宅まで取りに来ている（大沼宜規編 2010:437-8）。父親の仲介で成立した教育勅語と天皇制イデオロギーの充満する戦前日本社会のあり方に、その個人主義・耽美主義の立場から徹底的に闘うことになったのが長男の永井荷風であること、これも歴史の一つのエピソードとなる。

井上はこの解説執筆に全力を投入し、凡百の他の勅語解説との間の差異化を極めて意図的に図る。「此書浩瀚ナラズト雖モ、其論ズル所ハ、極メテ重大ニシテ、我邦後来ノ教育ニ関スル所、豈ニ尠小ナリトセンヤ」（国民精神文化研究所編 1939b:235）と序文で豪語する所以がここにある。

権力の意向を汲む能力にたけている井上は、教育勅語は、日本人の間の徳義の乱れを是正するために出されたのでも、儒教主義の復活のために出されたのでも、更に単純に天皇崇敬の念を増大させるために出されたものでも無いことをよく理解していた。出された目的は「孝悌忠信ノ徳行ヲ修メテ、国家ノ基礎ヲ固クシ、共同愛国ノ義心ヲ培養シテ、不虞ノ変ニ備フ」るため、即ち国家への国民統合のためであり、現下の議会開設による藩閥民党対立の構造の中で、国家への「民心ヲ結合スルノ切ナル、未ダ今日ノ如キハアラ」(同上:231)ずとして国家権力が出したものなのである。但し、この勅語は短兵急に、政治的にこの課題を果すのではなく、権力が掌握している国民教育の中での「精神上ノ改良」(同上:234)の際の最も有効なる武器として長期的視野のもとに出されたものである。彼は「我ガ邦人之レ(勅語)ニ由リテ子弟ヲ教フルニ、孝悌忠信、及ビ共同愛国ノ主義ヲ以テセバ、日本国民ハ数十年ヲ出デズシテ、大ニ面目ヲ改ムルモノアラン」、「世ノ子弟タルモノ、尽々ク国民的教育ヲ受ケテ生長セバ、我邦ニ於テ後来自カラ一国ノ結合ヲナサンコト疑ヲ容ルベカラズ」(同上:234)と的確に勅語の今後の機能を言い当てている。

これが故にこそ、井上が九一年九月に刊行した『勅語衍義』は、師範学校と中学校の文部省検定済み教科書として広く使用されることになるのである。では井上は、如何なる論理によって教育勅語を解説していくのか、次に少しく検討してみよう。

国家の捉えさせ方

井上の議論の核は、国家というものをどのように捉えさせるか、である。

「北米ノ諸州ガ千七百七十六年ニ連合シ、以テ其独立ノ功ヲ奏シ、伊国ガ千八百七十年ヲ以テ全国ヲ合一シ、以テ国家ノ基礎ヲ固クシ、独逸ノ諸州ガ亦千八百七十一年ニ連合シテ、一大帝国ヲ興セシガ如キハ、一トシテ同一ノ心性及ビ言語風俗歴史等ヲ有スルモノヲ結合シ、以テ大ニ国ノ力ヲ養成セル所以ニアラザルハナキナリ」（国民精神文化研究所編 1939b:240）。

西洋との対比で解説すること自体がユニークなのだが、しかしこのような西洋諸国家独立論で押し通す限り、英国の二度の革命やフランス革命等、封建制から近代社会への移行といった広い歴史的発展は顔を出す場は全くない。明治初年や民権運動期の日本人の西洋国家認識とは異質なものを井上は強烈に打ち出すのである。米国独立への言及はなされてはいるものの、「仮令ヒ共和民政ノ如キ国ニアリテモ、必ズ之レガ統領若クハ主任タルモノアルヲ見レバ、愈々以テ平等ノ実行シ難キヲ知ルベキナリ、然レバ君民ノ別ハ天地ノ組織ニ於テ然ラザルヲ得ザルモノアルニ出ヅルモノナリ」（同上:283）と強弁され、共和主義は国家論から完全に除外され、国家は主権者たる君主とそれに従う臣民によって構成されるべきものとなる。

井上は、国家と臣民とのあるべき姿について次のように説明する。

「抑々国家ハ一個体ニシテ、唯一ノ主義ヲ以テ之レヲ貫クベク、決シテ民心ヲ二三ニスベカラズ、結合一致ハ実ニ国力ヲ強クスルノ法ニシテ、（中略）臣民尽々ク結合シテ一個体トナリ、以テ主君ニ服従シ、主君亦一主義ヲ以テ臣民ヲ統合結束スルトキハ、国家ノ基礎、是ニ於テカ始メテ鞏固トナリ、如何ナル外寇アリテ来襲スルモ、之レガ為メニ多ク懼ルルニ足ラズ」（同上:240）。

右に見たように、共和主義の否定は平等の否定に直結するし、また勅語の「博愛衆ニ及ホシ」に関しても、「愛ハ近親ヨリ始メ、漸次ニ衆庶ニ推シ及ボ」さなければならず、そうでなかったら、「是レ万国同愛ニシテ、忠君愛国ノ情是ニ於テカ已ム、故ニ如何ナル人モ我君ニ事ヘ、我邦ヲ愛スルヲ以テ第一ノ義務トセザルベカラズ」（同上：262）と、博愛は「万国同愛」と捉えるべきではなく、新しいスローガン「忠君愛国」の心情の中でこそ、意味をもつものだとされるのである。

勅語の「進テ公益ヲ広メ世務ヲ開キ」の解説においても、この公益は「力ヲ国家ノ事ニ尽クシ、以テ公衆ノ利益ヲ図ルベキ」という論理の中での公益であり、「仮令ヒ生命アルモ、国家ニ益ナキモノハ、既ニ死セルモノト異ナラズ」（同上：272）と断定され、国家以前の個人、個人が形成する社会という構造は正面から否定され、国家とつながらない個人は「孤独主義」者のレッテルが貼られるが、その所以は次の如くである。

「国内ニ孤独主義大ニ行ハレ、人々唯々自己ノ利益ノミヲ求メ、毫モ公衆ノ上ニ着眼スルモノナキトキハ、其国ハ決シテ久シキニ耐フルコト能ハザルナリ、何故ナレバ、人々国家ニ対スル義務アルコトヲ知ラザルトキハ、其結合ノ力弱ク、衆庶尽々ク解散崩壊」（同上：273）するからである。

国家有機体説の主張

井上はこの国家論をドイツ流の国家こそが社会の最高形態とする社会有機体説を以て説明していく。前に、米・独・伊の処にも見たように、国家が独立できたのは、「同一ノ心性及ビ言語風俗歴史等ヲ有スルモノヲ結合」したからなのである。

「国家ハ有機物ト同ジク、生命アリテ生長シ、発達シ、老衰スルモノ」であり、この生命を維持するためには「常ニ国家ノ元気ヲ培養」（国民精神文化研究所編 1939b：280-81）していかなければならない。

有機体である以上、頭があり手足があるのは自然のこととなる。「君主ハ譬ヘバ心意ノ如ク、臣民ハ四肢百体ノ如シ、若シ四肢百体ノ中、心意ノ欲スル所ニ随ヒテ動カザルモノアルトキハ、半身不遂ノ如ク、全身之レガ為メニ活用ヲナサザルナリ」（同上:284）。しかもこの国家有機体説は、それぞれの国家の歴史・伝統・文化等によって決定されてくるのであり、本質的なものは時代の変化によって変りも無くなりもしない超歴史的・運命的なものなのである。日本においても正に然りである。「国家ハ歴史的ノモノナリ、決シテ前代ト後世トニハ関係ナク、唯々一時存スルモノニアラザルナリ、即チ其国ニ固有ナル祖先ノ遺風ハ、国粋ノ存スル所ナレバ、妄ニ之レヲ廃棄スルコトナク、永ク継続シテ之レヲ子孫ニ伝フベキ」（同上:287）ものである。

「国ノ政体ハ、旧状ヲ継続シ、之レニ改良ヲ加フルヲ以テ、最モ容易ニ且ツ穏当ナリトス」、「我邦ノ如キハ、開闢以来一統無窮ノ皇統アリテ君臨セラレ、他国ニ比スレバ、実ニ無限ノ長所ヲ有スルコトナレバ、臣民タルモノハ、戮力協心シ、以テ之レヲ補佐擁護シ、古来ノ国体ヲ維持シ、子孫ノ安全幸福ヲ図ルベキ」（同上:285）なのだ、という井上の論は、戦前・戦中に猛威を振う「国体論」の原型そのものである。というよりは、この「国体」という用語自体が、井上のような解釈を求めて、広く日本人に示されるのが、この教育勅語の中の「国体ノ精華」の一句においてなのである。

ここにおいては、皇室の伝統は「皇祖」の神話と直結されて歴史学の探求は入り込む余地はなくなり、歴史的変動は総て「国体論」から演繹的流出論的に解釈されるか、本質からの逸脱として処理される。維新変革自体が次の如く扱われる。

「維新以後、欧米ノ学術、大ニ我邦ニ興リ、百般ノ事物、頓ニ其面目ヲ改ムルニ及ンデ、世人多クハ旧習ヲ厭ヒ、古風ヲ脱シ、争ヒテ新奇ヲ求ムルノ極、遂ニ忠孝彝倫ノ教ヲモ陳腐ナリトシ、反リテ之レヲ軽侮スルニ至ル」、「維新以前ハ、仮令ヒ智育ハ足ラザルモ、徳育ハ却リテ今日ニ勝ルモノアリ、維新以後ハ、智育ハ前代ニ凌駕シテ進ムノ勢アリト雖モ、徳育ハ之レニ反シテ日ニ以テ衰退スルノ状ナシトセズ、是レ世人ガ忠孝ノ教ハ、如何ホド新奇ノ学術興ルモ、毫モ改変スベキモノニアラザル所以ヲ知ラズシテ、各々其学ブ所ニ偏シテ、邪路ニ迷フニ因ルナリ」(同上:290–91)。

家族国家論の萌芽

井上のドイツ風国家有機体説からする天皇制国家論構築の思考の中には、日清戦後の日本を風靡する家族国家論の萌芽も見出される。彼は「父母ニ孝ニ兄弟ニ友ニ」を解説して、「一家ハ細胞ノ有機体ニ於ケルガ如ク、実ニ一国ノ本ニシテ、家々和睦スルトキハ、一国モ亦安寧ナルヲ得、若シ之レニ反シテ家々不和ノ人アルトキハ、億兆決シテ心ヲ一ニスルコト能ハザルガ故ニ、国力モ従ヒテ殺滅セザルヲ得ズ」(国民精神文化研究所編 1939b:248)、「一国ハ一家ヲ拡充セルモノニテ、一国ノ君主ノ臣民ヲ指揮命令スルハ、一家ノ父母ノ慈心ヲ以テ子孫ニ吩咐スルト、以テ相異ナルコトナシ」(同上1939b:242–43)と説明し、しかもこの家と国との関係は歴史性を以て、更に次のように解釈されていくのである。

「親ヲ愛スルトキハ、又親ノ親、又其親ヲ愛敬スルノ心ヲ生ジ、遂ニ尽々ク先祖ヲ併セテ之レヲ崇敬スルニ至ルハ、必然ノ勢ニテ、其本ヲ問ヘバ、即チ一片ノ孝心ノミ、又臣民タルモノガ、皇室ノ御祖先ヲ崇敬スルハ、本ト国君ニ尽スベキ忠義ノ心ニ出ヅ、(中略)国君ニ忠義ヲ尽クスノ心アルトキハ、国君ヲ崇敬スルノ余、併セテ国君ノ先祖ヲモ崇敬スルノ念慮ヲ生ズルハ、亦是レ必然ノ勢ナリ、然レバ忠孝彝倫ノ教ハ、古来我邦ニ存スル所ノ先祖崇敬ノ風俗中ニ於テ発見スルコトヲ得べシ」(同上:288-89)。

ここにおいて忠孝の「倫理」と天皇制国家論が接合される。但し流石ドイツでの印象が強いためか、この段階では皇室を家の宗家とするような「道具理論」は未だ考案してはいない。

愛国心の養成方法

では、愛国心の養成はどのような「道具理論」によって説明されるのか。

前にも見た通り、日本国家は主君たる天皇と臣民たる日本人から構成されている。一家の中には家長があるように、社会の中には統領があるように、「一国ノ主君亦此ノ如ク、衆庶ノ上ニアリテ、統治ノ大権ヲ有セリ」(国民精神文化研究所編 1939b:283)。このことによって始めて国家が成り立ち、「各自ノ身体生命財産等ハ尽々ク国家ト共ニ安全」(同上:286)なのだから、臣民は大恩ある君主に対し服従し、君主が代表する国家に忠義を尽さなければならない。ここに、統治の大権を掌握する天皇と服従する日本国臣民の間に「忠義」の関係が再構築されるのである。即ち、次の如くである。

「実ニ服従ハ臣民ノ美徳ナリ、臣民ニシテ服従ノ美徳ナケレバ、社会ノ秩序ヲ維持シ、国家ノ福祉ヲ図ルコト能ハザルナリ」(同上:284)、「国君ニハ恩アルガ故ニ之レニ報ゼンコトヲ思ハザルべカラズ、之レニ報ズルハ何ヲ以テセンカ、即チ忠義ヲ尽クスコト是ナリ」(同上:289)。

一八七一(明治四)年七月、廃藩置県によって各藩の藩主と藩士の間に存在した君臣関係は消滅し、封建的・主従制的忠義忠節の関係は無となった筈である。然るに、ドイツ流の国家有機体説、家と国家を連続させて捉えさせようとする「家国」論を駆使することにより、ここに装いを新たにして、忠義道徳が天皇制国家と結びつけられ、「忠君愛国」なる新造語と、多種多様に解釈され続けてきた「国体」なる概念が、万世一系・万邦無比の日本国家の在り方を凝縮した用語として、ここに教育の中に浸透し始めていくことになる。

井上は一八九二年一月、自慢げに、「世人動モスレバ忠孝ヲ蔑如セントスル時ニ当リテ再ビ忠孝ノ教ヲ学術上ヨリ興サントスルハ恐クハ余一人ナラン」と『勅語衍義』(同上:599)のオリジナリティを語る。そして日清戦後、「忠孝」倫理を批判しようとする人々は、国内に身の置き処が無いことに気づかされることになるであろう。

第3節　井上哲次郎の「教育と宗教の衝突」

記者の質問に答えての談話

一八九一(明治二四)年九月に、古くさい封建的儒教主義的説明を捨て、新鮮なドイツ流国家有機体説に基き、忠孝主義と天皇制国家との関係を斬新に説明した『勅語衍義』を刊行した井上哲次郎は、自己のユニークな論理が国家権力の納得と支持を獲得したことを刊行直後から実感する。同書では彼は各国それぞれの固有のあり方、各国の独自の歴史・伝統・文化の上に立脚してこそ、その国家発展の基礎が据えられるというドイツ流の国家と文化の関係の考え方を採用し、皇祖以来万世一系の天皇による日本統治という道具理論「国体」論を定式化した。

この「国体」論は論理上、天孫降臨神話と建国神話とを根軸とせざるを得ないが故に、神道と皇祖神を祭る伊勢神宮を宗教学的・歴史学的に考察しようとした帝国大学文科大学における井上の同僚教授久米邦武が、その学問は「国家須要の学」に非ずとされ一八九二年三月、大学から放逐されたのである（宮地 1981：第二部第二章「近代天皇制イデオロギーと歴史学―久米邦武事件の政治史的考察」）。彼はこの事件を眼前で体験し、自信を深めたのである。

では、井上の考える国家主義たらねばならない我が日本において、何が当面の障害となっているのか。それは第一にキリスト教だ、と彼は判断する。国家を超越した倫理をキリスト教が説いているが、国家主義にとっては国家こそ最高の価値体現者でなければならないのである。

井上がキリスト教への意図的な攻撃を開始するのは一八九二年一一月五日に刊行された『教育時論』第二七二号の誌上であり、「国体」とキリスト教との関係、教育勅語の精神とキリスト教精神との矛盾についての記者の質問への応答という形をとった。従って記事は「宗教と教育との関係につき井上哲二郎氏の談話」と題せられて「内外雑纂」欄に掲載されるのである。

井上はこの応答の中でキリスト教を次の四点において激しく非難する（『教育時論』1892：24-25）。

第一に、教育勅語の精神は忠君愛国を以て最上の徳とする国家主義であり、「我か身は国の為に生れ、君の為に死すへきように、此世に出て来れるなり」。然るにキリスト教は更に国家の区分を認めず、人類は同等の神の子として、人種の区別も無い。従って「耶蘇教の道徳なる者は、又従て無国家的ならざるを得ず」。

第二に、教育勅語の精神は、孔孟の主義と同じく重きを現世に置くが、キリスト教は現世を僅かに未来の世界に入るの門口たるに過ぎずと見なしている。

第三に、教育勅語での博愛とは、儒教で説く「差別的の愛」であるが、キリスト教での博愛とは、墨子の兼愛の考え方と同じ、自他・親疎・遠近の差別なく、人の国君を愛するも自国の国君を愛するのも同等だとする博愛である。

第四に、教育勅語の道徳の「骨髄」は忠孝の二者であり、「支那・日本の道徳は、全く此二徳を以て、最高と立てたる者」、また仏教でも心地観音経で四恩の内の第一に「国王の恩」を挙げている。然るにキリスト教はこの二徳を説いたことはなく、キリスト自身も両親に対して頗る冷淡であったのだ、と。

記者は更に質問する。教授は、キリスト教を日本に有害だと考えているようだが、では禁止すべきだとの意見なのか、と。

井上の答えは、その後の展開を見る時、頗る興味深いものであった。

憲法では信仰の自由が認められている以上、干渉すべきではない。しかし現在の儘の性質では日本人の性質と相容れない処があるので大に蔓延することはないだろうし、必ずや日本人の性質に同化するよう、その教えの立て方を変改して後に、始めて世に広まっていくだろう。現にキリスト教の牧師の中には、此点に心付き、キリスト教を日本の国性に同化させるために「改進することに尽力し、中にはかの勅語をも、会堂の中にて講述し、解釈せんと務め居るものもありと聞く。左すれば耶蘇教も次第に其性質を改めて、現在のままには、永存せざるべし」(同上:26)。

勅語・「御真影」対クリスチャン

『教育時論』にとっては、教育勅語が日本全国の小学校＝「国民教育」の場において展開させられ始めている以上、この問題は看過できないものとなっていた。従って同誌第二七九号（九三年一月一五日刊）、第二八〇号（一月二五日刊）、第二八一号（二月五日刊）、第二八三号（二月二五日刊）の四回連載という形をとって井上の評論「教育と宗教の衝突」が掲げられることになる。井上はこの評論を中心に、諸雑誌に載せた諸論及び書き下ろしを纏め、敬業社から『教育ト宗教ノ衝突』と題し、四月一〇日付で刊行する。序文は四月一日付となっている。これまた『勅語衍義』に引き続き、彼の全力集中の様子が如実に現れている著作であった。

井上の論点は「談話」のそれと全く同一であり、本書の結論も以下の如くであった。「上来論述せるが如く、耶蘇教の東洋の教に異なる要点は四種なり、第一国家を主とせず、第二忠孝を重んぜず、第三重きを出世間に置ひて世間を軽んず、第四其博愛は墨子の兼愛の如く無差別的の愛なり」（井上1893:125）。とはいうものの、長大評論が元となっているので、より論を詳しくしている処がある。キリスト教と神道との対比など、その好例だろう。彼は神道を次のように位置づける。

「我邦は古来神道の教ありて、神の多きこと、実に千万を以て数ふ、然るに其最大の神たる天照太神は実に皇室の祖先なりと称す、然かのみならず、歴代の天皇は皆亦神として尊崇せらる、然かのみならず、倫理に関する教も皇祖皇宗の遺訓と見做さる、是れ我邦の国体の存する所とするなり」（同上:8-9）。

然るに「耶蘇教は唯一神教にて、其徒は自宗奉ずる所の一個の神の外は天照太神も弥陀如来も如何なる神も如何なる仏も決して崇敬せざるなり」（同上：7）。このように「国体」と神道とを結合させて唯一神信仰のキリスト教との対比を浮き彫りとする。また、キリスト教は日本人が考えているように西洋文明の基にはなっていないことを井上は力説し、キリスト教諸国の現状を縷々述べた後に、その論の終りを次のように結ぶのである。

「欧州諸国の富強なるは決して耶蘇教によりて然るにあらざること、幷に耶蘇教は近来頓に其勢力を失ひたる為め、往日の如き凄惨なる歴史は再演することなかるべきも、尚ほ精神上の紛争を止むることなかるべきことは已に詳細に弁明せり」（同上：84–85）。

但し本書の読者が最も印象づけられたのは、キリスト教徒が、教育勅語・「御真影」及び皇室儀礼に如何に不敬をはたらき、日本人の伝統的信仰に敵対的に振舞うかを、不正確な新聞報道もそのまま利用しながら、詳細に論じ、一つ一つの事例に対し断罪していく部分であっただろう。

時系列的に示すと、加藤弘之発行雑誌『天則』を引用しての九〇（明治二三）年一一月三日、天長節でのキリスト教徒の不敬行為（同上：10；以下の不敬事件については［小股憲明 2010］参照のこと）、九一年一月九日の内村鑑三事件（「勅語の出づるに当りて第一高等中学校に不敬事件を演せしは何人ぞ、是れ耶蘇教徒にあらずや」［井上 1893：5］）、九二年八月二九日付新聞『日本』に報ぜられた、肥後八代のクリスチャン小学生、「御真影」扇にて打落し事件（同上：17）、同年一〇月一二日付『絵入自由新聞』に報ぜられた、キリスト教教誨師、「御真影」撤去事件（同上：18）、更に名古屋でキリスト教徒が熱心な真宗信者の母親を強引に改宗させようとした事件（同上：23）などが総て断罪され、さらに次のように糾弾するのである。「近来に至りて耶蘇教徒は益々我邦人の国家的思想に反せる挙動を為し、其教育上に於ける衝突は頗る重大ならんとするに至れり」(同上:27)、「勅語の主意は一言にて之れを言へば国家主義なり、然るに耶蘇教は甚だ国家的精神に乏し、啻に国家的精神に乏しき而已ならず、又国家的精神に反するものあり、為に勅語の国家主義と相容れざるに至るは其到底免れ難き所なり」(同上:34)、「耶蘇教は実に非国家主義なり」(同上:34)。

井上が挙げている諸事例の中でも基本的問題を示しているのが熊本英学校事件であろう。徳富蘇峰の大江義塾から同志社に入り、英学校教師として教えていたクリスチャンの奥村禎次郎が蔵原惟郭新校長就任式での席上、「本校教育の方針は日本主義にあらず、亜細亜主義に非ず、又欧米主義にあらず、乃ち世界の人物を作る博愛世界主義なり、故に我々の眼中に国家なく外人なし」(同上:41-42)と演説し、これがため県知事松平正直から九二年一月一五日に解雇命令が出され、二月一二日学校が解雇したのである。井上はこの事件に注目し、同年の半ば、町村長・町村会長を集め、その席上、小学校教員には、政党政社への加入とキリスト教を信ずることは禁止されていると述べ、「耶蘇教は外国の教なり、決して信ずべきものに非ず、小学校教員は宜しく去年頒布し玉へる勅語に殉ずべし、若し耶蘇教を信ずるものあらば、猶豫なく処分すべし」(同上:28)との松平県知事の演説部分を引用している。府県教育行政でこのような姿勢が正面から打ち出されたことに、彼は意を強くしたのである。

どの方向に日本のキリスト教徒をもっていくのか、『教育時論』での談話で語った方向以外にはあり得ない。天皇の名で出された教育勅語の権威と国家及び府県行政による教育界への威圧を背景に、井上は本書の冒頭において、次のように主張するのである。

「耶蘇教は個人的倫理を維持するに於ては其効少しとせず、然れども其非国家主義を断行するときは、遂に我邦をして羅馬《ローマ》の覆轍を履ましむるの恐なしとせざるが故に、以後は出来得べき丈、我邦の風俗に同化し、其非国家的精神を排除して、専ら個人的倫理を維持するの方針を取るべきなり、仮令ひ個人的倫理を維持することを務むるも、又同時に非国家主義を断行せば、其功は其罪を償ひ難かるべきなり」（同上：4）。

国家主義と教育勅語と「国体論」に矛盾しないキリスト教主義とは一体何なのか。日本のクリスチャンに井上は、一日も早く答を出せと迫るのであった。

第4節　穂積八束の『国民教育愛国心』

「民法出でて忠孝亡ぶ」

一八九〇（明治二三）年発布の教育勅語と共に、国家主義の高揚に大きな刺激を与えたのが九一年の民法典論争であった。条約改正のため、民法・商法の制定が急がれ、九〇年四月に民法財産編、財産取得編前半、債権担保編、証拠編が、同年一〇月に民法財産取得編後半、人事編がそれぞれ公布され、九三年一月より施行されることとなった。

しかし、この民法は西洋の個人本位の民法に従ったものであり、日本の家制度を無視したものだとの激しい非難を浴びることとなった。その批判者の中心が、天皇主権の帝国憲法をドイツ法学をもって武装させることを目的に、一八八四年ドイツに留学を命ぜられ、八九年一月帰国直後の同年三月、数え年二九歳で帝国大学法科大学教授に任ぜられ、憲法学を講ずることとなった穂積八束であった。

彼は一八九一年八月、論文「民法出テテ忠孝亡フ」を発表し、その中で次のように述べて「民法」を難じた。

「日本は祖先教の国であり、家とその延長拡大である国家は祖先教に基づく。神聖不可侵である祖先の霊を代表する家長の権はしたがって神聖不可侵である。家族は家長の威力に服従し家長の保護に頼る。日本が欧州の個人本意の民法を採用したのは、祖先教、家制度の反映である孝道を破滅させる」(山中永之介 2010:29)。

このような強硬な反対のため、九二年一一月、民法を修正するため九六年末迄、民法施行を延期するとの法律が公布される。しかし民法中修正案(親族編、相続編)部分は期限迄には完成せず、結局、治外法権撤廃一年前の九八年六月に、帝国議会の審議を経、戸主権と家督相続が定められた形で公布されることとなった。

国民教育の課題

但し、穂積八束は家制度の法制化そのものを自己目的にしていた訳ではない。天皇主権の国家に国民をどのような自己納得をさせて統合していくのか、という論理の中でこの家制度と民法問題を考えていたのである。特に日清戦争後、国際舞台での主役は国家となってきた。この課題は更に喫緊の案件となってくる。では、その課題を実現する場は何処か。「国民教育」、即ち小学校教育の場なのである。

穂積は一八九七(明治三〇)年元旦、政府系新聞『東京日日新聞』に「国民教育」と題する一文を寄せ、次のように言う。彼が深く憂慮しているのは、小学校教育の現状である。「世ノ所謂国民教育ナルモノハ壮言大語シテ忠孝愛国ヲ唱フルノ外、其義理ノ由テ生スル所ヲ明カニセス」、「偶々悲壮慷慨ノ士ヲ養フニ止マリ、一モ誠実ナル国家的思想ヲ養成シ、忠良ナル臣民ノ社会的公徳ヲ扶殖スルコトヲ得サルナリ」(穂積 1913:349)。歴史の事例をいくら挙げても意味がない、まず国民教育の目的を明確にさせていかなければならないと述べて、さらに言う。「国民教育ハ公同心ノ感化ナリ、公同団体ノ分子トシテ公同ノ生存ト目的トヲ有スルコトヲ自覚セシメ、個人ト団体トカ同化シテ一体ヲ成シ、以テ斯ノ国家的生存ヲ全フセンコトヲ欲スルナリ」(同上:349-50)。そして、国家生存のための結合心養成こそがその目的となる、小学校男女生徒に対しては「国家ノ分子タルコトヲ自覚シ、之レト同化セシムルニハ、国家ノ何タルヲ知ラシムルヲ要スルナリ」(同上:350)と述べるのである。穂積はこの課題を国民国家論と関わらせて次のようにも述べている。

「所謂立憲自治ノ制ハ国民ノ国家的精神ヲ基礎トシ社会的公徳ニ倚頼シテ建設セラレタル者ナリ」、「輿論ハ何カ故ニ尊重スヘキカ、国家ノ目的ヲ以テ其ノ目的トスル公同心ニ富マル国民ノ公同ノ意志ナルカ故ナリ、此ノ前提ナクシテ個人アルヲ知テ国家アルヲ知ラサルノ私益ヲ主張スル声カ偶然器械的ニ多数ヲ為スニ於テ何ソ所謂輿論アラン」(同上:351)。

このような国会ならば、主権者はクーデタやレフェレンダム・プレビスト(共に国民投票の意)に依って国の運命を直接に国民全体に訴える覚悟が必要となる(同上:352)。「今我国ニ於テ国民全体ハ国憲ノ何タルヲ知ラス、国家的精神ニ乏シク、政法ノ何タルヲ弁セ」(同上)ず、ここに至って国民教育は国家問題の最大なるものとなる。

「学校ハ未来ノ政府ナリ国会ナリ地方会議ナリ、此ノ腐敗セル当世ノ所謂政治家ハ今更如何トモスヘキ様ナシ、帝国前途ノ期望ハ青年ニ在リ、教育行政ノ局ノ在ル者、其任ヲ重セサルヘケンヤ」（同上：348）。

では、この国家に対する「公同心」を、歴史的事例を以てではなく、どのような筋道と論理で小学校男女生徒の精神の中に芽生えさせ、成長させていくのか、それを提示することが穂積自身の課題となってくる。

家族国家論を介した愛国心

穂積は一八九七（明治三〇）年六月、有斐閣より『国民教育愛国心』なる小冊子を刊行する（同年一一月より法科大学学長に就任）。全体は忠順・愛国・奉公・遵法の四篇から成立しているが、国家の意味は徹頭徹尾、生存競争より説明される。

「生存競争の結果として適者は存し適せさる者は亡ひ、以て生存の完成を期す、是れ生物進化の理法にて、亦人生の天則（加藤弘之の用語である）たり」、「社団結合の力の強固なる者は存し、其の薄弱なる者は亡す、団体を結合するは分子の公同心の啓発に由る同化なり、奉公の精神は社会の分子か社会に同化せんと欲するの公同心の発功にして、分子を社会の中心に団結するの力なり、結合は之に由りて固く、社会は之に由りて生存競争の間に適者として其の存在を久ふすることを得へし」（穂積 1897：59）。

「奉公の大義は個人的の美徳なると同時に、亦社会として生存に適せしむるの欠くへからさるの要件なり、生存の目的は平和なり、生存の手段は戦争なり」（同上：60-61）。

このように彼は「生存の手段は戦争」と断定する。道徳も生存競争のためのものに過ぎない。即ち、「宇宙万物を統律する適者生存の規則に依り生存を競争するの武器を名けて道徳と謂ふなり」（同上：62）と。

穂積の理論では社会的結合の最高段階が国家（＝「家国」）なのである。即ち、「国家的構成を以て社会独立の形態と為すこと、生存競争の理則に適合する最重の要件にして、民衆結合の中点は国家的存在に帰一する、今の世界は国家時代の世界なり」、「現今の人類進歩の程度に於ては、家国の体制か生存競争の要件に適合することを証明する者なり」（同上：65-67）として、彼は人類統一の試みは、これまで成功したためしなしと一蹴する。では、この国家・「家国」と、そこでの人民・臣民との関係はどのようなものであるべきなのか。「世界万国の生存競争に於て能く国の独立自由を防衛する者は強盛なる主権なり、国の独立は人民の独立なり、而して其因由たる国権の強大は人民の服従の完全に存ることを回顧すれは、臣民の忠順なる服従は内部に於ける秩序を全うする所以なるのみならず、外国に対して国と人との独立を主持するの要件たること明かなり」（同上：74-75）。このように、人民の国家・「家国」への服従こそが、逆説的だが「人民の独立」をもたらすとするのである。

何故、日本においては人民と国家・「家国」が融和的なものとなるのか。まず個人が国をつくるのではない。「国は個人の合衆なりと謂ふは我か国史の事実に反す、国民は家族制によりて分属し、家を合して国を成す、家籍を以て国民籍の基礎と為すは此の所由なり」（同上：9）、「家とは有形の家屋に合宿するの謂に非すして、同一の家長権に統治せらるる無形の血統団体にして、永久の性質を有す、祖先の家長権か其の子孫に及ふ者なれはなり」（同上：12）。この祖先の更にまた祖先を辿ると天皇家の祖先となる。「吾人の祖先の祖先は即ち恐くも我か天祖なり、天祖は国民の始祖にして、皇室は国民の宗家たり、父母は現世に在る祖先たり、天皇は現世に在る天祖なり」(同上:4)、「民族か同始祖の威霊の下に国を成すは天賦の団結たり」(同上:3)。

このような「道具理論」を用いれば、父祖への孝は皇室への忠と自然と結び付くことになる。即ち「忠孝の大義は祖先崇拝の至情の発生する所にして、社会の分子か社会の主力に服従し、其の保護を享有する所由」(同上:19)というのである。とすれば、このような日本的「家国」のあり様は、西洋諸国での個人・社会・国家の組み立て方とは全く異質なものになるのは当然のこととなるだろう。

「君父は祖先を代表す、民族公同の共愛は君父の位に依りて統一せらるるなり、凡物統一を得れは其の力強し、君父の位に統一せられ、忠孝の大義に由りて発動する奉公の精神の強盛なるは、平等博愛の理則に倚頼する者の比にあらす、況んや其の源を祖先崇拝の信仰に溯るときは、其の愛国奉公の念の神聖にして潔白なる、一時の利害の為に権力法制を以て之を強ゆるの類と日を同ふして語るへけんや」(同上:56)。

平等博愛の精神に忠孝の大義を対比させている処に穂積の意図が明瞭となるが、自立した個人男女が結合した自らの国土に対する国民の愛国心に対し、祖先崇拝という回路を介しての天皇への滅私奉公こそが愛国心だという「道具理論」を駆使しようとすればするほど、「敬神崇祖」の場たる神社を益々日本人により親和的なものにし、また神社神道を益々キリスト教や仏教などの諸宗教の上位に来るようにさせなければならなくなる。内務省が社寺局を廃止し、神社局と宗教局を設置し、神社行政を宗教行政から峻別するのが一九〇〇年四月のこととなる。

第5節　私立学校令によるキリスト教教育の禁止

中学校政策の変化

明治一〇年代後半の松方デフレは地方の教育行財政にも多大な影響を与えた。特に中学校の公的経営が困難となっていった。統計で見ると一八八一（明治一四）年に一七三校あった中学校は八五年には一〇六校に減少している（文部省編 1972: 489）。これに拍車をかけたのが八六年四月の中学校令であった。同令は中学校を、全国に五校置かれて文部大臣に管理され、国費によって支弁される高等中学校並びに府県によって設立される尋常中学校の二種類に区分し、後者は「各府県一箇所ニ限ルヘシ」と規定したのである。従って八七年には四八校にまで激減した。

この極端な中学校設立抑制政策は九一年一二月の改正中学校令（一部のみ改正したもの、一校制限撤廃、郡市町村立尋常中学校設立認可）によって徐々に緩和の傾向に転じ、また日清戦後の資本主義発展に対応しながら、中学校数は九三年には六九校に、九六年には一〇〇校となっていった。

国公立中学校優先の方針を貫徹させながらも、文部省は、それまで各種学校として除外してきた同等の教育内容を持つ私立学校をも、中学校と認定していく中で、国が定めた教育内容をそれらの私立中学校にも徹底させる方針を採るようになった。その狙いは次のことにあった。

「将来ハ公私ノ別ナク厳ニスヘキモノハ斉シク之ヲ厳ニシ、寛ニスヘキモノハ斉シク之ヲ寛ニシ、与フヘキノ特典ハ斉シク問ヒ、私立学校ヲシテ公立学校ト同シク国民教育ノ要具タラシメン」（国立教育研究所編 1972:208）。
その誘導手段の一つが九四年六月の高等学校令となった。高等中学校を高等学校と改称・改組すると共に、入学資格者を尋常中学校卒業生に限定したのである。これによって私立学校から高等中学予科に入り、更に高等中学校に進むコースは閉鎖されてしまった（明治学院編 1977:195）。

キリスト教学校の苦悩

公立尋常中学校と同等の教育を授けていた各種学校には様々なものがあったが、特にキリスト教学校にとって、この文部省政策は多大の影響を与えた。明治二〇年代の国家主義興隆と国体論からするキリスト教への激しい攻撃は、生徒数を減少させていった。今後の公立中学校増加に伴い、益々この傾向は強まるだろう。それまでの優位性を保証してきた優れた英語教育を維持しつつ、文部省の要求のうち、受け容れられるものは受容して尋常中学校の認可を獲得する方向にキリスト教学校は走っていくことになる。

特にこの課題が切迫したものになったのが同志社であった。外国人宣教師との対立の中で、外国からの財政援助無しで学校経営をしなければならなくなってきたからである。

同志社は一八九六（明治二九）年四月、それまでの予備学校を廃止して同志社尋常中学校を設立した。但しこの変更は国家の定めた尋常中学校学科内容を遵守・実行しなければならないことも同時に意味していたのである。

山川均は九五年四月、同志社予備校補習科に入学、制度変更に従い九六年四月、尋常中学校三年に編入された。この時の変化を山川は次のように回想している（山川 1961: 153-56）。

「学制の改革は学科の上にも現れた。体操という新しい課目ができ、下士官あがりの教官がやって来て、小倉・詰エリ・金ボタンの制服で、鉄砲をかついで体操をやらされた上、点数をつけられる。（中略）もう一つの重大な変化は、聖書の講義が課目から追放され、新しく倫理という課目が加えられたことだった。（中略）それは教育勅語の講義だった。倫理を受持ったのは、ドクトル・オヴ・フィロソフィ森田久万人先生というよりも「北向きの鬼ガワラ」でよくとおっていた神学校の先生だった。（中略）（「教育勅語」中の）国体の精華が、森田先生によってせん（闡）明されればされるほど、私の疑問は深く大きくなり、講義が進むにつれて、私はしだいにこれに反発し、やがては反抗するようになった。（中略）先生が必死に説明すればするほど、先生の良心を疑うようになった。平気で神と天皇とにかねつかえているのを見て、私は教会のキリスト教なるものの信仰を疑うようになった。（中略）こうしてせっかくの教育勅語の講義は、日本の国体そのものに疑いをおこさせ、皮肉にも、やがて私を、熱心な共和政治の主張者に教育してしまった」。

山川はこのように同志社尋常中学校の教育に不信を抱き、それを深め、九七年春には中学校を退学、上京して、同年秋、東京の明治義会中学校に入るのである。

同志社としてもこのような変化を最初からあっさりと認めた訳では当然なかった。九六年三月の認可申請書には聖書を教科書として倫理科目で教えると明記したのだが、京都府はこれを認めず、更に「尋常中学校が卒業式に皇室や国民のために祈ることは臣民の義務である」との同志社の文書に対し、「国民教育に宗教儀式の執行は認めない」と注文をつけ、九六年九月、同志社はこの京都府意見を受容した

（同志社編 1979：440–41）。

更に同志社の苦悩は続く。私立尋常中学校は京都府に認可されたものの、文部省は、同志社は宗教学校か教育機関か判然としないとの理由で、尋常中学校在学生には二六歳まで兵役徴集が猶予されるという「徴兵猶予」の特典を付与することを拒み続ける。これに対処するため、同志社社員会は、疑義を引き起こす同志社通則綱領の一部分を削除した上で九八年二月再申請を行い、ようやく翌月「徴兵猶予」の特典が文部省より賦与されることとなる*（同上：446）。

＊　但し、校友会等がこの削除に猛烈に反対し、一八九九年二月に元の形に復元された。しかし、文部省は、「徴兵猶予」の特典を取り消さなかった。準備している私立学校令がこの問題を再度明らかにするだろうから、と判断したのではないだろうか。

ここにその典型を見たキリスト教学校の尋常中学校認可申請の動きは他校でも共通のものであった。明治学院では九八年六月、従来の普通部を尋常中学校と改めたものが東京府の認可を得、同年七月「徴兵猶予」の特典を文部省から受けることとなった（明治学院編 1967：106）。また立教学校も従来の上級部分を立教専修学校に、中学校相当部分を立教尋常中学校に二分させ、明治学院尋常中学校より少し早く、九八年四月に東京府から認可を受けている（立教学院編 1974：228）。「徴兵猶予」の特典の賦与は、立教の場合、同時であったと思われる。

ところで、九九（明治三二）年二月、上述の高等学校令に中学校制度を適合させるため、八六年の中学校令が全面改正（倫理科目も修身科目に変更）され、この結果、高等中学校に関する事項が削除され、尋常中学校が中学校に改称されたため、全ての尋常中学校は、これ以降は中学校と称されることとなる。

私立学校の制定

一八九九（明治三二）年七月の条約改正の結果による治外法権の撤廃、在留欧米人を含む総ての外国人を日本の法権のもとで統治するための諸法律・諸法規の制定・整備は、日本国制史上の画期となるものであった。その中の大問題の一つが、欧米宣教師のかかわるキリスト教私立諸学校をどのように日本の教育制度の中に位置づけるかという案件であった。それまでは教育または学校に関する事項について規定した法令の中で、ごく簡潔に規定されていたに過ぎなかったのである。このため私立学校令案が文部省内で立案され、関係機関に諮られた上で、最終的に枢密院において審議されることとなる（久保義三 1979）。時は九九年七月二一日、天皇臨御のもとの会議である。

樺山資紀文相は、私立学校令を制定しなければならない理由を、「従来私立学校ニ関スル規定ハ小学校令中学校令等ニ散在シ不便ナルヲ以テ之ヲ一纏ニセントシ、又新条約ノ実施・居留地ノ開放ニ伴ヒ、外国人ノ設立セル学校ノ監督ヲモ規定セサルヘカラサルニ依」るためだ、と説明している（『枢密院会議議事録　第8巻』1984:43）。

キリスト教学校の問題に絞って検討すると、まず第五条の「私立学校ノ教員ハ（中略）其ノ学力及国語ニ通達スルコトヲ証明」して認可を受けるべし、との部分が関わってくる。枢密院委員会で政府委員は、この条項の趣旨を「勅語奉戴ノ上ニ於テ国語ニ通達セサレハ差支アリ、又国語ニ通達セサル者ハ日本帝国ノ事情ニ通セス、斯ル者カ教員トナリテハ不都合ナリ」（同上:47）と顧問官に説明し、三一日の本会議で原案通り可決される。欧米宣教師を教員から排除する目的が明白である。また本会議の第五条審議の席上、九鬼隆一顧問官が「国民教育即チ強迫教育」（同上：47-48）と発言しているのは興味深い。義務教育という用語よりも当時為政者が考えていた教育イメージに相応しい表現である。

第二は、第一条に「教育ノ勅語ニ遵由スヘキ旨」を挿入せよと顧問官側から修正意見が出されたことである。これについては、私立学校令にのみその趣旨を入れ、他の学校教育諸法規に入れていないことは「其奇異ノ感ヲ生セシムルノ嫌ア」（同上：43）りとの理由で、結局は原案通り可決される。

この際の少数意見の一人が鳥尾小弥太顧問官である。鳥尾は挿入の必要性をこう主張している（同上：40-42）。

「学校ニ関シテハ単純ニ行カヌモノアリ、一ハ学説即チ世界的教育トカ云フモノニテ、国ト云フ境ヲ越エテ人類ノ世界ニ及ホスモノ、一ハ即チ宗教ナリ、此ノ二者サエナクハ私立学《ママ》ハ十分検束シ得ルナリ、然ラスンハ難シ、博士等ノ中ニモ我国家国体ニ合セサル説ヲ唱フル者アリ、前ノ文部大臣ノ中ニハ大廟ニ不敬ヲ加ヘタリトカニテ不幸ニ斃レタル人アリ、果シテ不敬ヲ加ヘタルヤ否ハ知レサレトモ、世間ハ此ク伝フルナリ、次ニハ世界的教育ヲ唱ヘ世ノ物議ヲ惹起シタル大臣即チ西園寺侯アリ、又共和政治ノ演説ヲ為シタル尾崎行雄ナル者アリ、又久米邦武ト云フ学者ハ、神道ハ祭天ノ古俗ナリト論シテ、遂ニ官ヲ退カサレタルコトアリ、学問ノアル文部ノ勢力者中、此ノ如キ言説ヲ為スモノアリ、故ニ第一条ニ教育勅語ノ旨ヲ掲クルハ宜シカラントノ説、委員会ニ於テ起リタルナリ、教育上有害トハ重ニ徳育上心術ニ関シタルコトナリ、此ノ有害ハ何ニ依リテ見ルカ、今日ハ殆ト其ノ定規ナシ、教育ノ勅語ヲ標準トシテ有害ナルヤ否ヲ認ムルコトヲ得ヘシ、（中略）私立学校ハ甚重キモノニシテ、就中福沢ノ塾、大隈ノ専門学校、京都ノ耶蘇教ノ同志社等ノ如キハ大ニ勢力アル学校ナリ、地方ノ有力者ハ大概福沢ノ生徒タラサレハ早稲田ノ書生ナリ、福沢ノ如キハ共和政治家ト謂テ不可ナシ、（中略）忠孝ヲ重シトスルカ如キ者ハ彼等ノ教育ニ依リテハ造リ出サレヌナリ、彼等ノ条理トスル所ハ天道説ナリ、世界ノ人類ノ総テニ通スル事柄ヲ主トナス、即チ天ヨリ見レハ一視同仁ナリト云フ見方ナリ、我国ニテ諾冊《イザナギイザナミ》二尊カ万物ノ本ナリ、天道ヨリ見レハ夫婦カ本トナル、我国体ハ人道ヲ本トス、子ハ親ニ次キ、其ノ子ハ亦之ニ次キ、億万年モ継承ス、五倫ノ中君父ヲ重シトス、彼等ノ説モ唯漫ニ唱フルニ非サル故、多少道理アリ、而シテ我国体ト現然相反ス、是レ憂フヘキコトナリ」と。

民族と国民を超えた道義・道徳の教育を抹殺するためには、徳育の基準として教育勅語を第一条に明文化させる以外にないとの鳥尾の論理は、それなりに筋が貫かれている。問題は法の体裁に関わるがために、原案通りとなっただけなのである。同志社の例においても、指導上は益々貫徹されていくのであった。

第三が私立学校での宗教教育の禁止である。文部省の原案でも、当初条文中に入れられていたことは、「始メ内閣ニ提出シタル案ニハ此ノ明文アリ」との答弁からも明かである。しかし「閣議ニテ勅令ニハ此ノ明文ヲ省クヲ穏当ナリト決定セラレタリ」（同上:50）、従って私立学校令ではなく文部省訓令によって出すことになったというのである。閣議でなぜ問題になったかは、「条文ニ宗教云々ヲ掲クルトキハ、或ハ日本ハ尚排外思想ヲ有スルカト思ハルルノ嫌ナキニ非ス」（同上:43）との意見が出されたからだ、と閣僚の一員である樺山文相が説明している。

この宗教教育禁止の議論の中で海江田信義顧問官は、キリスト教や仏教から神道を区別しなければならない、神道は宗教ではなく、神道家は宗教学者ではないと、次のように力説している。

「我国是ハ国体ヲ維持スルニ在リ、神道ヲ宗教ト看做シ仏教耶蘇教ト同一視スルコトトナリテハ目的ハ立タス、（中略）我日本ノ神ヲ信セスト曰フ者出来タラハ、此者ハ乱臣ナラサルヤ如何、然レトモ宗旨ヲ信スルハ自由ナルヲ以テ我ハ日本ノ神ハ信セスト曰フ者出来タラハ如何、神道ヲ宗教ト見ルコトヲ止メサルヘカラス」（同上:52）と。

日本の神を信ずることは宗教ではなく、キリスト教の神を信ずることは宗教であり、私学教育の場から排除すべきだという二つの命題は天皇制イデオロギーにおいては正に表裏一体のものであったのである。

私立学校令に如何に対処すべきか

このような審議の結果、一八九九（明治三二）年八月三日、勅令第三五九号私立学校令が出されるのと同じ日に、以下の文部省訓令第一二号が発せられた。

「一般ノ教育ヲシテ宗教ノ外ニ特立セシムルハ学政上最必要トス、依テ官立公立学校及学科課程ニ関シ法令ノ規定アル学校ニ於テハ、課程外タリトモ、宗教上ノ教育ヲ施シ又ハ宗教上ノ儀式ヲ行フコトヲ許ササルヘシ」。

一八九八年現在のキリスト教学校数は、小学校程度のもの一〇五校、中学校程度のもの一五校、高等女学校程度のもの四七校（立教学院編 1974:236）、その内の主要な学校は学校令による認可を受けていた。この内、訓令第一二号は全国のキリスト教小学校には破滅的打撃を与えた。認可が取り消されると、私立学校令第八条により小学校として存続そのものが許されなくなるからである。このため横浜の例では、山手町聖経女学校付属第三警醒小学校（在山元町）及び愛隣小学校（在戸部）の二校が九月七日限り廃校となった（横浜市会事務局編 1983:974; 明治学院編 1977:200-01）。

キリスト教私立中学校は、当初この訓令に対し、信徒の寄付金により成立し、個人の資産を以て維持している学校に対して宗教教育・宗教的儀式を禁止することは宗教の自由を与えている憲法に違反する、と抗議するが、文部省当局は訓令は妥当なものとして、抗議を全く受け付けなかった。

このため、キリスト教中学校は、それぞれの特質に基いて対応することになった。

既に麻布区内で進学校との声価を得ていた江原素六校長の麻布中学校（一八九五年、東洋英和学校中学部より麻布尋常中学校に改称）は、訓令第一二号を機に、伝道会社と完全に関係を断つこととし、従来の教会所有の土地を離れて新たに区内に地所を獲得し、そこに校舎を新築した。江原校長はクリスチャンであったが、同時に自由党・憲政党の幹部でもあり、九八年には高等教育会議員にも勅撰されていた政界の重鎮であった。彼は校舎建設費用支援のため、一九〇〇年には政友会の幹部星亨より、政友会資金から八〇〇〇円の貸与を受けるのである（江原 1923:306）。こうしてキリスト教から離れた麻布中学校は、一九〇〇年、「徴兵猶予」の特典を文部省から与えられる（同上:304）。

立教中学校の場合には、訓令第一二号に従う一方で、寄宿舎においては宗教的会合に寄宿生の出席を義務づけ、聖堂での毎日の礼拝に出席させるという打開策を採った（立教学院編 1974:243）。

同志社では、一八九八年二月、同志社通則綱領一部削除という手段を以て、ようやく「徴兵猶予」の特典を獲得したにも拘らず、九九年八月の訓令第一二号により、立場の明確化を迫られ、一九〇〇年二月、中学校を廃止し普通学校を設置した。

但し、この同志社も含め、中学校でのキリスト教教育の全廃に抗した各学校は、九九年一〇月から一一月の間に、文部省との折衝の中で、一種の妥協案を見出していた（同志社編 1979:459）。学校側はキリスト教教育を維持するために、法令に規定された中学校にはならないものの、その教育内容が文部省より中学校と同等以上と認められれば、文部省は中学校と同じ特権を与える可能性がある、というものであった。従って中学校を廃した後の教育内容が問題とされる筈である。

同志社では普通学校を発足させる際、「勅語を奉戴し、キリスト教主義教育を行う」との教育目的を掲げたのである（同上:461）。このような性格の同志社普通学校の発足をうけ、文部省は同年四月二日付で、「徴兵猶予」の特典を同校に授けた（同志社編 1965:652）。

同志社と同じく中学校であることを辞して学則を変更した明治学院普通学部では一九〇〇年七月に、青山学院中等科では一九〇一年五月に、それぞれ「徴兵猶予」の特典が与えられた（立教学院編 1974:252）。新しい学則の内容が文部省の許容範囲のものだったからである。

続いて一九〇三年五月には師範学校卒業生他専門学校入学者無試験検定校一〇校の中に明治学院普通学部と青山学院中等科の卒業生が含められ、翌六月には同志社普通学校卒業生もその資格を得た（『官報』1903）。

更に一九〇四年一月には専門学校入学者無試験検定校に認定された学校に対し高等学校大学予科入学受験資格が与えられた（『官報』1904）。

キリスト教主義諸学校の校史では、これらの文部省の対応は、訓令第一二号が有名無実となったからだと位置づけているが（明治学院編 1977:212; 同志社編 1979:526; 立教学院編 1974:253 等がこのように評価している）、それは如何なものだろうか。日露戦争の切迫と共に、英米との外交関係を更に良好なものにしなければならないとの日本政府の判断が短期的に働いたことは十分に考えられるが、他方この一九〇二〜三年段階において、日清戦前よりキリスト教は日本の「国体」と相容れないとの猛烈なキャンペーンの中心になってきた井上哲次郎が「徳育の遷変に就ての所感」と題する講演の中で、「彼等（クリスチャン）も自ら漸々態度を改めて、日本民族の主張に反抗することの自家撞着たることを暁《さと》り、漸次に同化することになつて、今日となつて非常な変化を来した次第である」（井上 1903:245; 初篇が一九〇二年二月に刊行されているため、その間の講演と判断した）と豪語しているのも（彼の背後には文部省が居る）、これまた冷厳な事実なのである。そして、これ以降も、キリスト教は日本の「国体」とは相容れないとの執拗な攻撃は依然として継続され、日本のキリスト教の座標軸は更に「国体」というブラック・ホールに接近させせられていくのであった。

第6節　福沢諭吉の「修身要領」とその挫折

(1)「修身要領」作成への道

日清戦後の福沢諭吉

十四年政変で、こともあろうに自分と慶応義塾が藩閥政府の憎悪の中心的な対象になっていることを知って福沢諭吉は愕然とする。教育者は社会に若い優秀な人材を供給するためにこそ教育する。国と地方の行政機関の官吏官僚、そして各府県立の師範学校・中学校教員・校長の主要な供給校として活動してきた慶応義塾としては存亡に関わる大問題となる。学校と学生を守るため福沢はその立場を後退させ、一八八二(明治一五)年三月、民権運動への関わりを断ち、官民調和・安内外攘を表面に打ち出し、政党との関係を細心の注意を以て払拭し続ける『時事新報』を創刊する。そこでの英米流個人主義(インディヴジュアリズム)・自由主義の主張には、社会の形成とそのために不可欠の集会・言論・出版等の自由権獲得という政治闘争との結びつけ方が自ずから弱められ、彼の願望にも拘らず藩閥政府により官界・教育界への扉が閉ざされてしまった後の唯一の場、実業界とのつながりが、紙勢拡大の面からも必至の成り行きとなっていった。[*]但し、時、正に松方デフレ期、都市部の実業界といってもパイはごく小規模であり、福沢の目線が、卒業させたら家に戻らせ先祖伝来の家業を継がせようと考える日本各地の地主・資産家・名望家層の子弟に据えられるのも無理のないことであった。地方ではこの時期、自由主義そのものを拒絶し、藩閥政府と皇室を支持することにより日本国家を強力にしようとする地主層は当然慶応義塾を敵視するものの、民権運動には一定の距離を保ちつつも、地方の産業振興によって国力を増大させ、日本の文明を進め、立憲政治の実現を期待する階層は相当に存在しており、自分の子弟を英学教育を旨とする慶応義塾に進学させようとしていたのである。

＊ この時期の福沢の思考と行動に関しての筆者の見解については、[宮地 2010a: 第2章第2節] を参看のこと。

日清戦争とその勝利による日本の植民帝国化と日本資本主義の確立は福沢の持っている英米流個人主

義・自由主義イデオロギーの、それまで潜在していた側面を顕在化させることとなった。

福沢は当時の一般的日本人の発想と全く同様、戦争に勝利したならば清国からの賠償金獲得と領土割譲は当然との考え方をしていた（福沢 1961b:24）。また植民地領有と異民族支配そのものも、英米流の文明対野蛮の論理に従って、文明化を行うための「天職」（福沢 1961a:497）、文明国の使命だとして正当化される。福沢の論理は一八九八年の米西戦争に対する彼の主張（福沢 1961c:412–14；論説題は「米西戦争及びフキリピン島の始末」）にも明白に現れている。彼は、スペインは純然たる専制国家、官吏の専横到らざる処無く、更に僧侶の権力絶大なる「野蛮政府」だと位置づけ、「米西両国の戦争は人道と虐政との戦争なり、文明と野蛮との戦争なり、苟も人道の扶植を以て自から任ずる文明の国民ならんには、誰れか米国の為めに勝利を祈らざるものあらんや」、「米国人の精神は文明のために野蛮を倒し、人道の為に虐政を除かんとするものにして、一言これを概括すれば世界の平和の為に戦ふたるものに外ならず」と断ずる。「文明の扶植」を大義名分とし、未開の異民族（フィリピン人）を支配することは、彼等に「文明の新政」を施して自由を与えることになるのである。

福沢は日本の領土となった台湾は、米作・製茶・精糖業を日本人移民が展開する絶好の植民地と位置づけ（福沢 1961b:264–66；論説題は「台湾永遠の方針」）、抗日闘争を継続する漢民族を「蛮民」と決めつけ、その討伐を強硬に『時事新報』紙上で主張し続けている。彼は「アングロサクソン人種が亜米利加の大陸を開きたる筆法に倣ひ、無知蒙昧の蛮民は悉く境外に逐ひ払ふて殖産上一切の権力を日本人の手に握」（同上：266）らせよ、とするのである。この強硬論には流石に反対の声が上がったらしく、一八九六年八月八日の彼の台湾論説では、「或は我輩の所論を以て非常に過酷なるが如くに認め、殆んど近寄る可らずと思ふものもあらん」(同上:478) と記している程のものであった。

ところで日清戦争の勝利は露・仏・独三国の軍事的威圧を以ての三国干渉・遼東半島還付となり、臥薪嘗胆のスローガンのもと、陸海軍軍拡は日本国民全体の合意するものとなっていったが、福沢も繰返し軍拡、特に海軍軍拡を『時事新報』紙上で主張し続けている。九八年一月段階の主張では、三国同盟艦隊の再来襲にも勝利し得るには、四〇万トンまで日本海軍を拡大しなければならないと福沢は述べている(福沢 1961c:242-46; 論説題「海軍拡張止む可らず」)。財源論としては清酒税増税の一本槍である。

日清戦争を経過し、日本の実業が本格的に発達してきたことは、自らの長年の主張が結実したものとして福沢の大満足する処であった。一八九七年五月、彼は「民力の発達と租税の増徴」と題する論説において、次の如くに誇っているのである。

「前年の有様を見れば、民間の士人が出身の目的は唯官途の一方にて、一たび其門に入るときは当人の得意は勿論、世間に於ても無上の栄誉として之を羨みたりき、官尊民卑の習慣とは云ひながら、実際には官吏の俸給が他の職業に比して割合に豊かなりし為めに、特に人心を一方に引寄せたるの事情なきに非ず、彼の政費節減論の如きも詰り官吏の地位を羨むの余りに出でたる俸給節減論とも見る可きものなりしに、今は全く反対にして同日の談に非ざる其証拠は、政府の大臣の年俸六千円と云へば此上になき高給として世間に羨まれたるものが、今の民間の職業には一箇月に六千円の報酬を得るものなきに非ず、以て一般の有様を想像す可し、畢竟民業に報酬の多きは事業の発達、即ち民力の増進を証するもの」(福沢 1961b:674) だと。

この実業の力、即ち日本資本主義の発達が日本の軍事力の増大と相伴って「文明国」日本の国力を文明世界に示すものである以上、労働者のストライキは許すべきものではなくなってくる。

一八九八年二月二四日に開始した日本鉄道機関手ストライキは、日本労働運動史上著名な労働争議であるが、福沢は三月八日、論説「同盟罷工に処するの道如何」の中で、「謂れなく法律を以て被傭者の連合を禁ずるが如きは、不公平の甚だしきものなるのみならず、同盟罷工を抑圧するの結果は、意外の辺に被傭者の不平を破裂せしめて、却て資本と労働の衝突を激成するの掛念なきを得ず」（福沢1961c:267）と、労働者側に理解ある態度を示し、いつもは資本家の側に立っている新聞なのに、と他新聞に揶揄されもするが、同日付の時事新報社幹部の石河幹明・北川礼弼宛書状の中で福沢は、「日本全国工業之利害を考れば、同盟罷工決して恕すへからず、要は唯諸会社を警めて、事を未発に防くの法を講せしむるに在り」（福沢 2003:23–24）と論説執筆の真意を伝え、ストライキに対する「拍手称快の愚」をなしてはならないと厳しく釘を刺している。

この資本主義発達第一の福沢の立場は、彼をして、田中正造等の唱える足尾鉱山操業停止論は「鉱山を閉鎖してしまふなどとは文明の発達を阻止しようといふ暴挙で、諸外国の物笑ひとなるは勿論、今後は日本に於ける鉱業の発展上一大障害となる容易ならぬ大事」（福沢 1932:742）とし、足尾鉱毒事件に一貫して冷淡な態度を採らせることとなり、また彼の自由主義経済思想とも相俟って、過酷な長時間労働を法律を以て規制しようとする農商務省の動きに、強く反対させることにもなるのであった（福沢1961b:586–89;同 1961c:121–27）。

依然たる権力批判

しかしながら、民権運動とは明確に一線を画し続けるとはいえ、福沢の個人主義と市民的自由の尊重、社会の論理から国家と世界のあり方を組み立てていこうとする基本的な立場は、幕末期から明治初年の維新変革の際に彼が自己に確立したものであり、民権運動期に青年期を迎え、時代風潮であった急進主義に影響されて福沢の曖昧な政治姿勢を攻撃し続けた数多くの民権活動家よりも余程筋金入りであったこと、これもまた厳然たる事実であることは確認しておく必要があるだろう。「一身独立して一国独立す」とは明治初年期の有名な彼のテーゼだが、九五（明治二八）年段階での「独立の国は独立の人に依て始めて維持す可きもの」（福沢 1959:310『福翁百話』）との発言、九八年段階での「一国の独立は国民の独立心から湧いて出ることだ、国中を上げて古風の奴隷根性では迚《とて》も国が持てない」（福沢 1954:282）との発言等、独立独歩の自立した男女の個的確立を総ての根底に据える発想は明治初年以降、一九〇一年に没するまで微動だにしていないのである。

従って、藩閥政府と政党との間の中間的妥協的発言ととられがちな福沢の『時事新報』論説の中には、政治的レベルではなく社会的レベルから照射してみると、天皇制国家の本質を突いた政治的主張が繰り返し行われているのである。

第一は、伊藤・山県を始めとする士族平民出身の維新功績者への授爵と新華族（勲功華族）化への執拗とも言える攻撃と爵位辞退要求である。福沢は歴史と伝統の維持という側面から皇室の尊重・奉戴や公家・大名華族の存在については何ら異議を挟みはしていないが、新華族に対しては徹底的な非難を浴びせ続ける。新華族の人々やその家族はさぞ厭な思いをし続けたことだろう。一例だけを挙げれば、九七年一月の論説「何ぞ大に人権問題を論ぜざる」（福沢 1961b:591–93）では、人権の尊重を解き、人権には生命・財産・名誉があるが、その中でも名誉は人権の第一として重んず可きものなのに、「今日の実際に其第一の名誉は恰も他に蹂躙せられて非常の侮辱を蒙りつゝあ」りと断ずる。維新以来、士族平民の仲間より成り上がって爵位を得ることは「名誉を維持するが為めに華族と名くる一種の階級を設けて一般人民と殊にしたるものにて、其名誉は恰も他の不名誉を以て買ひ得たる次第」、「今の人民は非常の不名誉を蒙るもの」だと、人と人の間に差別を設けることに絶対反対との立場から批判する。なお、福沢のこの攻撃の意図の中には、華族は衆議院議員になることは出来ないという法的規制があるので、藩閥政治家を政党政治家に転化させるためには辞爵を決意させることが前提となる、ということもあった。議会政治を行う勇気があるのかどうかをも福沢は問いかけ続けているのである。

第二は貴族院批判である。九八年九月、福沢は論説「貴族院議員の本分」で、次のように憲政党隈板内閣の予算案への貴族院敵対の動きを非難する。

「単に政党に慊《こころよ》からざるの一点よりして、或は歳計予算などの問題に喙を容れ、以て衆院に反対せんとするが如き挙動もあらんには、恰も自から政熱の中に投ずるものにして、貴院の効用は全く見る可らざるのみか、其結果甚だ妙ならざるものある可し、我輩の断じて取らざる所」（福沢 1961c:475–78）と。

そして、さらに福沢によれば貴族院は「其身柄に縁もなき国家歳計等の事」に介入する所ではないとし、次のように、国家歳計審議・決議に関する衆議院の優位性を、断乎として主張しているのである。

「世間並に金銭上の問題などまでも論ずるの決心ならんには、先づ自家の（国民の恩恵によって与えられた：筆者注）財産を国家に還付し、人民同様、裸体の身に為りて大に論ず可し、若しも斯くまでに奮発すれば如何なる挙動も勝手なれども、財産は既得の所有権、法律上に剥奪されざる限り、自から還付は思ひ寄らずとあらんには、差当り爵位を返上して自由の身と為り、衆院に出でて思ふ存分に議論を闘はす可し」（同上：478）と。

第三は天皇制のあり方である。事が微妙であるだけに福沢は揚げ足を取られないように、言葉の使い方に極めて細心の注意を払っているが、基本線は、国家神道と記紀神話による天皇支配正統化論理には決して服従せず、且つ政治から皇室を絶縁させることであった。九七年一二月論説「法運万歳の道なきに非ず」（同上：172–77）の中で、本願寺の法主と宗政との分離を主張し、世界の大勢では王政から共和制の移行が基本であって逆例は無いが、英国王室のみが安定しているのは、「実際には何事にも預らず、政治の事は責任者に委任して自から尊栄の地位に立」っているからだと、「法主の一身は神聖犯す可らざるものとして宗政外に其光栄を全うせしめん」ことを望むと結論づけている。

但し、英国王室と日本の皇室を完全に同一のものにする発想かというとそうではなく、巨額の株券や御料林といった帝室独自財産は人民との間の問題を発生させるから総て放棄し、経常費・臨時費共に国家予算で賄うべしとの主張は当時としては極端すぎるものとなっている（福沢1961b：430–32「帝室の財政」；同：435–37「帝室所有の株券も売る可し」；同：450–52「再び帝室の株券に就いて」；福沢1961c：683–86「帝室の財産」他）。

神道に関しては論説「神官無用ならず」で、次のように言う。

「維新の革命に時の政府の当局者輩が一時の気紛れより排仏の説を主張して、一方に仏教を抑ゆると同時に一方には神道を鼓吹して、本来の性質を云へば一心、神に事ふる傍に、古代の歴史を研究して寧ろ一種の歴史家とも云ふ可き其神官を宗教家として取扱ひ、神道を以て日本の国教たらしめんと試みたるこそ驚入たる次第」（福沢 1961b:433）であると。

つまり福沢は、神道国教化政策を攻撃し、神官は宗教活動をすべきではなく、神社奉仕の外は人民に分りやすく歴史を教えればいいことと、記紀神話・建国神話を全く無視していることも看過できない、これが福沢の思考様式である。この神話問題は、彼が何を発言したかよりも、一貫して何らの言及をも行っていないことに注意すべきなのである。

第四は軍部問題である。福沢は台湾統治に関し、一方では前述したように過酷とも言える抗日運動の弾圧を主張しているが、他方では、軍人は台湾の防備に当るべきもので、「新附難治」の台湾経営の責任に当らせるべきではないとする。即ち台湾経営は「殖産・興業・教育・警察・衛生・土木等、その事は多々にして、何れも永久の利害に関して然かも精密周到の考えを要す可きもの」であるので、「本来その辺の事は不向なる軍人を総督と」するのは間違っているとして、台湾総督を海陸軍大中将に限定している現行法規の改正と文官総督制を主張するのである。[*] 植民地への軍部の勢力拡大への警戒がそこにはある。

＊［福沢 1961b:651–53］（論説題「台湾の軍政民政を区別す可し」（明治三〇年五月四日）。他には、［福沢 1961b:655–57］（論説題「台湾行政の改良」）、［福沢 1961c:10–12］（論説題「台湾施政の革新」）他。

藩閥の支配下にある軍部への警戒心は、九八年六月三〇日に成立した隈板内閣において、桂陸相・西郷海相が留任したことに関し、「海陸軍の如きは依然前閣員を留めて、苟《かりそ》めにも政党員の喙を容れしめず、殆んど割拠の姿なりと云ふ、之に接する、恰も腫物に触るるの思ひあることならん」（福沢1961c:426;論説題「新政府は自から立脚の地を認む可し」、七月七日付）との記述にも伺うことが出来る。福沢はこの第三次伊藤超然内閣から最初の政党内閣への微妙な移行局面で、六月二五日、軍部クーデタの可能性に言及して、次の如く述べているのである。

「今の海陸軍は恰も藩閥の手の物にして、時宜に由ては之を左右すること難からず、（中略）軍人の心は単純にして、目的とする処は戦争の一事のみ、恰も無事に苦しむ最中に、民党跋扈、政権を擅《ほしいまま》にして専横到らざるなく、国家禍乱の機、既に熟す、外に対して大に国光を耀かさんとならば、先づ内の禍源を除かざる可らずとて、大に之を説くものあらんには、武勇一偏、事を好むの軍人中には、同意を表するもの少なからずして、或は武力を以て即時に議院を鎖し、三百の議員を放逐するが如き奇変も図る可らず、斯くの如きは憲法を停止し立憲政体を断絶せしむるものなり、実際には真実の杞憂にして万々絶無を信ずれども、単に想像を運らすときは決して有り得べからざるの事柄に非ず」（福沢1961c:411–12;論説題「藩閥征伐の成行如何」）。

福沢の念頭には彼も追放リストに挙げられていた一八八七年一二月のクーデタ・保安条例の強権発動があったと思われるが、この論説の三四年後、青年将校が引き起こした五・一五事件を絶好の口実として軍部は政党内閣を崩壊させるのである。

福沢の国家教育主義批判

福沢の「国を開くならば根こそぎ開いて、何も角も西洋流にしなければならぬと云ふのは私が豫て云ふ議論だ」（福沢 1959:451）との発言は一八九七（明治三〇）年のものだが、これは彼の幕末維新期の原体験に裏付けられて骨肉化されたものであった。彼は、九五年一二月、自らの還暦壽莚の会での演説の中で次のように述べていた。

「西洋の書を読み其文物習俗を聞見し、其富国強兵の現状を明にして千思万慮、理論より推すも又実際に徴するも、西洋の新主義に非ざれば一国の独立を維持するに足らずと信じて、之に附するに文明開化（シヴヰリジェーション）の名を以てし、苟も此主義に背き又これを妨るものは、事物の性質を問はず、其大小軽重に拘はらず、一括して除き去らんとし」（福沢 1961b:335）た。

これは彼にとっては個人史的な回顧ではあるが、歴史的に見るならば、彼が日本における洋学の源流を遡って一八世紀後半の『解体新書』においている如く、封建社会からの新しい知的胎動と発展、人民の反封建闘争、腐敗腐朽した幕府を倒壊させての民族の独立を保障する主権国家の形成という長期の前史を踏まえての巨大な幕末維新変革の動きにつき押され、かつそれに棹差しての彼の知的教育活動だからこそ、明治初年の日本社会に福沢の考えが広く深く浸透していったのである。換言すれば、反封建闘争の中で近代へ向う日本人民がそれを求めたが故のことと表現することが出来る。自由民権運動が何よりもそれを証明する。

福沢の考え方では、一八七一年の廃藩置県によって封建的な君臣上下関係が解体され、主従イデオロギーの中核たる忠義忠節道徳は国家により否定されたのである。それに変る主体性論が彼の、「独立の人によってこそ日本の独立が維持される、奴隷根性は国を亡ぼす」というものになるのである。

福沢は、文明進歩の西洋主義と停滞腐敗の儒教主義という形で対比化し（福沢 1959:261）、前者の特徴を数理の実を数えて細大を解剖し、「古人の妄を排して自から古を為」し、「常に疑を発して其本を究め」ようとし、「有形の数を示して空を云ふこと少な」いとし、他方、後者の特徴を、「陰陽五行の空を談じ」、「古《いにしへ》を慕ふて自から立つことを為さず」、「現在のままを妄信して改むるを知らず」、「多言にして実証に乏し」いところにあるとする。福沢はこの西洋の文明主義を我ものにする前提こそが、上下関係・官尊民卑・男尊女卑を打破し自立して思考し行動できる男女の「個」の形成だとする。「我心に思ふ所を実行して苟も節を屈することとなし、之を独立と云ふ、独立果して大切なりとすれば、此一義の為めには都て他を顧ることとなく、天地間に尊き者は自分一人なりと覚悟して、平生は人に交るに寛仁大度を旨とし、人言聞去つて皆善と称する程に身構へしながら、扨大節に臨んでは親子夫婦の間と雖も相互に会釈は無用」（福沢 1959:433:「福翁百余話」の中の言葉）なのであり、この「個」が相互に構成していくものが、あるべき社会の形となる。福沢が智と徳を対比させる処から、道徳否定論者のように仕立て上げられがちだが、彼の思考様式からすれば、新文明を我ものとし、欧米の人々と対等に交際し、そして彼らに文明人として信頼してもらうためには新文明にのっとり、「個」を前提とした社会道義の確立こそ、福沢の教育哲学では当初から極めて重要な課題であり続ける。

＊　実学・物理学とか「時の遅速、数の多少、物の強弱」（福沢 1961b:30）とも表現している。

但し彼にとっては、社会道徳は絶対に国家によって押し付けられてはならないものであった。それは単に英米ではそのようなやり方をしていないからという英米信奉から来る考え方ではない。彼は教育者としての経験から、道義が口でだけ説かれ、権力によって押し付けられるものになるならば、道義そのものがその反対物に転化してしまうことをあまりに知悉する立場にあったのであり、体験から次のように確信していたのである。

「凡そ道徳の教を以て人心を導くの法は、口以て説く可らず、筆以て論ず可らず、只実行を他の眼前に示して之を服せしむるに在るのみ、雄弁達筆、巧に説き巧に論ずるも、一身の実行に欠くる所あらば何人も感服するものはある可らず」（福沢 1961c:284）*。

＊　なお明治三〇年四月二日付「教科書の編纂検定」（福沢 1961b:642-45）での小学校教科書自由選定の主張も参看のこと。

これが故に、福沢は、彼によれば日本で唯一の古来からの宗教たる仏教及びキリスト教の日本社会への自由な普及と教化を道徳心養成の方法として主張し続け、そのためにこそ、僧侶自身の徳行破壊を糾弾し、また天皇制国家が私立学校に対しキリスト教教育を禁じた一八九九年八月の私立学校令を「一種教育上の排外令」（福沢 1961c:645）と厳しく批判し、そして自身で女性の地位向上と一夫一婦制確立のため奮闘することとなる。

福沢の『時事新報』論説を読む人が誰でも気づくことは、彼が十四年政変を機に、藩閥政府が従来の開国進取主義を逆転し儒教主義に転身していったことに対するくり返しくり返しの論難であるだろう。それが日本人にもたらす弊害を「排外孤立」「排外自尊」「自尊自大」「国風の独立」「異様の風」「文明の賊」「頑愚論」「排外思想」等々と表現しつつ、なんとかかえていこうと努力する。その批判対象の核は忠孝イデオロギーなのである。ここでは日清戦争直後の七月に執筆された「道徳の進歩」を引いてみよう。

「今人の唱ふる道徳論を聞くに、古人の口に発して世間に行はれたる単純なる忠孝仁義を其ままに説くのみにして、毫も進歩の実を見ざるは、恰も古人の用ひたる武器又は医薬を今日そのままに用ひんとするものの如し」、「其輩の唱ふる道徳論の根本とも云ふ可き忠孝の一事に就て見るに、封建の時代に各藩の士民は其藩主に対して本分を尽すを以て忠義と心得たるものが、廃藩の今日と為りては君臣の関係一変して旧藩主と席を同ふするも怪しまざるのみか、或は其士民の中には藩主よりも爵位の高きものを生」ず、「道徳主義の本体を吟味し、古来今に至るまで時に随て変遷し又進歩したるの痕あるや無きやと尋れば、我輩の所見に於ては道徳も亦是れ変遷進歩的のものなりと断言せざるを得ず」、「一見或は孝に似て実際に不孝なるものあり、表面忠ならざるが如くして却て大に忠なるものあり、緻密の考に加ふるに仔細の観察を以てして、始めて正当の判断を誤らざる可きに、今の道徳論者は思想極めて簡単にして曾て此辺に思ひ到らず、粗大なる古人の嘉言善行など云ふものを唯一の標準として、以て錯雑無量なる人事の運動を判断し、苟も其標準に合はざるときは忽ち之を目するに不忠不義乱臣賊子の名を以てして、飽までも自家の僻見を固執せんとす、社会を誤るの甚だしきものと云ふ可し」（福沢 1961b：222–26）。

明治三〇年代に確立させられる国体論の大原則は「国体不変」である。そして忠誠構造は藩主・藩士から天皇・臣民に転化され、忠君を介さない個々の日本人の愛国心形成の回路は遮断される。他方、福沢はこの国定化されつつあるイデオロギーに対峙し、道徳は可変的で進歩するもの、社会の主体は自立した男女の「個」だと主張し、教育勅語には一切言及しない。そして国体の捉え方は福沢においては『文明論之概略』以降全く変化していない。一八九七年一〇月の論説「開国同化は日本の国体に差支なし」においては、国体とは「立国の大主義にして、世界の表面に国を分つて独立の主権を全うするの意味」（福沢 1961c：128）だと断言し、君主制の要素をそこに加えてはいないのである。

福沢の危機感と「修身要領」作成

福沢は忠孝主義が単なる儒教主義の復活ではなく、教育勅語の根幹とされていることを十二分に承知した上で、意識的に教育勅語には一切言及せず、大手からではなく搦め手から改革することを意図し続ける（福沢 1961c：142）。だからこそ文相西園寺公望が教育勅語の道徳が日清戦後には世界の大勢に合致しないと判断して第二次伊藤内閣期に積極的に発言し続けたことを歓迎したのである。一八九五（明治二八）年八月の論説「文部大臣の教育談」（福沢 1961b：262–64）で福沢は、文相は第一に科学教育を主張し、第二に女子教育の発達を主張し、第三に「忠臣は変に処するものにして、良臣は常に処するものなり、変に処するは易く、常に処するは難し、例へば放蕩無頼、素行修まらざるものを、一旦変に処し君主の馬前に討死すれば忠臣の名を博すれども、今日に於て斯る言行は子弟を鼓舞するの模範と為す可きや如何、余は文明の化を助たる所謂良臣の言行を採らんことを希望するなり」と発言したとして、「我輩は単に其説が我輩平素の主義と相合したるを喜ぶのみに非ず、斯る教育談が公然当局者の口より道破せられたるを見て窃に社会の進歩を祝するものなり」と非常に嬉んでいる。福沢は西園寺が第三次伊藤内閣において再度文相に就任した時期（明治三一年一月一二日〜四月三〇日）に合せ忠孝主義批判論説「内地雑居掛念に堪へず」（三月一一日）、「排外思想の系譜」（三月一二日）、「排外思想と儒教主義」（三月一三日）、「儒教主義の害は其腐敗に在り」（三月一五日）、「儒教復活の責は今の当局者に在り」（三月一六日)、「我輩は寧ろ古主義の主張者なり」(三月一七日)を連続して発表し続けたのは西園寺に強く期待し、側面から支援するためであった。この当時、西園寺は次のような内容の、第二次教育勅語を渙発しようと試みていたのである。

「今ヤ列国ノ進運ハ日一日ヨリ急ニシテ東洋ノ面目ヲ一変スルノ大機ニ臨ム、而シテ条約改訂ノ結果トシテ与国ノ臣民ガ来テ生ヲ朕ガ統治ノ下ニ托セントスルノ期モ亦目下ニ迫レリ、此時ニ当リ朕ガ臣民ノ与国ノ臣民ニ接スルヤ丁寧親切ニシテ、明ラカニ大国寛容ノ気象ヲ発揮セザル可カラズ、抑モ今日ノ帝国ハ勃興発達ノ時ナリ、藹然社交ノ徳義ヲ進メ、欣然各自ノ業務ヲ励ミ、責任ヲ重シ、軽騒ノ挙ヲ戒メ、学術技芸ヲ錬磨シ、以テ富強ノ根柢ヲ培ヒ、女子ノ教育ヲ盛ニシテ其地位ヲ嵩メ夫ヲ輔ケ子ヲ育スルノ道ヲ講セサル可ラズ、是レ実ニ一日モ忽諸ニ付ス可カラサルノ急務ナリ、朕ガ日夜軫念ヲ労スル所以ノモノハ、朕ガ親愛スル所ノ臣民ヲシテ文明列国ノ間ニ伍シ、列国ノ臣民ガ励仰愛慕スルノ国民タラシメント欲スルニ外ナラズ」(岩井 2003:223-24)。

だが、西園寺の試みは失敗に終った。[*]

＊ 第二次教育勅語計画に関しては、[小股 2010:「第三章 動揺する教育勅語」] を見られたい。

福沢の議論は、文明国の日本と未開国・儒教主義国の清国・朝鮮との二分論的対比で理解されがちだが、それは間違っていると筆者は思っている。福沢の最も対決したのは他ならぬ日本国内の儒教主義、国家主義と忠孝主義が結合した教育勅語イデオロギーなのである。この克服なしに日清戦後、文明諸国の中に伍してはいけず、とりわけ欧米列強は人種と宗教に関してだけは、金銭的損得を無視してまでも、強引に自己の偏見と我意を以て団結し、それを押しつけてくる性向を有している中で、ヨーロッパ人種ではなく、キリスト教を伝統的宗教としてこなかった日本人が、異様な国風を誇示し、自国の特異性を主張するのでは、日本と日本人が疎外され孤立化する外はない、なんとかこの方向を阻止しなければならないとの強烈な焦燥感が彼には存在し続けた。一八九八年五月に校了した『福翁自伝』の巻末に、これからやりたい三つの課題として、①学術研究への財政的援助、②全国男女の気品を次第次第に高尚に導いて真実文明の名に愧《はず》かしくないようにすること、③仏教でもキリスト教いずれでもいい、これを引き立てて多数の民心をやわらげるようにすることを挙げているが、これは思いつきで語っているのでは決してない、正に彼が直面し、のっぴきならない課題としてこの瞬間に自己に課していたものだったのである。特異なありうべからざる例として彼は、九七年一月一一日に没し国葬を以て葬られた英照皇太后葬儀に際し発せられた大赦令に対し、「今の世界に国を成して文明国の中に列する以上は、事の理非は兎も角も、文明多数の例に倣ふて万事を処理せざるを得ざるは世界の大勢」だと前提し、「自立云々の名を仮り、強ひて異様の風を主張するが如きは、今の文明の大勢中に在りながら世界の物笑を演じて自から侮辱を招くもの」(福沢 1961b:585–86;大赦令が一月一九日、論説「大赦特赦に就て」が一月二一日)と厳しく批判している。

また日本人の公然たる売春制度や妻妾制への福沢の強烈な非難攻撃も、彼の潔癖な性向以上に、この儒教主義に基いた「上古蛮勇時代の遺風」(福沢 1959:488)が条約改正実施・内地雑居実現の段階で欧米文明諸国民になんと受け取られるか、との危機感がそこには介在していたのである。一八九八年春、日本の妻妾制の実態を米国貴婦人に強くなじられ、自分のしたことでもないのに、「慚愧恰も市朝に鞭《むちう》たるる如し」(同上:二史料とも「女大学評論」からの引用)と感じたと福沢は記している。

更に福沢の危機感を加速させたのは、十四年政変以降の教育主義の変化による一〇代半ばの少年に対する忠孝主義・儒教主義の効果が一五年後のこの明治三〇年代に現れ、今から改革しても一五年はかかる程の重症に陥っているとの事態認識であった。その気風の濃厚なる処が全国の師範学校（福沢1961c:140）であり、文部省であり、そして官立学校（同上:645）（帝大も入ることに要注意）の「教員生徒」だと福沢は指摘する。容易ならざる事態となってきた。

このように福沢の考え方をつかまえると、彼の日清戦後の著作活動の流れがよく理解される。日清戦直後の一八九五年に、自らの文明主義と忠孝主義・儒教主義批判の「福翁百話」を執筆（新聞連載後、九七年七月単行本化）、九七年に一身の独立と一国の立国を説く「福翁百余話」を執筆（新聞連載後、〇一年四月単行本化）するも自伝製作のため中断、この最後の部分は九七年秋から始まった自伝口述と重なっていて彼の履歴が語られている。「福翁自伝」の脱稿が九八年五月（新聞連載後、九九年六月単行本化）、その巻末部分は「品行家風」と「老余の半生」となっており、日清戦後の日本を見据えた語り口となっている。自伝口述に併行して九七年末に日本人の妻妾制度を攻撃する「福沢先生浮世談」を執筆（新聞連載後、九八年二月単行本化）、そして自伝脱稿後、男尊女卑全体批判のため、貝原益軒「女大学」批判の口述を開始するが意に満たず、九八年八月半ばから筆を執り九月中旬に擱筆するのが「女大学評論・新女大学」（新聞連載後、九九年一一月単行本化）なのである。擱筆直後の九八年九月二六日、脳溢血で倒れ、一時は生命が危ぶまれたが、なんとか回復、大病後、自筆で書状を始めて認めるのは九九年八月のこととなる。従って大病後の新聞記事は総て口述、体の自由が利かず、しかも忠君主義・儒教主義を基とした偏狭な教育勅語イデオロギーが「流毒」（福沢 1961c:139;演説題「教育流毒の結果を如何す可きや」」、明治三〇年一〇月二三日）を拡大しているとの認識が強まる一方ならば、小幡篤次郎以下の慶応社中の人々に頼り、徳教の標準を作成して広く一般国民に示していかなければという方向が福沢に考えられたのも無理はなかった。草案作成の着手は九九年春、脱稿が一九〇〇年二月一一日、同月二四日、前文と二九条から成る「修身要領」（全文は、福沢 1932:312-22）は慶応の三田演説会で発表される。その構成には福沢の、個人・社会・国家・国際関係の相互関連がよく表現されている。

前文では帝室奉戴が唱われると同時に、「徳教は人文の進歩と共に変化する」と国体イデオロギーを批判する。第一の段落は第一条から第七条であり、「吾党の男女は独立自尊の主義を以て修身処世の要領」とするとし、自労自活、身体養生、自殺不可、進取確守の勇気、自主的判断のための智力養成等を強調する。

第二の段落は第八条から第一二条であり、「男尊女卑は野蛮の陋習」と断じて、男女の同等同位を主張し、一夫一婦終身同室、「互に独立自尊を犯さざるは人倫の始」とし、「一夫一婦の間に生るる子女は其父母の他に父母なく、其子女の他に子女」なしと、社会結合の起点を、子の父への孝を出発とする「家」ではなく妻妾制を否定した一夫一婦制の夫婦が築く家庭に据える。

第三の段落は第一三条から第二一条であり、家庭の私徳を出発点とする社会が形成されるに当っての道義が述べられ、他人の権利尊重と業務への責任・信頼・礼儀・博愛・文芸のたしなみ等が語られる。

第四の段落は第二二条から第二八条であり、国民の軍役服務・国費負担・国法遵奉の義務と共に国民の立法への参与と国費用途監督の権利、国の独立自尊維持のための戦争参加への義務が述べられている。

この内、第二六条は中々興味深い。即ち「地球上立国の数少なからずして各その宗教言語習俗を殊にすと雖も、其国人は等しく是れ同類の人間なれば、之と交るには苟も軽重厚薄の別ある可らず、独り自ら尊大にして他国人を蔑視するは独立自尊の旨に反するものなり」となっているのである。

福沢は上述したように英米流の文明主義に基き野蛮の異民族を支配し植民地支配を行うことは、文明国の「天職」だとし、植民地主義を支持している。他方で国家として存在しているものについては、「平等の大義と云ふものが国交際の根本」、「自分の国が尊いものだと云へば隣りの国も尊いものと断う為なければならぬではないか、分り切った話」（福沢 1962:736–37）と断言して「自尊尊他」と定式化している。文明諸国なら全く問題はない。清国や朝鮮（九七年より「大韓帝国」）が福沢の議論で微妙になる処である。彼は儒教主義に固執し自国の変革を断行できなければ国家は滅亡し、他国に分割されてしまうのは必然と考えており、他国が分割するのならば日本もその分割競争に参加すべきだとも主張している（福沢 1961c:216–20;演説題「支那分割後の腕前は如何」、明治三二年一月一五日）。彼のポイントは内発的に変革するエネルギーがそこに存在しているかどうかにかかっている。但し彼の発想は単純な文明国の日本と半開国の清国・朝鮮の対比ではない。日本では固陋な幕府を打倒して文明主義の日本を創る維新革命が存在した、国内の根本的変革なしに国家の独立は維持不可能との歴史理解がそこでは大前提となっているのである。

福沢がこの第二六条をつくらせたのは、一つには、文明主義から儒教主義に転換した現在の日本では儒教風の「自尊自大」風潮が蔓延し、「毛唐」とか「赤髭」とかいう差別用語を学校の校長・教師達が生徒の前で演説に使用するような事態になってきたからである（福沢 1961c:270）。戦勝国日本が文明諸国に交わって発展しなければならないこの現在、頗る憂慮すべき状況に日本は陥ってしまったのである。

他方、福沢はこの時期、列強の清国への領土要求は勢力均衡のためであって広大な清国の国家的分割は不可能（福沢 1961c:305；論説題「支那人失望す可らず」、明治三一年四月一六日）だと見通しをつけるようになり、また清国内の日本と連携しての内在的改革の動きも認識し始める。従って「（清国は）一たび動くときは案外に驚く可きものあらんなれば、決して因循姑息を以て目す可らず、況んやチャンく、豚尾漢など他を罵詈するが如きに於てをや」（福沢 1961c:286；論説題「支那人親しむ可し」、明治三一年三月二二日）と清国と中国人への蔑視を戒めている。但し、明治三〇年代に入ってからは、朝鮮の文明化への内在的変革の可能性に関しては福沢は絶望感を懐いていた（福沢 1961c:89）。

最後の第五段落は第二七条から第二九条であり、第二九条は「吾党の男女は自ら此要領を服膺するのみならず、広く之を社会一般に及ぼし、天下大衆と共に相率ゐて最大幸福の域に進むを期するものなり」となっており、日本人が我物とすべき社会道義として広く普及することが訴えられている。またこの「最大幸福」はベンサムの「最大多数の最大幸福」を踏まえた社会進歩の目標であり、福沢も「福翁百話」の中において、「文明進歩の目的は国民全体を平均して最大多数の最大幸福に在るのみならず、其幸福の性質をして次第に上進せしむるに在り」（福沢 1959:348）と語り、儒教的な尚古主義を否定して歴史の進歩を楽観的に説いているのである。

(2)「修身要領」への猛攻撃

『東京日日新聞』の攻撃

既に前節で見たように、国家主義者にとって福沢は、森有礼・久米邦武・西園寺公望・尾崎行雄と同一線上に並べられ、国体と教育勅語に反対する許されざる知識人の系統に位置づけられていたが、福沢が敢て「修身要領」を発表し、普及活動を始めるや、天皇制国家側に立つ人々は俄然攻撃を開始する。そしてそれぞれが天皇制国家のイデオロギーを明白にするものとなっているのである。

まず、藩閥系新聞として官僚伊藤巳代治の指導のもと朝比奈知泉が健筆を振った『東京日日新聞』の批判を見ていこう。

一九〇〇(明治三三)年三月四日付の新聞で知泉は「福沢翁の修身要領」と題して次の如く攻撃する(朝比奈 1927 : 736–39)。

第一、「徳教の本質に至ては国民の徳性に淵源して自ら存立し、決して屢々変更すべきに非ず」。

第二、「忠孝は我が国民の特性にして不易の徳教たり、而して要領は唯々帝室を奉戴して其の恩徳を仰かさるへからすといふのみにして、我皇の為に務に服し我皇の為に身を致すを説かす」。

第三、「一夫一婦終身同室して其子女の他に子女なしといふか如きは如何なる社会にも行はるへからす、亦行はるを要せす」。

第四、「修身要領を頒布するに於て(教育勅語の)片言隻字の之に及ふなきは勿体なしとしたるかため乎、畏れ多しといふかため乎、凡そ帝国の行はるる一切の修身訓は必す此の勅語の衍義たるを疑《うたかわ》す、（中略）修身要領か一句の之か遵守に言及するは吾曹断《ママ》して其の失体を咎めさるを得す」。

流石に知泉だけあって本質を突いた攻撃となっている。徳教は各国の特性に応じて不変不易のものとは国体論の眼目の一つである。忠孝に関し一切の言及なく、天皇の為に死ぬという道徳をも説いてはいない、という点も、愛国心の形成の方法について福沢のそれが全く異っている以上当然のこととなる。妻妾制否定の一夫一婦制は実行できることではないとの部分は、『東京日日新聞』愛読者たる藩閥政治家へのリップサービスだろう。教育勅語への言及なしといわれても「修身要領」そのものが、搦め手からの忠孝主義・儒教主義批判なのだから如何ともしがたいことではある。それにしても、「一切の修身訓は必ず教育勅語の衍義たるべし」との知泉の断言には、時代がこうも変質してしまったのかと思わざるを得ない。教育勅語が出される以前の我が近代日本は、福沢の倫理読本も含め、実に数多くの倫理書・道徳書が日本人のあるべき道義と倫理を求めて刊行されていたのである。

『教育時論』の攻撃

次に、当時の日本の教育界に多大の影響力を有していた『教育時論』第五五三号（明治三三年八月二五日刊）と第五五四号（九月五日刊）の二号にわたって掲載された豊岡茂夫の「教育上より独立自尊の道徳主義を論ず」論文（『教育時論』1900d:8–12；同 1900e:5–9）を見てみよう。小股憲明氏は、豊岡は東京高等師範学校の出身者と推定し、愛知県師範学校に勤務していた事実を明らかにしている（小股 2010:187）。

豊岡は、まず国家とは何かを次のように論ずる。

「国家は最高至上の社会的生物にして、人民は其有機的組織の細胞たること是なり、従ひて、前者は全く絶対無限の権力を用ふる代りに、後者は僅に相対有限の権利あるのみ、即ち前者は自から独立自存の主義に立つも、後者は服従制限の範囲に於て生存せざるべから」ざるものである。つまり彼の国家論は、典型的な社会ダーウィニズム論に立脚しているのである。

彼はまた、国家を観念の上からも理論づけようとしている。つまり「国家の概念は人性の個人的観念群が唯一最高の社会的観念に服従したる状態」なのである。個々の人間には生存・所有・知識・交際・名誉・権力等々「各個的慾望」が存在すると共に、「唯一最高なる国民的慾望」なるものがあり、前者は「小我」であるが、後者は普遍的な遺伝性を有する「大我」なのである。この「小我」と「大我」は互いに生存競争を行っているが、「大我」が「小我」に克って「各個的慾望」がそれに服従し、両者間に有機的関係がつけられた時に、倫理学者がいうところの忠誠観念が成立し、国家観念が確立する、と彼は言う。

更に日本国家の特質を論じて、「我国の組織は国民的、又家族的なり、日本国民は皇別と称する同一の血裔に出で、其の直系の子孫が君主及家長の位を占め、旁出の子孫が臣民及家族」だとし、日本での国家と臣民との関係は単に権力服従の法律関係にとどまらず、家長と家族間の恩愛孝養の心理関係が成立しているので、「我国に於ては愛国・尊王及孝行の三徳が皆一致して相反することとなし」と完成した形の家族国家論を展開している。このような日本独自の国家のあり方こそが日本の強みだとして、次のように意義づける。

「国家組織の家族的にして、日本国民は皆同祖の血裔より出で、我万世一系の君主は国民の始祖より継承せる正系に亘らせ給ふこと、及国民団結の連鎖が祖先崇拝の情操によりて、開闢以来その威霊を中枢としつつ、同族親和の統合を為せることは、真に我国家の生命にして、将来の競争場裏に全勝を必とすべき一証なり」と。

即ち、福沢が文明諸国に説けば物笑いにされ、排除されるだけだと危惧して止まなかった「理論」が、豊岡によれば、国家対国家の生存競争で勝ち抜くための武器となるのである。

では、このような国家と教育との関係は如何なるものでなければならないのか。豊岡によれば、最高至上の社会的生物である国家は他の一般有機物と同様に生存競争の通則に支配されており、自己の生存維持が主眼となる。従って適者たる資質を自ら養成して日々の競争に克とうとすることは「国家自衛の権利」である。このための「最重大」かつ不可欠の国家の作業が国民教育である。「国民教育の真義は、国家組織の細胞たる人民をして国家全体の生存を維持するが為に国民的公同心を養成する」ことにある。従って「其主義は因《もと》より干渉強迫的にして、人民は無条件に就学の義務を負ふ」。

そして豊岡は、国家と教育との関係について次のような説明をしている。

「教育全般の目的は亦主として国家の生存発達に必要なる人民を作るに在り、従ひて、教育其物は国家の強制的要求にして個人の自由思想にあらず、寧《むしろ》自由思想に対する制限なり、換言すれば主権の国民精神界に於ける絶対命令に外ならず、是を以て其主義方法は固より主権者の裁定すべきものにして、人民各個の私に思議商量すべきものにあらず、人民は唯教育を受くべきのみ」。

第三に、それでは福沢の「修身要領」は何故いけないのか。

第一、教育上の道徳主義は国家意志が選定するものなので、世界主義・博愛主義道徳と同じく「修身要領」が国家の選定を経ていない以上、教育には決して使用できない。

第二、独立自尊主義は個人主義にほかならず、民主国や支那には適用できるかも知れないが日本の体制に一致しない、これを教育に適用すれば、日本の体制は民主国や支那のようになってしまうので、教育目的と矛盾してしまう。

第三、独立自尊主義は臣民と国家・天皇との関係を法律的関係に止まらせ、家族国家のあり方から脱却させようとするものであり、教育に使用すれば、「我特絶なる国家組織を破壊して西洋諸国と区別なからしむるに至るべし」。

第四、福沢は、その機関紙『時事新報』を見ても「外国」「外国人」と、西洋を標準として立言している。「寧《むし》ろ、日本人たることを廃《や》めて外国人たれと言はぬ計り」だが、「一国の生存発達に必要の条件たる教育上の主義を定むるに、何を恐れて外的制裁を判断の標準とするか」。

福沢の恐れていた、生存競争を理論的根幹としたこのような「自尊自大」主義は、抑えようのないものに成長してきたのである。

井上哲次郎の攻撃

井上哲次郎は『勅語衍義』以来、一貫して天皇制国家にとっての障害物の除去に努めてきた哲学者であった。福沢の「修身要領」に対しても正面から攻撃を掛けてきている。

まず一九〇〇（明治三三）年五月一日刊行の雑誌『太陽』第六巻第五号に「道徳主義としての独立自尊」を発表、訂正増補した論文を六月一〇日刊行の『哲学雑誌』第一五巻一六〇号に発表する。そしてこの論文を一九〇一年四月、冨山房から出版された井上の『巽軒論文集』第二集に収録するのである。井上は教育勅語を価値基準にして論を展開する。

第一に、福沢は服従主義を批判して独立自尊を説いているが、徳川時代の如き服従主義は最早存在していないので、何を矯正しようというのか。但し「忠孝の教は依然として国民教育の骨子たり、若し是れを以て極端なる服従主義の存続に過ぎずとせば、翁が独立自尊を唱ふるの旨意、亦解すべからずとせざるなり」（井上 1901:50）。

では独立自尊とは何か、それは個人主義の異名にして自由主義の別称である。個人主義・自由主義に於いては服従主義の必要がないように見えるが、服従なくては社会は一日ももたない。

社会の中でも最上の社会が国家である。個人は国家の下に国民を成すが、そこでは個人は絶対的ではなく相対的においてのみ個体を成すだけであって、個人の身体が有機体の如く社会（＝国家）もまた有機体なのである。社会（＝国家）を構成する内の多数の小人は、少数の君子と異り、社会（＝国家）の目的を損傷する傾向があり、このような多数の小人に対しては「訓戒」を与えなければならない。服従主義は道徳上重大な意味を持つ。

もしも社会の多数をなす下層人民に対し独立自尊を宣伝すればフランス革命の如き破壊運動にならざるを得ない。ルソーの権利平等説*はモンテスキューの自由主義とヴォルテールの懐疑主義に補翼され、大革命を惹起した。服従なき独立自尊は社会の基礎を動揺する種子に過ぎない。国家有機体説と個の国家への従属性が井上論の前提となっている。

また、この段階の権力側が構想していた国民国家論では社会上層のみの統合と人民大衆への愚民観とが表裏一体なものであったことが彼の議論から理解される。

＊　井上は、福沢の独立自尊をルソーの思想に重ね合わせて読者に理解させようと努めている。

第二、福沢の独立自尊は各個人を平等視するもので、ルソーの権利平等説と寸毫も異なる所がない。しかし如何なる社会（＝国家）も不平等でしかない。能力のある者と能力のない者の両者にそれぞれ相応の地位を与えることが真の正義である。進化論に従えば分化は必然の法則であり、社会が複雑化し分化することが進化なのだから、平等への復帰は進化の法則に背いた逆行に過ぎない。社会ダーウィニズムがここでも駆使されているのである。

第三、小人は小児の如く独立は不可能である。特に精神的独立は望み得ない。小人に独立自尊を教えるならば、資格もないのに「剛愎不孫」（同上：63）となるだろう。またこれを口実に主我主義・利己主義に走るだろう。小人に対してはその私欲を制することこそ教えるべきなのに、その逆を行えば「実に堤防を決して洪水を導くに異なら」（同上：64）ない事態を引き起こす。

第四、徳教は人文の進歩と共に変化すると「修身要領」は主張するが、道徳を実行する手段方法が変化するだけであって、道徳の根柢精神及び目的は万古不易・東西一貫である。ここで井上は国体論へのバリケードを築いているのである。

第五、福沢の根本的誤謬は五尺の身を以て本位とする処にある。小我に拘泥しているのだ。肉体は我中の非我にして真我ではない。真我とは所謂大我にして現象を超越するもの、一切を融合調和する世界の実在である。大我と合一し大我の精神を以て小我を律し、このようにして現象界に処すれば決して物の為に累わされることはない。ショーペンハウェルに学んだこの井上の観念論は国家への個人の随順を説明づける井上的道具建てだが、徹底的な経験主義者の福沢にとっては、何が言われているのか、理解不能だった筈である。

第六、福沢の「修身要領」は一切忠孝を説かず、独立自尊のみを語っており、「分明に教育勅語と相背馳せり、其初めより教育勅語と相背馳するものあるを自覚して此の出でたること、毫も疑いなきなり」（同上:82）。修身道徳の教は食物のようなもので、人生に欠くべからざるものではあるが、其物は必ずしも一種類に限るべきではないと福沢は主張しているが、食物でも有毒なものは禁止される。有毒な教はすべきではない。「修身要領」の眼目である独立自尊は、応用如何によってはフグよりも激しい害毒を生じかねない。

教育勅語が個の主体と個人の自由を如何に敵視しているかが、問わず語りに物語られているのである。

「修身要領」の挫折

右の井上哲次郎の攻撃に対しては、慶応の林毅陸が直ちに反論し、「吾人は唯個人の自由意思に重きを置て、独立の体面を完了せしめんと欲するのみ、行為の命令者を自己以外に置かずして、之を自己の良心に求めんと欲するのみ」、「忌む所のものは只盲従のみ」（『教育時論』1900b:5）、「我党が独立自尊の主義を唱ふるは、正に道徳的行為の盲動的形式的と為らずして、自己の「頭脳中より始まる」ことを望むが故」（同上1900c:8）のことと主張、個の良心と思想の自由の立場から道義道徳のあらねばならぬ方向を示した。

福沢も次節に見るように、この年の五月、文部省が修身道徳の教科書を編纂することを非難し、また一一月には、儒教主義復活の責任者政友会総裁の責任を、次のように問うのであった。

「今の社会に行はるる排外の思想を一掃すること必要にして、教育の振作と文明の政と両々相待て始めて外人を倚安せしめ、以て法治国の名実を全うするを得べきのみ」（福沢 1961c：647）と。

しかし時流は断乎として非であった。次節にある如く、鳥尾枢密院顧問官は、「修身要領」の名を挙げて非難し、次節で引く福沢の道徳教科書文部省編纂事業批判に対しては、朝比奈知泉が翌日の『東京日日新聞』紙上で、「我が帝国に於ては幸に画一の訓、聖勅（教育勅語）に存し、各種の哲学主義、各様の宗教信条に超越して国民行為の準規たり」（朝比奈 1927：742）と反撃する。

明治一〇年代の自由民権運動の主要な担い手は学校の教員であった。しかし明治三〇年代に入れば、師範学校で教育された若き教師達が教育勅語を生徒に教え、天皇と国家への服従主義を男女児童に教え込む尖兵となってきた。福沢の門下生達が全国各地で「修身要領」の普及を試みるも、受け容れられる土壌は存在しなくなっていたのである。福沢は、一九〇一（明治三四）年二月三日再発した脳溢血のため数え年六八歳で没するが、筆者には福沢にとってはいい時期に死んだと思えてならない。教育勅語によって天皇への忠節こそが最高の道義と確信した我が日本人男女が、悲惨な敗戦を迎えるのは四四年後のこととなる。

第7節　小学校令改正と良心及び人道徳目の消滅

枢密院での審議

一九〇〇（明治三三）年八月二〇日、一〇年前の一八九〇年一〇月に公布された小学校令が全面的に改正され、就学年数が四年と明確化されると共に、義務教育の実を挙げるべく、授業料が廃止された。天皇臨御のもと、枢密院では八月八・九日の両日勅令案が審議されたが、*そこで文相樺山資紀は、小学校令案の第一条を引き、小学校の目的は「正確ナル国民ヲ造リ出スヲ主意トセリ」（『枢密院会議議事録』1984:279）と述べている。そして現在学齢児童は七百万人、然るに就学児童は四百万人、「当局者ハ国家ノ基礎ヲ作リ国民ノ品格ヲ高メシムルカ為ニ七百万余人ヲ悉皆就学セシメタキ希望ヲ有」しており、更に出来れば義務教育をヨーロッパの例のように六年にしたいが、このことは「到底今日直ニ行ヒ得ルコトニ非ス」と語るのである（同上:280）。

＊ 枢密院での議論全体に関しては、［久保 1979］を見られたい。

枢密院顧問官鳥尾小弥太は、前年七月の私立学校令審議の際と同趣旨の発言を次のように展開する。「本年五月、皇太子殿下御慶事ノ際ニ、福沢諭吉ナル者ニ金五万円ヲ下賜セラレ、其御沙汰書中ニ、校舎ヲ開キテ才俊ヲ育シ新著ヲ分チテ世益ニ資スル三十余年云々ノ御言葉アリ、（中略）（然るに）今福沢ハ修身要領ナル書ヲ著シテ、是レ我党ノ道徳ナリトノコトヲ主張シ、其子弟門生輩ヲシテ之ヲ地方ニ遊説セシム、而カモ其全篇ヲ通観スルニ一辞ノ忠孝ニ言及スルモノナシ、（中略）福沢ノ如キハ全ク此忠孝ノコトヲ除斥シテ、彼ノ欧米諸国ニモ有リト聞キタル拝金宗ノ主張スル事柄ニヨッテ、其要領ヲ書キ連ネテ普ク之ヲ我カ国ノ各地方ニ遊説セルナリ」（同上:278）。

「彼カ修身要領トシテ唯己レカ身ニ行フノミナラス、人ニ教ヘ人ヲ地方ニ派シテ之ニ引入レ、彼ノ所謂道徳ノ中ニ人心ヲ纏メントス、彼モ修身要領ナルモノハ全ク教育勅語ニ反対スル道徳論ニシテ、其ノ要ヲ摘スレハ、独立自尊ヲ眼目トシ、二十八《ママ》個条中一語モ忠孝ノ道ヲ講述セス」（同上:285）。

鳥尾は「修身要領」は拝金宗主義を宣伝するものだ、と決めつけると同時に、忠孝の教えと独立自尊主義が倫理道徳として背反するものだ、と（これは正しい指摘である）演説する。鳥尾によれば、「忠ハ君ニ服従シテ誠ヲ尽スコトナリ、孝ハ親ニ服従シテ誠ヲ尽ス」（同上:285–86）ことなのである。

修身での良心・人道徳目の消滅

ところで、一八九〇（明治二三）年の小学校令は大枠を示すべき勅令であり、教科の内容は別個の形をとって示されることとなった。

小学校令発布においては、その第一二条「小学校教則ノ大綱ハ文部大臣之ヲ定ム」の規定に従って、翌一八九一年一一月一七日、文部省令第一一号「小学校教則大綱」が示された。その中の第二条は以下に示すように、修身に関するものである。

「修身ハ教育ニ関スル勅語ノ旨趣ニ基キ児童ノ良心ヲ啓培シテ其徳性ヲ涵養シ、人道実践ノ方法ヲ授クルヲ以テ要旨トナス、尋常小学校ニ於テハ孝悌・友愛・仁慈・信実・礼敬・義勇・恭倹等実践ノ方法ヲ授ク、殊ニ尊王愛国ノ志気ヲ養ハンコトヲ努メ、又国家ニ対スル責務ノ大要ヲ指示シ、兼ネテ社会ニ制裁・廉恥ノ重ンスヘキコトヲ知ラシメ、児童ヲ誘キテ風俗品位ノ純正ニ趨カンコトニ注意スヘシ」。

ところで、一九〇〇年八月の小学校令改正においては、前回教則をはじめ各種の省令に区分されて出された施行のための諸法規が、総て小学校令施行規則に纏められ、全体が一〇章に分けられた長文のものとなったのである。出されたものも翌日の八月二一日、この文部省第一四三号第一章教科及編制の第二条が修身に関するものとなる。即ち、次のように、九年前のそれとは相当変更されたものになったのである。

「修身ハ教育ニ関スル勅語ノ旨趣ニ基キ児童ノ徳性ヲ涵養シ、道徳ノ実践ヲ指導スルヲ以テ要旨トナス、尋常小学校ニ於テハ初ハ孝悌・親愛・勤倹・恭敬・信実・義勇等ニ就キ実践ニ適当ナル近易ノ事項ヲ授ケ、漸ク進ミテハ、国家及社会ニ対スル責務ノ一斑ニ及ホシ以テ品位ヲ高メ志操ヲ固クシ、且進取ノ気象ヲ長シ公徳ヲ尚ハシメ、忠君愛国ノ志気ヲ養ハンコトヲ務ムヘシ」。

特に倫理学的に考える際、「児童ノ良心ヲ啓培シ」という語句及び「人道実践ノ方法ヲ授ク」という語句が削除されたことは注目していい。「啓培」という語が示すように、児童に、つまり人間に内在しているものが「良心」なのだという倫理学的なとらえ方がここで放棄されたのであり、また「人道」という人種・民族・国民を超えた処に存在するとされる人としての道（＝「人倫」）というものも、国民の基礎となる男女児童には教える必要が無くなってしまったことになる。

この「良心」といい「人道」といい、それらは近世後期、サムライ階級以外の庶民階級に儒学の教えが浸透していった頃から、仏教や神道と融合しながら、日本人のありふれた徳目となっていったものであり、「良心」の語は孟子告子篇上にあり、そこに朱子は「良心とは本然の善心、即ち所謂仁義の心也」と注解している。また「人道」の語も中庸はじめ礼記・国語・荘子等の漢籍に古くよりある言葉、その朱子学的普遍主義は、教育勅語を教える際の「躓きの石」となるのである。

また一八九一年段階では、依然として幕末期以来の雰囲気を帯びた「尊王愛国」なる語が使われていたが、一九〇〇年には、新造語「忠君愛国」に取って代わられている。

更に徳目の中から「友愛」「仁慈」の二つが削除されてしまったことも、日清戦後の日本人の道義観の変質に関わって、深く我々に考えさせるものがある。

修身の国定教科書化と福沢の批判

周知のように、小学校国定教科書政策が決定したのは、全国的な教科書疑獄を受けての一九〇三（明治三六）年四月のことである。

しかしながら、一九〇〇年八月の小学校令改正は、樺山文相の「正確ナル国民ヲ造リ出スヲ主意トセリ」との発言にみられる如く、日清戦後経営の教育面での大きな画期をなすものだったのであり、また教科の中でも教育勅語を基とする「修身」教育が最重要視されたため、他の教科書とは異り、文部省はこの年の四月、国定修身教科書編集を開始するのである。組織としては修身教科書調査委員会が設置され、そのもとに起草員が任命される。

委員会は、加藤弘之を委員長とし、他に木場貞長・高嶺秀夫・井上哲次郎・沢柳政太郎・伊沢修二・中島力造・井上円了・渡辺董之介・嘉納治五郎・元良勇次郎の一〇名が嘱託された（海後・仲1969:100）。起草委員は中島徳蔵（本章第8節を参看）・吉田熊次・平出鏗二郎・乙竹岩造の四名となった。

道徳・徳目を国家が国民に強制するのに反対し続けてきた福沢諭吉は、一九〇〇年五月二二日付の『時事新報』に「修身道徳の主義」と題して次のような批判を展開する。

「政府が修身道徳の主義を一定し、教育の力を以て天下の人心を左右せんとするは到底能はざる所にして、古来これを試みて成功したる者なきは無論、其結果は社会に害毒を流したるに過ぎず。事実の最も明白なる者なり。我国の文部省が年来教育上に道徳の主義を云々し、其方針は時の政府の意見に従て折り折り変化する中にも、全国画一の主義を執るの一事は終始渝《もと》らずして、或は修身に関する教科書を厳密に検定して採否を決し、更らに一歩を進めては自から修身書を編纂せんとし、現に此程も委員を選定したるよし、（中略）（徳川幕府が統制しなかったのは）道徳の主義は修身処世の道を教ふるものにして、経国経世の上より見れば、苟も修身処世に裨益するものならんには、其流派の如き、孰れにても差支なきは勿論、一定の主義を以て天下の人心を左右せんとするが如き、如何なる勢力を以てするも到底行はれざるのみか、実際には寧ろ弊害の恐る可きものあるを認めたればならん。独り徳川政府のみならず、古来外国の事実に徴するも、孰れも然らざるものなきに、然るに我国の文部省が尚ほ年来の非を悟らず、今更ら修身書を編纂し、政府の力を以て天下の道徳を支配せんとするが如き、如何なる考なるか。況んや委員輩の如き、恰も一季半季の奉公人同様にして、修身道徳の問題などに喙を容る可き資格あるものに非ざるに於てをや。当局者輩の無識は今更ら驚くに足らざれども、日本国の教育が尚ほ此辺の程度に在るを思へば、我輩は国の文明の為に転《うた》た悲しまざるを得ざるなり」（福沢 1961c:607–09）。

堂々とした立論である。旧幕臣で熟知の間柄、元帝大総長で貴族院議員の加藤弘之を「一季半季の奉公人」と批判する処など、福沢以外にはいなかった筈である。

但し、教育界は既に福沢の発言を受容する体質を喪失していた。反発を募らせるばかりである。福沢の一文が出された直後の『教育時論』第五四五号（六月五日刊行）には、「福沢一派の暴論」（『教育時論』1900a:33）と題した記事が載り、「毎度ながら、福沢一派が勅語を無視するの罪、看過すべからざるなり、又結尾、委員を嘲笑するの語に至つては、苟も修身道徳を口にするものの発すべき語ならんや」と怒気を発していたのである。

第8節　哲学館事件と科学としての倫理学否定

哲学館事件とは

一九〇二（明治三五）年一二月、所謂哲学館事件が発生した。文部省は哲学館教育部倫理科卒業生には中学校修身科教員資格を賦与しないとの一二月一三日付通知を一八日に交付したのである。

日清戦後、日本資本主義が発展するに伴い、戦前の私学に対する文部行政が変化していった。私学学生に対する徴兵猶予の特権は、戦前には、一八八九年に東京専門学校・明治法律学校・和仏法律学校・日本法律学校という法律に関係する私学にのみ与えられただけであったが、戦後の一八九六年には私学の雄、慶応義塾、九八年には同志社、そして一九〇〇年には哲学館もこの特権を賦与されることとなったのである（東洋大学編 2000:55）。

また国家が授ける教員資格に関しても、一八九九年四月の文部省令によって、私学の卒業試験合格者には中学教員資格が獲得できると門戸が開かれ始めた。哲学館の場合には、同年七月に、教育部倫理科卒業生には中学修身科の、漢文科卒業生には中学漢文科の教員資格が与えられるとされたのである（同上:60）。

但し、そのかわり卒業試験には、文部省の検定委員や視学官が立会い、試験問題や答案を調べ、問題や試験方法が不適当と見做された際には、資格を授与しないという条件つきのものであった。

事件の矢面《やおもて》に立たされた哲学館倫理学講師の中島徳蔵は、一九〇〇年、哲学館で刊行した『倫理学概論』中では、「世界列国中、独り我国にありては国家と云へば已に絶対的に善なる国家を意味す、君と云へば已に絶対的に善なる主権者を意味す、一般国民の君国に服従するは、道徳的に善なりとの信念確たる亦宜《うべ》ならずや」（東洋大学編 1989:509）と、「国民道徳論」の立場に立って日本国民の国家への服従は日本人の倫理として善だと学生を教育していた。

但し倫理学も科学である。人類一般の倫理の問題は学問的に別箇に存在し研究しなければならないと、理論倫理と実践倫理（=「国民道徳論」）の使い分けが未だ可能だと考えていた学者でもあった。だが、理論倫理と実践倫理はそう簡単に峻別することは不可能だった。一九〇〇年八月、中島は文部省修身教科書起草委員の一員に選ばれ、哲学館講師を辞職した。彼は小学校で修身を教えるためには、教育勅語の徳目の上からの押し付けよりも、「智仁勇の三徳を中心として課題と教材を配付する」方が児童の道徳理解と道徳形成に相応しいとの私案を持っていた（東洋大学編 2000:64）。

しかし文部省内の非公開委員会の機密の議論がどうして漏洩したのか、一九〇一年二月一五日刊行の『教育時論』第五七〇号に「咄咄怪事（教育勅語の風説）」と題する記事が載せられ、そこでは「文部省修身書編輯起草委員某なるもの、夙《つと》に教育勅語撤回の意見を抱く」と報じられていた。この記事は同年三月一九日、帝国議会での問題となり、「教育勅語ノ撤回説ナルモノアリ」と安部井磐根委員が質問に立ち、同月二二日、文部省は「事実無根ナリ、又文部省職員中嘗テ此ノ如キ説ヲ唱ヘタル者ナシ」（『教育時論』1901:31-2）と答弁した。この帝国議会での応答後、中島は五月に起草委員を辞し哲学館に復職した。*

＊　本事件に関しては、［小股 2010: 第3章第4節　中島徳蔵の教育勅語撤回風説事件］を参看のこと。

この事件が哲学館事件の伏線となったのである。哲学館教育部は一九〇二年七月、第一回の卒業生を誕生させ、卒業試験を一〇月二五日に実施した。文部省からは視学官の隈本有尚と隈本繁吉（その後、教科書疑獄で逮捕）、及び普通学務局第一課長本間則忠が臨監に来た（東洋大学編 2000:64）。

中島の出題は、「動機善にして悪なる行為ありや」というものであった。理論倫理学としては極めて基本的なテーマである。文部省側が問題としたのが、「動機ならざりし結果の部分を見て、之に善悪の判断を下すべきに非ず、否らずんば自由の為に弑逆をなすものも責罰せらるべ」し、という回答であった。この回答は中島が授業で使用した英国倫理学者ミュアヘッド原著・桑木厳翼訳『倫理学』の説をそのまま用いたものである。当該部分は桑木訳では「彼の志向たるに止まりて動機ならざりし結果の部分を見て、之に善悪の判断を下すべきものに非ず、否らずんば自由の為に弑逆をなす者も責罰せらるべく、自ら焚殺の料に供せんが為に溺死に瀕せる人を救へる暴君も弁護の辞を得べし」（東洋大学編1987:27）となっていたのである。

視学官隈本有尚は中島を難じる。以下、問答形式で示していこう。*

「隈：授業の際、この箇所に関し、学生に向って批判を加えたのか。

中：特に加えてはいない。

隈：星亭を殺害した伊庭想太郎も、動機は善だったのではないか。

中：伊庭の場合は主観的感情的なもので、善ということはできない。

隈：動機が善ならば弑逆の悪にならないのか。

中：日本ではこのような不祥事の事例はないが、西洋に於てはクロムウェルの所作の如きは史家の是認を受けたるが如し。」

＊ 典拠は、『時事新報』明治三六年一月二八日号の記事（『明治ニュース事典Ⅶ』1986:332-33）によった。

相当の激論だったに違いない。ヨーロッパの歴史のように君主殺害が数多く起る中で歴史がジグザグしながら近代に向けて進んで来た地域世界では、弑逆は悪だと頭から断罪してしまったら、普遍性を内在させなければならない学としての倫理学構築など土台不可能だからである。だが、天皇の絶対神聖性と不可侵性を帝国憲法と刑法のみではなく、日本国民の意識と心情の中に浸透させようとしていた当時の文部省にとっては、このようなテキストを使用し、更に使用する際、教員が君主弑逆を非難しないということは、小学校や中学校の場ではない、高等教育の場においてすら、許すべからざるものになってきたのである。

哲学館の倫理学は「国体に合せざる不穏の学説」であり、そのような教育を受けた哲学館卒業生には中学校修身科教員免状を与えるべきではないとの文部省内の議論を知った中島や哲学館幹部は文部省に赴いて釈明を試みる。中島の最初の相手は普通学務局長事務代理岡田良平である。

「岡：動機善なれば弑逆するも可なりとは、不都合の考え方ではないのか。

中：理論上から言えば、そうなることがある。もし倫理上、自由を以て最上目的だとすれば、その自由という最上目的のためならば、非常の事も非常の場合にはやむを得ないこととなる。ミュアヘッドは不十分ながら、自由という名を以て最上目的を言い表わすも可なりとする所がある。この箇所もその意味で、クロムウェル等と共に、其の行為を是認したものだろう。」

この中島の回答は火に油を注ぐこととなる。中島の第二の相手は検定委員長山川健次郎（東京帝国大学総長）であった。

「山：ミュアヘッドの本を教科書とし、その教科書の中に、かくのごとき引例があっても、批判も加えずそのままにしておいたことは、実に大不都合なり。

中：教科書を金科玉条にはしておらず、教授の方便としているだけだ。学生をして瑣々たる引例に至るまで、遵奉させようということではない。もしこれが日本にあるかといわれれば、有り得べからざる不合理なことと考えるだろう、忠君愛国に関する薫陶においては、哲学館は人後に落ちる学校ではない。」

中島が直面したのは視学官や課長レベルだけの敵意でない、文部省という国家の文教政策を指導・監督する国家機構そのものの敵意であった。

事件の責任をとって哲学館を辞任した中島徳蔵は誠実な学究の徒であり、そして倫理学を日本のみに通じるものではなく、国際的に通じるものに発展させようと意図する学者だったからこそ、この事件を一九〇三（明治三六）年一月、公表することに踏み切ったのである。当時としては極めて勇気のある決断であった。三月一〇日には桑木厳翼・朝永三十郎・波多野精一・元良勇次郎・浮田和民等一一名の丁酉倫理会は次のような声明を発表した。「ム氏（ミュアヘッドのこと）の動機説を教育上危険と認めず、また倫理学の教授に際し中島氏がその引例をそのままになしおきし所作を以て深く咎むべき不注意にあらずと認む」（同上 1986:333）。また教科書疑獄事件とからんできたこともあり、この事件は私立学校撲滅の陰謀だ、とか、学問の自由への妨害だ、とか、更には、このような強制があるからこそ、偽忠君愛国主義がはびこるのだ、といった厳しい文部省批判を呼び起こし、一九〇二年一二月から〇四年二月までのマスコミ報道は五六四件に達し（東洋大学編 2000:77）、論争を纏めた出版物としても清水清明編『哲学館事件と倫理問題』『哲学館事件と倫理問題　続篇』（共に文明堂刊行）の二冊が出版されもした。

しかし文部省の態度は全く動かなかった。一九〇三年一月二一日、哲学館第一回卒業生全員が無試験検定に不合格とされたのである。

井上哲次郎の文部省弁護論

東京帝国大学文科大学学長をこの当時勤めていた井上哲次郎は、文部省の側に立ち、「近時の倫理問題に対する意見」を発表した。筆者の依る『巽軒講話集』（博文館刊）第二篇は一九〇三（明治三六）年八月に刊行されたものなので、八月以前の執筆である。

井上の話は文部省弁護のため多岐に渉っているが、本論に関係する範囲では、第一に忠君愛国主義の必要性、第二に学問の自由と国家との関わり方である。

第一の主張から見ていこう。

井上は忠君愛国主義こそが日本の対外活動を支えてきたとする。

「真面目なる意味に於ての忠君愛国の精神は固より鼓吹すべきであります。弥々益々鼓吹されて来なければなりませぬ。我国民の偉大の事業は悉く忠君愛国の精神に因由して居るのでありまして、必ずしも日清戦争と云はず北清事件と云はず、総て対外的の活動は之れなくては出来やう筈はありませぬ」（井上 1903:600–01）。

忠君愛国の精神がなく、キリスト教のように隣人を愛せよとのみ説いたらどうなるか、国名をあらわさないまま、こう語るのである。

「仮りに隣国に信用すべからざる不届なる国民があるとしましたならばどうでありませう。さうして其国民が段々と我国を侮つて朝鮮を取つたとしましたならばどうでありませう。其時に此教のやうに併せて四国を与へよ、併せて本土・蝦夷を与へよと云ふやうな工合で、さう云ふときに悉く与へてしまうべきでありませうか」（同上:607）。

但し井上は正直に述べている。忠君愛国主義は決して自発的なものではあり得ない、と。

「忠君愛国の道徳は国家的道徳である所からして、どうしても他律的となるのであります。自律的とはならない。（中略）忠君愛国を実行せぬものは、是は国家の権勢あるものが外部より之を強ふる外はないのであります。外部より之を強ふると云ふ事は、是は他律的であります。決して個人々が内部より自ら進んで之を実行しやうと云ふやうな工合に一般に効力のあるものではありませぬ」（同上:605）と。

次に第二の問題に移ってみよう。学問の自由と国家の関わりを、井上はどのように論じるのか、ということである。

学者として井上は学問の自由を認めている。しかしそれは国家の権威と相関しているものであり、国家の権威が前提となって、始めて学問の自由が許されるのだ、とする。

「学問上の自由と云ふことは、是は重大なる事であります。是れは永遠の真理の為に保険されなければならぬのであります。併しそれと同時に国家の権威と云ふものが無くてはならぬ、国家と云ふものが無ければ学問の研究も出来ないのであります。国家は実際上是非とも無ければならぬ、国家と云ふものがある以上は、之に権威が無ければならぬ」（同上:616）。

とりわけ今日の世界では、国家は生存のため必死の闘いを行っているのだ。

「今茲に生活する為めに必要な事がある。即ち生存の必要であります。学問どころの話ではない。先づ衣食が無ければならぬ。そこで衣食の為に激烈なる生存競争も起るわけであります。それ程でないにしても学問は多少生活の為めに規定せらるることを免れぬ」、「世界列国の間において優勝劣敗の活劇を演じつつ進まなければならぬ。即ち我国民に対しても動もすれば侮辱を加へんとするが如き隣国が無いとも限らない。そこで斯る実際の境遇に応じて国家の経営を為し国民の方針を定めなければならぬ。是に於て乎国民の自営発展と云ふやうな大方針を立てて、此大方針に適合するやうに万事仕向けて行かなければならぬ所からして、教育の如きも此関係を免れないのであります。

それで国民教育は斯る大方針に依て統一されて居ります。此大方針に逆ふやうな事は国家の権威が許さぬのであります。此国家の権威と云ふものが国民の頼《より》て成立して居る所でありまして、国民に取りて亦神聖なる意味が在るのであります」(同上:619–20)。

生存競争裡、国民がいつに依拠し、神聖さをもたせなければならない国家権威を毀損するとみなされる学問と研究は許容の範囲ではない*。

「国民教育の範囲に於ひて無益の学問を奨励しない、危険の学問を奨励しない、国民の自営発展に有害なるが如き原素は撲滅してしまうと云ふやうな統一的の経営は、是は国家の権威に頼るより外は無いのであります」(同上:620)。

* 井上は、教育界に不健全なる原素があるとすれば、「千丈の堤も蟻穴より崩るとは此事であつて、将来を慮つて危険を予防することは、是は固より教育上無かるべからざる事」(同上:615)と述べている。

神聖さを体現させなければならない国家権威を弱め、あるいはそれに疑問をいだかせる萌芽を摘み取らなければならないとすれば、歴史学における古代史研究と同様、倫理学における、国家と国民の枠を超えた人間としての在り様の追求とかヒューマニズムといったもの——それは当然国家の存在と行動を相対化し批判していく目をもっていくだろう——も、考察の対象から除外されざるを得なくなる。戦前における日本倫理学が和辻哲郎的なものに止まるのは*、ここに根拠を持つのである。

* 和辻倫理学には様々な評価があるが、筆者は、[堀 2002]の見解に従っている。

終　章

以上で筆者が検討すべきだと考えた諸論点の検討作業を終了した。筆者が序章で設定した課題に還って述べるとすれば、「国民国家」なるカテゴリーの安易な使用は、他の学問分野はいざ知らず、歴史学研究では自殺行為だということである。

表面上は横並び一線になっているかに現象している今日の「国民国家」のイメージで過去を推しはかることは不可能である。というよりも、多くの「国民国家」と見做されている国々の国境線は、一九世紀七〇年代に確立した古典的国民国家システムに参加した列強が相互調整・相互承認のもと、植民地・従属地域に押し付けた線引きその儘なのである。過去は決して過ぎ去ろうとはしない。

また、今日的語り口での「国民国家論」は、常に国家権力の強大性と個々人の国家への統合・従属・埋没を強調するが、第二次世界大戦を民族解放闘争として闘い抜いて独立国家をかちとった国々においては、国家は民族の権利を擁護する人民的性格を保持し、また大なり小なり社会主義への志向性をもち、更に他国への侵略主義に関しては国家の成立の由来からして、権力者は自国民に対し正統化する論理を容易には持ち得ない。

筆者が関心を寄せている一九世紀七〇年代に確立する欧米での古典的国民国家と国民国家システムについての筆者の見解に対しては、欧米史の専門家からは様々な異見と批判があるだろう。筆者はそれを歓迎する。日本史は日本史、東洋史は東洋史、西洋史は西洋史と、戦後くり返し批判されながら、依然として改まろうとしない学問的状況のもとで、例えば明治初年の日本にまで、安易に「国民国家論」を当てはめようとする研究者が出現するのである。

世界資本主義に包摂されて以降の、日本を含む地球各地の地域世界は、世界史の展開との関連においてしか、その地域の歴史をつくることが出来得ない。ヨーロッパ諸国でさえ、イギリス国家を模倣して「国民国家」をつくろうとしても、フランス国家をコピーして「国民国家」をつくろうとしても、それは到底不可能なことであった。ドイツ型国民国家、イタリア型国民国家、オーストリア・ハンガリー帝国でのハプスブルク帝国型国民国家が、各国の伝統と歴史、階級関係と階級闘争に規定され、つくられるほかなかったのである。日本を国民国家論で論じる場合にも、一般的にいくつかの指標を当てはめるのではなく、日本的な型を世界史と天皇制との関連において内在的に捉えることが出来た段階においてのみ、当時の史料から日本人成年男女の肉声を聴き取ることが出来るようになるのだ、と筆者は思っている。

ここでいう古典的な国民国家システムは作動を開始すると、容易に新たな国民国家の形成を許容しようとはせず、逆に各地のその動きを弾圧し、従属化し保護国化し、そして植民地化していったのである。一八八一年のエジプトの民族革命や九九年トランスヴァール共和国の独立運動弾圧はその好例だし、日本の東アジアでの世界史が介在しての列強化は、朝鮮の植民地化と中国人民の国民革命運動への不断の介入、そして中国侵略戦争に帰結した。

後発的に国民国家となり列強の一員となった帝国主義国日本は、第一次世界大戦を勝者の側で終えることが出来たが、国民国家システムの主要な構成国であったドイツ帝国もオーストリア・ハンガリー帝国もロシア帝国も崩壊した。その後のドイツもオーストリアもハンガリーも、容易に大戦中までの同国の国民国家論を以て、同一の枠内で論じることは不可能であろう。ましてロシアは革命を経て社会主義国となり、世界資本主義列強の包囲下にその国家の生存を必死に図ることになるのである。

第一次世界大戦を勝者で終えた英・米・仏やイタリア・日本においても、世界史的に新たな段階を迎え、従来通りの国民国家のあり方では対応が出来なくなっていく。政党活動と議会が国民統合の核となり、国民国家を形成する核心部分となるというのなら、大戦直後にイタリアではそれは不可能となり、ムッソリーニ率いるファシスト党が政権を奪取し、一党独裁のファシズム体制を強固に敷いたことは世界史の常識に属する事柄である。

日本の場合には、一九二〇年代、政党が活動し、帝国議会がそれなりに統合機能を果し続けたとはいえ、日本型国民国家イデオロギーは重大な問題を抱え込むこととなった。国民を説得し納得させようとする支配イデオロギーは、奇妙に聞こえるかもしれないが、国民の伝統意識を喚起し、我国の歴史の正当性はこちらの方にあり、相手のそれは外来種で輸入したものだ、と主張する「伝統要素」と、他方では、世界の動向はこちらの方向に動いている、世界最先端を走っているのはこの国だから見習おうと主張する「モデル要素」とを混淆しつつ練り上げられていく。

ところが、明治一四・一五年以降、これこそが最先進国だと推賞し宣伝し、政治・軍事のみならず医学・自然科学・哲学・人文社会科学等のあらゆる分野で学ばれてきたドイツ帝国が崩壊してしまったのである。帝国は共和国となってしまい、ドイツ国民は狂乱的インフレーションに苦しむこととなる。最早モデルにはなり得ない。

やはり、持続性ある国家を作るには英米を学んだ方がいいという見解が一九二〇年代にその力を日本国民レベルで強めるのは、世界史の動向と結びついたものであった。この動きの中で二〇年代、自由民権運動が評価され、福沢の思想がもう一度積極的に取り上げられることとなる。

徳富蘆花は日清戦後から一九二〇年代に入るまで、トルストイ主義に依拠しながら、荒れ狂う国家主義イデオロギー・天皇制イデオロギーに正面から対峙し続けた気骨ある文学者であったが、一九二二年一一月、『大分新聞』に「福沢先生の「独立自尊」は尤も良し、更に宗教味を加へざるべからず、恐らく先生は然《し》かありしなるべし」（徳富 1929:265）と書いている。また日清戦後、福沢と思想的に闘い続けたわが井上哲次郎も、三二年段階執筆の「明治哲学界の回顧」の中では、「福沢はよほど民主主義の精神が多大であつた。世界大戦後、盛んにデモクラシーの主義主張がわが国にも行はれて、一時思想界に渦巻を生じた形跡もあったが、実は率先して民主主義をわが国に主張したのは福沢であったと思ふ」（『岩波講座哲学』1932:23）と述べているのである。

他方、労働運動・農民運動と知識人・学生運動においては社会主義国ソ連邦が成立し発展する中でマルクス主義思想が驚異的影響力を持つようになって来た。

今日、一九二〇年代の大正デモクラシー運動とその思想を積極的に評価する、筆者も含む立場と、昭和ファシズムの前史に過ぎないと厳しく批判する立場に別れている。筆者はこの問題を検討する上では、先進国モデルの喪失という要素の検討が極めて大事なことだと考えている。天井が抜けてしまったのである。

こうなると、いくら「国体」論を説いても、「忠君愛国」思想を語ろうとしても、古臭い、旧態依然だ、軍国主義だ、と青年男女から片付けられるだけとなる。

如何に対処すべきか、権力側の重大な課題となっていくが、そのイデオロギー的なめどは三一年九月の満州事変後にならないとつけることは出来なかった。そしてこの際導入されるモデルが、「世界恐慌を逸早く克服し世界に躍進する日本資本主義」との、鳴り物入りでの自国モデルとなったのである。この行き着く先が「近代の超克」論となるのだが、軍部ファシズムと日本資本主義優秀論の渦巻く最中、本当に日本資本主義は世界で最先端なのか、本当に日本は西洋近代を超克しえたのかと自問自答し、誰の助けも借りず、孤立無援の中でオリジナルな学問研究を重ねた知識人達だけが、敗戦後、日本の社会科学を担う輝かしい人々となるのである。

参考文献・引用文献一覧

※本文中では、当該箇所に〔著者・執筆者名（または資料名）著書・論文（または資料集）の発行年：参照頁数〕の形式で掲出。

①著書・論文

稲田正次 1960：『明治憲法成立史　上』（有斐閣）。
稲田正次 1962：『明治憲法成立史　下』（有斐閣）。
岩井忠熊 2003：『西園寺公望』（岩波新書）。
小股憲明 2010：『明治期における不敬事件の研究』（思文閣出版）。
海後宗臣・仲新 1969：『近代日本教科書総説　解説篇』（講談社）。
黒野　耐 1995：「明治における日本軍の戦略思想の変遷」（『政治経済史学』第三四九号）。
久保義三 1979：『天皇制国家の教育政策』（勁草書房）。
小山　哲 2003：「闘争する社会――ルドヴィク・グンプロヴィチの社会学体系」（坂上孝編『変異するダーウィニズム』京都大学学術出版会）。
金子堅太郎 1937：『憲法制定と欧米人の評論』（日本青年館）。
斎藤聖二 2003：『日清戦争の軍事戦略』（芙蓉書房出版）。
佐貫正和 2010：「丘浅次郎の『進化論講話』における変化の構造」（『総研大文化科学研究』第六号）。
季武嘉也 2010：『原敬』（山川出版社）。
立津春方 1901：「国家につきて」（『琉球教育』第六一号、一九〇一年六月刊）。
長志珠絵 1995：「国歌と国楽の位相」（西川長夫・松宮秀治編『幕末・明治期の国民国家形成と文化変容』新曜社）。
中村政則 1979：『近代日本地主制研究』（東京大学出版会）。

能勢　栄 1890：「教育時論に答ふる書」（『教育時論』1890a）。
堀　孝彦 2002：『日本における近代倫理の屈折』（未來社）。
松沢弘陽 1988：「『天賦人権論』の世界」（『馬場辰猪全集・月報3』）。
松下芳男 1967：『日本軍閥の興亡　1』（人物往来社）。
三橋猛雄 1976：『明治前期思想史文献』（明治堂書店）。
宮地正人 1981：『天皇制の政治史的研究』（校倉書房）。
宮地正人 1996：「日本的国民国家の確立と日清戦争」（比較・比較歴史教育研究会編『黒船と日清戦争』未來社）。
宮地正人 2010a：『通史の方法』（名著刊行会）。
宮地正人 2010b：「外から見た横井小楠と肥後実学党」（『横井小楠と変革期思想研究』第五号）。
宮原一朗 1901：「教育家の任務」（『琉球教育』第五八号、一九〇一年三月刊）。
山中永之佑 2010：『日本現代法史論』（法律文化社）。
吉田熊次・海後宗臣 1934：『教育勅語渙発以前に於ける小学校修身教授の変遷』（国民精神文化研究第一年第三冊）、『海後宗臣著作集　第六巻』一九八一年（東京書籍に所収）。
Lane, Peter 1978："Success in British History 1760-1914" (John Murray).

②資料・史料集等
朝比奈知泉 1927：『朝比奈知泉文集』（非売品）。
伊藤博文 1973：伊藤博文関係文書研究会編『伊藤博文関係文書　1』（塙書房）。
井上哲次郎 1893：『教育ト宗教ノ衝突』（敬業社）。
井上哲次郎 1899：『巽軒論文集　第一集』（冨山房）。
井上哲次郎 1901：『巽軒論文集　第二集』（冨山房）。

井上哲次郎 1902a：『倫理と宗教との関係』（冨山房）。
井上哲次郎 1902b：『巽軒講話集　初篇』（博文館）。
井上哲次郎 1903：『巽軒講話集　第二篇』（博文館）。
内村鑑三 1982：『内村鑑三全集　第三巻』（岩波書店）。
江原素六 1923：『江原素六先生伝』（三圭社）。
大西　祝 1896：「良心の起源を強者の強迫力に帰するの説を論ず」（『六合雑誌』第一九〇号）。
尾崎三良 1980：『尾崎三良自叙伝　上』（中公文庫）。
桂　太郎 1993：『桂太郎自伝』（平凡社東洋文庫）。
加藤弘之 1894：『道徳法律之進歩』（敬業社）。
加藤弘之 1900：『道徳法律進化の理』（博文館）。
加藤弘之 1990：上田勝美他編『加藤弘之文書　第三巻』（同朋舎出版）。
木村弦雄 1896：『血史』（非売品）。
籠手田安定 1985：鉅鹿敏子編『史料　県令籠手田安定Ⅱ』（中央公論事業出版）。
小中村清矩 2010：大沼宜規編『小中村清矩日記』（汲古書院）
佐々克堂 1936：『克堂佐々先生遺稿』（改造社）。
高橋長秋 1938：千場英次編『高橋長秋伝』（稲本報徳舎出版部）。
谷　干城 1975a：『谷干城遺稿　第三巻』（復刻版、東京大学出版会）。
谷　干城 1975b：『谷干城遺稿　第四巻』（復刻版、東京大学出版会）。
津田静一 1933：津田静一先生二十五回忌追悼会編『楳渓津田先生伝纂』（稲本報徳社）。
徳富蘇峰 1895a：『風雲漫録　国民叢書第八冊』（民友社）。
徳富蘇峰 1895b：「有志家気質」（『国民新聞』第一六七八号、明治二八年八月）。
徳富蘇峰 1896：『経世小策　下巻　国民叢書第一〇冊』（民友社）。

徳富蘇峰 1898a：『単刀直入録　国民叢書第一一冊』（民友社）。
徳富蘇峰 1898b：『寸鉄集　国民叢書第一二冊』（民友社）。
徳富蘇峰 1898c：『漫興雑記　国民叢書第一四冊』（民友社）。
徳富蘇峰 1899a：『世間と人間　国民叢書第一五冊』（民友社）。
徳富蘇峰 1899b：『社会と人物　国民叢書第一六冊』（民友社）。
徳富蘇峰 1900a：『生活と処世　国民叢書第一七冊』（民友社）。
徳富蘇峰 1900b：『日曜講壇　国民叢書第一八冊』（民友社）。
徳富蘇峰 1901：『処世小訓　国民叢書第一九冊』（民友社）。
徳富蘇峰 1902a：『教育小言　国民叢書第二一冊』（民友社）。
徳富蘇峰 1902b：『第二日曜講壇　国民叢書第二二冊』（民友社）。
徳富蘇峰 1903：『第三日曜講壇　国民叢書第二三冊』（民友社）。
徳富蘇峰 1904a：『第四日曜講壇　国民叢書第二五冊』（民友社）。
徳富蘇峰 1904b：『第五日曜講壇　国民叢書第二六冊』（民友社）。
徳富蘇峰 1905：『第六日曜講壇　国民叢書第二七冊』（民友社）。
徳富蘇峰 1906：『第七日曜講壇　国民叢書第二九冊』（民友社）。
徳富蘇峰 1910a：「回顧二十年」（『国民新聞』明治四三年二月一日付）。
徳富蘇峰 1910b：『第三天然と人　国民叢書第三三冊』（民友社）。
徳富蘇峰 1911：『第十日曜講壇　国民叢書第三四冊』（民友社）。
徳富蘇峰 1942：『陸軍大将川上操六』（第一公論社）。
徳富蘇峰 1974：『明治文学全集　徳富蘇峰集』（筑摩書房）。
徳富蘇峰 1982：『徳富蘇峰関係文書　第一巻』（山川出版社）。
徳富蘇峰 1987：『徳富蘇峰関係文書　第三巻』（山川出版社）。

徳富蘇峰 1997：『蘇峰自伝』（復刻版、日本図書センター）。
徳富蘆花 1929：『蘆花全集　第一九巻』（新潮社）。
林　権助 1935：『わが七十年を語る』（第一書房）。
ハーン、ラフカディオ 2007：『心』（岩波文庫・第五五刷）。
福沢諭吉 1932：石河幹明『福沢諭吉伝　第四巻』（岩波書店）。
福沢諭吉 1954：『福翁自伝』（岩波文庫）。
福沢諭吉 1959：『福沢諭吉全集　第六巻』（岩波書店）。
福沢諭吉 1960：『福沢諭吉全集　第一一巻』（岩波書店）。
福沢諭吉 1961a：『福沢諭吉全集　第一四巻』（岩波書店）。
福沢諭吉 1961b：『福沢諭吉全集　第一五巻』（岩波書店）。
福沢諭吉 1961c：『福沢諭吉全集　第一六巻』（岩波書店）。
福沢諭吉 1962：『福沢諭吉全集　第一九巻』（岩波書店）。
福沢諭吉 2003：『福沢諭吉書簡集　第一九巻』（岩波書店）。
穂積八束 1897：『国民教育愛国心』（有斐閣）。
穂積八束 1913：上杉慎吉編『穂積八束博士論文集』（有斐閣）。
三浦梧楼 1925：『観樹将軍回顧録』（政教社）。
元田永孚 1985：沼田哲・元田竹彦編『元田永孚関係文書』（山川出版社）。
森　有礼 1972a：大久保利謙編『森有礼全集　第一巻』（宣文堂書店）。
森　有礼 1972b：大久保利謙編『森有礼全集　第二巻』（宣文堂書店）。
森　鷗外 1937：『鷗外全集　第二〇巻』（岩波書店）。
山川　均 1961：山川菊栄・向坂逸郎編『山川均自伝』（岩波書店）。
吉田松陰 1983：『講孟余話』（岩波文庫・第一一刷）。

＊＊＊
熊本自由民権百年記念実行委員会編 1982：『熊本の自由民権』（自由民権百年熊本県民集会実行委員会）。
侯爵細川家編纂所編 1932：『肥後藩国事史料　第一巻』（侯爵細川家編纂所）。
国民精神文化研究所編 1939a：『教育勅語渙発関係資料集　第二巻』（国民精神文化研究所）。
国民精神文化研究所編 1939b：『教育勅語渙発関係資料集　第三巻』（国民精神文化研究所）。
国立教育研究所編 1972：『日本近代教育百年史　第一巻』（国立教育研究所）。
同志社編 1965：『同志社九十年小史』（同志社）。
同志社編 1979：『同志社百年史　通史編一』（同志社）。
東洋大学編 1987：『図録　東洋大学百年』（東洋大学）。
東洋大学編 1989：『東洋大学百年史　資料編Ⅰ下』（東洋大学）。
東洋大学編 2000：『ショートヒストリー　東洋大学』（東洋大学）。
明治学院編 1967：『明治学院九十年史』（明治学院）。
明治学院編 1977：『明治学院百年史』（明治学院）。
文部省編 1972：『学制百年史　資料編』（帝国地方行政学会）。
横浜市会事務局編 1983：『横浜市会史　第一巻』（横浜市会事務局）。
立教学院編 1974：『立教学院百年史』（立教学院）。
＊＊＊
『岩波講座哲学　第一一巻』1932（岩波書店）。
『官報』1903：（「文部省告示」明治三六年五月六日及び六月一六日付）。
『官報』1904：（「文部省告示」明治三七年一月二五日付）。
『教育時論』1890a：第二〇〇号（明治二三年一一月五日刊）。
『教育時論』1890b：第二〇五号（明治二三年一二月二五日刊）。

『教育時論』1891a：第二〇七号（明治二四年一月一五日刊）。
『教育時論』1891b：第二二六号（明治二四年四月一五日刊）。
『教育時論』1892：第二七二号（明治二五年一一月五日刊）。
『教育時論』1900a：第五四五号（明治三三年六月五日刊）。
『教育時論』1900b：第五四八号（明治三三年七月五日刊）。
『教育時論』1900c：第五四九号（明治三三年七月一五日刊）。
『教育時論』1900d：第五五三号（明治三三年八月二五日刊）。
『教育時論』1900e：第五五四号（明治三三年九月五日刊）。
『教育時論』1901：第五七五号（明治三四年四月五日刊）。
『国民之友』1888：第三一号（復刻版、明治二一年一〇月五日刊）。
『自由党史　下』1958：（岩波文庫）。
『枢密院会議議事録　第八巻』1984：（東京大学出版会）。
『大東立教雑誌』1887a：第一号（明治二〇年一月、済々黌）。
『大東立教雑誌』1887b：第二号（明治二〇年三月、済々黌）。
『大東立教雑誌』1887c：第三号（明治二〇年五月、済々黌）。
『大東立教雑誌』1887d：第四号（明治二〇年七月、済々黌）。
『大東立教雑誌』1887e：第五号（明治二〇年九月、済々黌）。
『帝国議会貴族院議事速記録　第五巻』1979：（復刻版、東京大学出版会）。
『哲学雑誌』1895：第一〇巻第九八号（明治二八年四月刊）。
『哲学雑誌』1897：第一二巻第一二五号（明治三〇年七月刊）。
『明治時代館』2005（小学館）。
『明治ニュース事典　Ⅶ』1986（毎日コミュニケーションズ）。

『明治文化全集　自由民権篇』1927：（日本評論社）。
『明治文化全集　新聞篇』1928：（日本評論社）。
『明治文化全集　正史篇下巻』1929：（日本評論社）。

座談会

世界史の中の国民国家

■発言者　伊集院立・伊藤定良・宮地正人（第1巻・第2巻の執筆者）
奥村哲・木畑洋一・清水透・富永智津子・藤田進・古田元夫・
南塚信吾・山本真鳥・油井大三郎（五十音順）

■司　会　小谷汪之

（二〇一〇年一一月三日開催）

小谷　国民国家を主題とする本シリーズ第一巻、第二巻の締め括りとして、執筆者以外の人たちも加わって、より広い視野から国民国家について討議しようというのがこの座談会の趣旨です。国民国家ということですから、当然、論点は極めて多岐にわたることになりますが、はじめに研究史的な現状と課題について議論し、次に西欧や日本の国民国家にかんする具体的な問題に移り、最後に二〇世紀の非西欧世界における新興独立国家の問題を展望するという順序で議論をしていきたいと思います。

I　今、国民国家をどのように問題にするのか？

小谷　最初に、「今、国民国家をどのように問題にするのか」という柱を立てることにして、南塚さんと富永さんから発言していただくことにします。まず、南塚さんお願いします。

国民国家論の今日的状況

南塚　国民国家論の今日的状況はどうなっているかということを、主に方法的な問題に焦点を当てて整理をしてみたいと思います。

近代国家を国民国家という概念で捉え直そうという歴史学上の動きが本格化するのは、一九七〇年代からであろうと思われます。少しさかのぼって考えると、ヨーロッパでは東欧問題を専門にしていたマリオットが、ネ

小谷汪之

南塚信吾

イション・ステイツの問題性を今日につながるような議論の先駆けとして、一九一八年だったと思いますが、提起しています。[*1] 彼は「本書の基礎にあって統一した観点となっているのは、ネイション・ステイトの発展と、つかみ所がないが影響力のあるナショナリティの原理の作用によって、ヨーロッパに提起された問題である」と述べています。今日の東欧問題の根源はヨーロッパにおいて国民国家、nation=states というものが登場したところに由来する、という考え方なのです。国際関係の中での国民国家ということからスタートしていると思います。日本でもそういうものを受けて、民族国家と国民国家を論じるようになったのですが、それは一九二〇年代からではないかと思います。東欧問題などに詳しい信夫淳平[*2]は民族国家を最初に問題にしているわけですし、そのあとにオットー・バウアー[*3]などの影響を受けた大山郁夫[*4]、それから植民地問題を論じている矢内原忠雄[*5]などが民族国家を問題にしています。そのような議論の延長上に、一九七〇年代からの議論があると思います。

その七〇年代から始まる国民国家論は、歴史学的に言えば実証主義（ポジティヴィズム）の方法にもとづく国民国家論であると考えています。それが九〇年代以降、今度はまさにこれが国民国家論の時代であると言ってもいい位に、ほとんどの研究が国民国家に収斂するようになってきているのですが、その時点での国民国家論は、七〇年代から始まる実証主義の国民国家論とは性格の異なる、ポストモダン[*6]の国民国家論ではないかと私は考えています。このことに関連して、さしあたり次の三つの問題を考えてみたいと思います。

＊1　J.A.R. Marriott, *The European Commonwealth*, Oxford, 1918.

＊2　生没：一八七一～一九六二年。『東欧の夢』外交時報社、一九一九年。

＊3　Otto Bauer (1881-1938). オーストリアの政治家。社会民主労働者党左派の指導者。オーストリア・マルクス主義の理論家として一九〇七年に『民族問題と社会民主主義』を著述。

＊4　生没：一八八〇～一九五五年。『民族闘争と階級意識』科学思想普及会、一九二四年。

＊5　生没：一八九三～一九六一年。『民族と平和』岩波書店、一九三六年。

＊6　モダニズム（近代思想）の正当性の根拠を批判的に吟味する立場。一九六〇年代の終りに現れ、八〇年代に顕著に見られた、文芸論などにおける思想傾向。歴史学にも影響を及ぼした。

一つは、実証主義の国民国家論と九〇年代以降のポストモダンによる国民国家論という二潮流が現在併存していて、それらが必ずしも意識されないで歴史研究者によって混用されているのではないかという点です。二つには、実証主義の国民国家論とポストモダンのそれとの両者の側から、社会史の方法がそれぞれに援用されているのではないか。それは必ずしも自覚されていないのではないかということ。三つ目は、両方の国民国家論は現在ポストコロニアル論の立場から根本的な批判を受けているのではないか、この三点を指摘しておきます。

七〇年代の議論は、言語、宗教、歴史、風俗、習慣などを相等しくする集団を民族の基盤とし、それがしだいに意識の問題として主体的に自覚されていく。そういう自覚を持ったものがフランス革命以降の近代国家の構成員なのだと捉えていたと思います。戦前段階では、これを民族国家と呼んでいたわけですが、戦後の一九五〇年代になると、この民族国家は民族がしかるべき変革を経たときに国民となり、そして民族国家が国民国家となる、という新しい転換をしました。つまり国家を構成する民族の成員が自由で平等な個人から成ると言うときに国民国家が出来上がると理解できるのだと、そうなったと思います。七〇年代には、そのような民族国家、国民国家が多数派の民族の支配体制であるということが指摘され、そこからエスニシティ[*1]などの問題が指摘されてきた。またこれも大切だと思うのですが、西ヨーロッパでの国民国家の形成がその他の地域での国民国家形成を不可能にする、あるいは複雑な性格のものにする、ということが指摘されました。

その後、八〇年代に入って国民の意識が国民的に広がっていく過程、つま

＊1　一定の言語、生活習慣、宗教などを共有すると意識しあう集団を指すが、一九七〇年代には、①ネイション・ステイトの形成に向かう前の段階の民族的集団を指す場合、②ネイション・ステイト

り国民の形成過程が社会史[*2]の方法を取り入れて解明されていくことになり、これはネイションがいかに覚醒されたかという研究になっていったと思います。

しかしそれが十分にまだ成果を得ない段階で、次に述べるポストモダンの影響を受けていくらか変わった形になってきたと思うのです。ポストモダンの国民国家論は構築主義[*3]的な国民観念を基礎にしているわけでして、国民というのは想像された共同体あるいは構築されたものであるという。したがってそういう国民像を受けた国民国家論も構築主義的なものです。ですから、国民というのは実証主義にあったように、潜在する意識が呼び覚まされて意識となるということではなくて、実体としての民族、それが客観的な実体であっても主体意識的なそれであっても、そういう実体としての民族を基礎にして国民を考えるというのではなくて、実体があろうとなかろうと国民なるものが構築されて、住民に浸透させられていく、そういう国民を代表する国家であるということになります。そういう国民は国家あるいはエリートによって不断に国民化されて、その過程で構築されるというわけです。さまざまな空間の国民化、あるいは時間の国民化、あるいは習俗の国民化、身体、ジェンダーの国民化などによって国民が形成されていく。それを担うのが国家であるというように考える。想像の国家と想像の国民というのは相互作用のなかで構築されていく、という考え方だったと思うのです。

このポストモダンの国民国家論の特徴の一つは、この国民国家はヨーロッパのみならず世界の全ての近代国家の発展に適用可能な分析概念だとされていて、このような国民化の過程は地理的、時代的相違に関係なくコピー（模

の中での少数派を指す場合があった。現在では、そういう集団が持つとされる独自の価値や規範の意識、さらには他の集団のそれとの差異により紛争や対立が惹起される事態を指すに至っている。上の議論では②を指す。

＊2　人びとの日常生活・生活習慣などを取り上げ、歴史の深層を捉えようとする研究で、フランスの「アナール」誌に結集した人びとの仕事がこの研究動向に大きな影響を与えた。

＊3　現実の社会現象や社会に存在する事実や実態、意味とは、全て人びとの頭の中で（感情や意識の中で）作り上げられたものであり、それを離れては存在しないとする考え方。

倣）され、ペースト（移植）されうると理解されているところにあります。だから九〇年代の国民国家論というのは、世界のどの地域においても国民国家形成があったことを発見するための歴史研究、という傾向が強くなっていきます。このようにして国民国家というのは確かに近代の構築であるということ、そしてその束縛から解放されなければならないということを指摘しつつ、また新しい問題も抱えているようです。

今日では、このようなポストモダン型国民国家論を中心的対象としながら、実証主義国民国家論にも視野を及ぼしつつ、ポストコロニアル論[*1]からの批判が提出されています。私は、この批判が非常に重要であると考えています。批判は、理論的には三点あり得るわけです。まず第一点は、ポストコロニアル論というのは植民地時代からの連続性を強調しますので、旧植民地本国は国民国家という虚構を旧植民地に押しつけたために、独立後の諸国はその虚構としての国民国家の遺産からくるさまざまな問題に苦悩している、それのみならず、コピー・アンド・ペーストとしての国民国家形成という虚構にもとづいて政治運動が行われた結果、新しい軋轢が生み出されるようになっているということです。第二点は、ポストコロニアル論は植民地と本国との関係を重視するわけですが、これを相互関係で考えているので、本国の国民国家というのは植民地支配からも影響を受けているのではないか、本国の国民国家はそれ自体で成立したのではなくて、植民地に国民国家が出来ないがゆえに本国での国民国家が成立した、ということではないのかということです。第三点は、ポストコロニアル論はハイブリディティ（雑種性）を重視しますから、国民国家を形成するとされている均一的、あるいは共通す

＊1　植民地支配が終わったあとの視点から、植民地支配が生み出した文化状況の規定性を強調する思想。独立後の旧植民地における社会や文化のあり方を植民地主義との関連で批判的に再検討する動きなど、多様な傾向を含む。

る諸要素には疑問を向けるわけで、国民国家を構成する要素とされてきたものが崩れていくことになります。例えば言語というものも、国民国家構築のために教育による言語の均一化ということが主張されるわけですが、これも長い時間で考えれば一時的なものでしかなくて、複数の言語の相互作用、多言語性というものから言語が成り立っているのではないか、という指摘をする。このことは他の文化についても言えるわけです。このようにして国民国家というのは、野蛮な国家との対比で、それらとは違った洗練された国家という意味で、植民地本国によって作られたものである、という視点を提出していると思います。ポストコロニアル論からの批判というのは、今後世界的な規模で国民国家を論じていくときの指標になると、私は思います。

このように現在は、国民国家論は様々な考え方が併存していて、相互に十分な意識的交流もなくここまで来てしまっていると、私には思われます。この座談会では、こういう問題も議論することが出来ればよい、と思っています。

小谷　有難うございました。南塚さんの発言は、国民国家についてのこれまでの様々な議論の方法的、総括的なお話でしたが、次に富永さんから、国民国家論をジェンダーの視点から見直したらどうなるか、という話をしていただきたいと思います。

国民国家論をジェンダー視点から見直す

富永　ジェンダー史の領域では常識になっているようですが、ベネディクト・アンダーソン[*1]やエリック・ホブズボーム[*2]、あるいは丸山眞男[*3]にしても、国家を論じる際、ジェンダーの視点を欠いている。ジェンダー史研究は、国家が階級や民族と同じレベルで、ジェンダーを構造化していることを重視しているということを、まず申し上げておきたいと思います。

　ジェンダーの視点から国民国家論を見直すとしたら、当面二つの方法が考えられます。もっともラディカルな方法は、論点の基軸にジェンダーを据えるということです。つまりジェンダーの主流化です。国家レベルでこの主流化を推進しているのが国連のさまざまな女性関連の企画や条約です。その一つが「女子に対するあらゆる形態の差別の撤廃に関する条約[*4]」です。現在、一八六ヵ国が加盟しています。締約国は、規約を実行すべき義務を負い、国家は法律の改正による規約の実施を迫られます。このことは、外部からの国民国家のジェンダー秩序への介入を意味します。それが、国際レベルでのジェンダー主流化の一つの流れを作っているわけです。

　その一方、世界的なフェミニズムの潮流に触発されて女性史やジェンダー史の研究が進展する中で、世界史教科書や通史をジェンダーの視点から書き換えるという作業も進行しており、これもジェンダーの主流化に寄与する流れだと言えます。こうした展開は、ジェンダーの問題が国民国家や国際社会の形成や存立にとってきわめて重要であるという認識が広がりつつあるこ

富永智津子

＊1　Benedict Anderson (1936–). 著書『想像の共同体』(白石隆・白石さや訳、リブロポート、一九八七年。『定本　想像の共同体』同訳、書籍工房早山、二〇〇七年)でナショナリズム研究の新境地を開拓した。

＊2　Eric Hobsbawm (1917–). イギリスの歴史家。『革命の時代』『資本の時代』『帝国の時代』という「長い一九世紀」(一七八九〜一九一四年)の三部作のあと『20世紀の歴史――極端な時代』(上・下、河合秀和訳、三省堂、一九九六年)を著わした。

とを示しているからです。その一つの事例として、私はエレン・キャロル・デュボイスとリン・デュメニルの著書『女性の目からみたアメリカ史』[*5]に注目しています。八〇〇頁ぐらいの膨大な著作です。これは通史をジェンダーの視点によって書き換えることが可能であることを示した一つの事例です。そこでは先住民や多様な移民が国民化する過程で紡いできた政治、経済、社会、文化の歴史がジェンダーの視点から検証されています。必ずしもジェンダー史とはなっていないという批判もあるようですが、試みとしては画期的であろうと思います。これはジェンダーの歴史における主流化、あるいは国民国家論におけるジェンダーの主流化が新しい一つの議論の地平を切り拓こうとしている事例だと言えるのではないかと思います。

もう一つの方法として、いま南塚さんが整理して下さった国民国家論の、ある時期の議論の焦点となっていた「国民」と「民族」という二つの軸を取り上げてみたいと思います。どういうことかと言うと、「国家」が作り出すジェンダー秩序と「民族」が文化として伝統的に保持してきたジェンダー秩序をこの二つの軸に加え、その歴史的展開を検証するという作業です。ジェンダー概念は「国民」と「民族」のそれぞれを構成する事象のすべてを包括する視点を提供していますから、この二つの関係性を総合的に問うことが出来るのではないか。それによって「国民」か「民族」かという従来の二分法的議論とは異なる国民国家論の位相をあぶり出すことが出来るかもしれない、と思うわけです。

一般的に言って近代のある段階までは政治・経済・法律の近代セクターに位置づけられていたという意味で「国民」の軸を担ったのは男性で、圧倒的

＊3　政治学者、思想史家。生没：一九一四～九六年。主著、『現代政治の思想と行動』増補版、未來社、一九六四年。

＊4　Convention on the Elimination of All Forms of Discrimination against Women（略称CEDAW）。一九七九年国連総会にて採択され八一年に発効。全文および三〇ヵ条からなり、政治的・経済的・社会的・文化的・市民的、その他のあらゆる分野における男女平等の実現に向けての必要な措置を定めている。ちなみにアメリカ合衆国は署名はしているが批准していない。

＊5　石井紀子・小川真知子・北美幸・倉林直子・栗原涼子・小檜山ルイ・篠田靖子・芝原妙子・高橋裕子・寺田由美・安武留美共訳、明石書店、二〇〇九年。

多数の女性は伝統的なセクターである「民族」の軸にとどめおかれていきました。その典型的な事例が、「国民」の側で言えば男性のみに付与された参政権、「民族」の側で言えばインドのサティー[*1]とかアフリカ社会に広く見られる女性性器切除といった女性の慣習の温存です。これに対応する男性の慣習というのがありましたが、近代化の過程でいち早く廃絶され、男性は「国民」に収斂されていく。国民国家によるジェンダー差別がこれによってはっきり見えてきます。それは温存された女性の慣習が、しばしばナショナリズムの砦として国家や男性によって利用されてきたこととも関係していると思います。また、民族的アイデンティティの維持のために、ジェンダー平等を志向する近代法の他に、男性に有利な慣習法を温存させてきた事例も、これに含めることが出来る。例えば、多くのアフリカ諸国が、民法の領域で、イスラム法[*2]や慣習法と近代的な制定法をパラレルに温存しているという状況です。これは、「国民」の軸と「民族」の軸とが相互にクロスオーバーしている状況を示している。しかも、その中のどの法律を使うかという決定は男性に委ねられている場合が多いことは、ジェンダー間の権力関係を象徴しています。

このようにジェンダーの視点を国民国家論に組み込むことによって、「国民」と「民族」の境界を自在に往来する国民国家のジェンダー戦略が見えてくる。そこに国民国家論の新しい地平が拓かれることになるのではないかと思います。

＊1　インド（ヒンドゥー）における寡婦殉死の慣行。一八二九年、法律によって禁止されたが、近年まで時々行われ、大きな社会問題となった。

＊2　アラビア語ではシャリーア（原義は「水場に至る道」）。信徒を正しく導き、最終的には天国への道を保証する、法と宗教と道徳を含む包括的な規範・規定の体系。

討論

小谷　有難うございました。それでは、南塚さんと富永さんの報告に対して、第一巻、第二巻の執筆者である伊藤さんと宮地さんからレスポンスをしていただきたいと思います。まず、宮地さんからお願いします。

宮地　国民国家をどのように議論するか、その方法にはいろいろあるとは思いますが、歴史研究者はどうすべきか、ということは確認しておかねばならない問題の一つです。国民国家を類型化するとか、そのような論じ方というのは、私は歴史学的な議論ではないと思っています。それは社会学で、マックス・ウェーバー*3がやったような比較社会学の国家論で、歴史研究者がそれをやっていいのかということは、私は最初から疑問をもっています。と言うのは、私は南塚さんのいう実証主義のゴリゴリで、事実か事実じゃないかだけに関心をもっている非常に古いタイプです。（笑）日本近代史の研究者たちのなかにも国民国家論で日本近代史を斬ろうとする人がいますが、その斬り方が事実に合わない、それはおかしいとあらゆるところで感じるのです。だから今のお二人の話にどうレスポンスするかということでは、私は適任ではない、個別具体的な話でないと頭が動かない。（笑）

ただし、歴史研究者として議論する前提としては、あくまでも世界史ということを前提にして国家があるということですから、世界史の段階論なしには歴史研究者は国家を議論することが出来ない。一九八〇年代以降の国家の問題は、植民地主義がなくなった段階において形成された国家の問題で

宮地正人

＊3　Max Weber（1864-1920）．ドイツの社会科学者。一九〇四年『プロテスタンティズムの倫理と資本主義の精神』に始まって宗教社会学の領域を拓く一方で、官僚制・家父長制・家族制など、支配の構造を解明した。

す。しかも富永さんのお話の通り、国連という枠組みで保障されている国家です。それに対して、第二次世界大戦は反ファシズム闘争[*1]と言われるけれども、それを構成した一つは反帝民族運動で、そこにおける民族運動のモチーフは何かと言うと、帝国主義を許さない、侵略を許さない、独立したら他国を侵略しない、ということです。そういう意味の国家形成の問題です。やはり、その質の差をきちんとおさえておかねばならない。あと一つ、私が強い関心をもっているのは、一九世紀後半に出てきた、ヨーロッパ史でも日本史でもごく普通に言われる国民国家とは何か、ということです。これはこれで、実は全然違う話なのです。国民国家が一九世紀後半に出来るということは、それ以外の世界における伝統的な国家が、従属国家になる、そして保護国になり植民地になる、その対応関係ではじめて国民国家が出てくる。これは南塚さんがポストコロニアル論にかかわって言われたように、まさに植民地なしに国民国家はないという、その関係の中ではじめて国民国家を議論することが出来る、そのように議論しなければならない、それが一九世紀後半の事態なのです。この三つの世界史的段階をきちんと分けずに国民国家とは何かを議論したい人びとのサークルに、私は入りたくないのです。(笑)

小谷　たいへん明快で結構です。では続いて伊藤さんお願いします。

伊藤　国民国家がどのように問題とされてきたのかという点で言えば、これまで四点ぐらいの問題が指摘されてきただろうと思います。第一に、国際社会を構成する主体としての国民国家という問題です。一九世紀以降に近代国際社会が拡大していきますが、この段階での国際体制は西欧国民国家を中心とするものだった。これが第一次世界大戦、第二次世界大戦を経過して脱

＊1　英・仏・ソ連などの側は、第二次世界大戦をドイツ・ナチズムやイタリア・ファシズムに対する反ファシズム闘争と主張し、英・仏などの植民地にも戦争協力を強いた。しかし、それは、植民地の民族運動、例えばインド国民会議派の側からすれば、受容できない主張であった。ただし、植民地側でも、共産党はソ連との関係でそれを受け入れた。

伊藤定良

植民地化が進行する中で、国民国家が世界的な規模に拡大したときに、国民国家によって構成される国際組織が問題となって、国際連盟[*2]から国際連合[*3]への発展という問題を考える必要が出てきます。現在は、そういう国民国家体制が地域統合とかNGOなどのトランスナショナルな組織や地域によって挟撃されてきている状況にあります。

第二には、近代ヨーロッパで生まれた国民国家が社会の近代化、民主化を推進する役割を担うものとして受け止められてきたということがあります。国民国家は、普通選挙、義務教育等々で国民的同権を保証する、あるいは法の支配、出版・結社・集会の自由、または国民経済、国内市場の統一、運輸・交通、通信の発達を図る中で、社会の近代化を推進したというわけです。このように、国民国家を近代化推進のもっとも適合的枠組みとする理解の仕方というのが、第二に問題となります。

第三、これが最近の国民国家論のポイントだろうと思うのですが、国民形成やナショナリズム、対外的契機との関係で論じられてきた問題で、議会、教育、軍隊による国民の形成とか、あるいは国民祭典、国民的記念碑、いわゆる「伝統の創出」[*4]による国民統合の問題です。さらに重要なのは、いわば下からの国民統合の問題、国民化の問題、こういうことが取り上げられねばならない。実はここではっきりしてくるのが、女性やマイノリティ、外国人への差別・排除の実態ということになるだろうと思います。この第三の視点からすると、国民国家の抑圧的、差別的な側面が注目される、と言えるのではないでしょうか。

第四は、第三とも関係しますが、国民国家の理念として一国家一国民と言

＊2　League of Nations. 第一次大戦後に設立された史上初の全般的国際協力組織。ヴェルサイユ条約第一編を規約として、一九二〇年一月二〇日発足。

＊3　United Nations. 第二次大戦後に、国際社会の平和と安全ならびに社会的・経済的発展のための協力を目的に設置された一般的・世界的規模の国際組織。一九四五年一〇月に五一ヵ国を原加盟国として発足した。

＊4　伝統というものは、自然に形成されるものではなく、特定の状況において政治的に創り出されるものであるとする考え方。ホブズボーム、レンジャー共編『創られた伝統』（前川啓治・梶原景昭訳、紀伊國屋書店、一九九二年）によって一般化した。

われますが、それに対する批判がここでは出てくるわけで、文化の多様性・多元性を考慮することで、国民国家の擬制的性格ということが問題にされてきている、というわけです。私たちは近代の人間関係を捉えるときに、やはり国民に集約して捉えがちであったのですが、果たしてそれでいいのか。新しい人びとの結びつきをどのように考えるのかと言うときに、国民国家の擬制的性格を正面に据えるべきであろうと思います。

小谷　いま、宮地さんと伊藤さんからお話がありましたが、南塚さん、富永さん、とくに反応したいことがあれば、ここでどうぞ。

南塚　宮地さんと伊藤さんの話については特にありませんが、富永さんのお話はいろいろとサジェスチョンが多くて、ジェンダーの観点から、既成の民族あるいは国民というものを壊してもう一度見直していく、とてもいい契機になったと思いますので、そのことをもっと実証レベルで検討していただきたいと思います。

小谷　そうですね。富永さん、何かありますか。

富永　今の伊藤さんのお話のなかに、マイノリティ、外国人と並べて女性が入っていますよね。私の言いたいことは、女性の、そのような位置づけ方に対する批判なわけです。女性が周縁に置かれるということは、マイノリティや外国人の場合とは違う意味合いをもっていることを強調したいと思います。

伊藤　それは根源的な問題ですが、私にはまだ整理できていない部分も多く、今きちんとお答えすることは出来ません。ただ言いたいのは、国民の中身が時代時代でかなり変わっているということです。差別という問題から考えれば、女性の参政権一つ取り上げても、それは長い歴史的時間をかけて獲得されてきています。ここでは、女性がいわば国民の一員になっていくわけで、こうした動きとその意味を、歴史的時間の中で考えていくことが重要であると考えています。

富永　その点に関してですが、国民と市民権とを区別して考える考え方があるみたいですね。女性も国民だけど、いろいろな形で市民権を与えられていない時期というのがある、というわけです。こういう区別もありかなと思い始めています。

小谷　伊集院さん、第一巻のもう一人の執筆者として、ここで何か発言がありますか。

伊集院　国民国家と市民社会のあり方、やはりこれを考えてみる必要があるだろうと思います[*1]。市民社会がいつ成立するのかということは、ウィリアム・デュボイスらのアメリカ（具体的にはアフリカ系アメリカ人の市民権）にとっても、もちろん日本にとっても非常に重要なことだと思っています。もう一つは、国民国家を議論していくうえで主権の所在がどこにあるのかということが重要な問題だろうと思います。とりあえずは憲法とかそういう法的な面からどのように規定されているのかといったことが問題になると思いますが。

小谷　市民社会と国家主権の問題ですが、これらは今後の議論の中で必ず出てくると思います。

伊藤　南塚さんの言われるポストモダンの国民国家論ですが、その議論は国民を上から網をかけるようにして作っていくと考えている、そのように受

伊集院　立

＊1　William Edward Burghart Du Bois（1868-1963）．アメリカの黒人運動指導者。アトランタ大学教授。全国黒人地位向上協会の創設に参加。アフリカの独立と統一にも努力、ガーナで客死。

け止めているのですが。

南塚　正直言って、構築主義的な国民国家論を構築された国民との相互関係で論じたものというのはまだないと思うのです。本来はそこまでいかなければならないのですが、それがない。それで、推測ですが、国民を構築するというのは必ずしも国家やエリートが構築するわけではなくて、民衆自身が構築してしまうのだ、という発想だと思うのです。

木畑　南塚さんのお考えでは、英語のネイションを日本語では民族と国民に訳し分けている、それはむしろ便利だということですが、そういう面も確かにあるでしょうが、しかしそれ故にかえって、例えばネイション・ステイトに日本語では民族国家と国民国家という二つの訳語を与えることになるために、混乱を生じる面もあるのではないですか。

南塚　便利だというのは、強調する側面が違ってくるから、それを使い分けるということで便利ではないかと、そう思っているのですが。

木畑　国民国家の中には、いろいろな民族が含まれている国家があって、それでもやはり国民国家だとすると、それを民族国家と言ってしまうと、いわゆる一民族一国家というイメージが非常に強くなってしまって、国民国家の理解に混乱を招くのではないか、と思うのですが。

油井　そこは近代と現代を区別した方がいいと思います。近代の国民国家というのは実態的には民族国家です。一つの民族が多数派を握っていて、少数民族に対して様々な差別が行われたというのは歴史的事実ですからね。現代になってくると、民族差別とか人種差別が法的にも禁止されていくので、国民というのはそこに住んでいる多様な民族の人間すべてを吸収することが

木畑洋一

油井大三郎

出来るようになる。多民族でも一つの国民だという発想は現代になってようやく出てくるのであって、その段階で血縁的関係から切り離された国民国家というものが出来るようになる。近代国家はそうではないと思うのです、どこの国でも。だからやはり、近代から現代へという時代の変化を考慮に入れて検討しないと、分かりにくくなってしまうと思います。

それに関連してですが、構築主義のいう国民も近代になって突然構築されるのではなくて、アントニー・D・スミス[*1]が言うように、前近代から、例えば言語のまとまりとか、そういうものはあるわけですよ。その前近代における漠然としたまとまりが近代になって意識的に構築されるという連続性も見ないと、何か近代になって突然国民が現れるということになってしまいますよ。その意味では、宮地さんの主張の通りですが、この問題ではもう少し歴史的に位置づける議論が必要になると思います。

南塚　木畑さんご指摘の点に関してですが、ネイションは英語でもエスニック・ネイションとシヴィック・ネイションと、ネイションの二つの面を区別しているように、その民族という側面と国民という側面とがあって、その両面を緊張関係の中で見続けなければならないと思うのです。国民国家というとすっきりと見えてしまうけれど、それは大山郁夫の言う[*2]「国家を成している民族」としての「国民」の国家なのだということは、常に意識されていなければならないと思うのです。油井さんの言われる歴史的変化も確かに無視できませんね。それでもなお、今日においても国民国家はドロドロとした民族の側面を持ち続けていると思うのです。それからアントニー・スミスですが、彼は構築主義には批判的なのだと思います。アンダーソンは、前近

＊1　『ネイションとエスニシティ——歴史社会学的考察』名古屋大学出版会、一九九九年。訳者：巣山靖司・高城和義ほか。

＊2　前出『民族闘争と階級意識』参照。

代からネイションを構築の産物と見ているわけですからね。いずれにせよ、一九八〇年代から次々と出てきた理論を受けつつ、ネイションの問題を歴史的に検討し、理論を見直す・組み直すということには異論はありません。

Ⅱ 国民国家の二つの捉え方

小谷　これまでの議論で、必要な論点はかなり出てきたと思いますし、出された論点の多くはこれからも議論されることになると思いますので、次の問題に移りたいと思います。宮地さんは、国民国家を国家間体制・国際システムとして捉えなければ歴史学としては意味がない、とすると、問題は一九世紀後半からだという議論をされました。それに対して伊藤さん、伊集院さんのお二人は、フランス革命を契機として国民国家を考えるという、どちらかと言うと伝統的な考え方に立っています。国民国家に関するこれら二つの捉え方をかみ合せれば、より生産的な議論になるのでは、と思うのですが、まず宮地さん、もう少し詳しく話して下さいませんか。

国家間システムとしての国民国家体制

宮地　二つの論点があると思います。第一は、「近代とは何か」という議論なしに国民国家は論じられない、ということ。「近代の生成」には、それを生み出したヨーロッパにおいても数百年はかかっています。一六世紀末の

＊1　オランダ独立戦争とも。ネーデルランドで、スペイン・ハプスブルク家の中央集権政策と新教徒弾圧に対して展開された反乱。一六世紀末頃オランダ共和国として実質的独立を果した。

＊2　一つは、チャールズ一世の専制政治に反対したクロムウェルらのピューリタンを中心とする議会派が、一六四九年に国王を処刑して共和国を樹立したピューリタン（清教徒）革命。そして、王政復古後の一六八八年、カトリック教徒のジェームズ二世を追放し、「権利章典」を発布した「革命」。イギリス人はこの革命を、流血を伴わなかったことから名誉革命といった。

＊3　アメリカ独立革命とは、一七六五年の印紙法反対運動から始まり、七六年の独立宣言を経て、八八年アメリカ合衆国憲法成立に至る過程をいう。

オランダ革命[*1]からイギリスの二つの市民革命[*2]、それからアメリカ独立革命[*3]、フランス革命[*4]、そして一八四八年革命[*5]位まできちんと見て、ヨーロッパにおける近代とは何か、という議論をしなければならないということです。具体的に言うと、個人と個人が構成する市民社会が産業社会と表裏一体をなして形成される、その長いプロセスを押さえた上で国民国家論をやらなければ歴史学的な議論にはならないということ。もう一つは、自治という問題です。国家の成立以前には地方・地域の自治がある。その分厚く形成された社会の中から国家が出現するという、ヨーロッパ近代の形成過程の変動を、オランダなりイギリスなりフランスなり、そしてアメリカなりで、きちんと見なければならない。その上で、イタリアなりドイツなりがいかにしてこれらの国家に早く追いつくかというときに、今度は民族と国家がいきなり最初に出てくる。このような逆転現象の結合体としてのヨーロッパ世界を見ないといけませんね。その議論なしに国民国家論をアレコレやってみても、あまり意味がないと私は思っています。

第二は、国民国家がイギリスでいつ出来たとか、フランスでいつ出来たという一国史的な議論はあまり歴史学的ではない、ということです。一九世紀後半、そこで初めて近代国家間システムが出来てきますね。アメリカが典型的で、南北戦争[*6]を契機にして一八六五年にアメリカ合衆国とアメリカ国民が出現する。アメリカの南北戦争が終わった途端に、カナダがアメリカに対応するために国家形成する（一八六七年、カナダ連邦成立）、まさに国と国との関係で国民国家が出来てくるのです。それはヨーロッパ世界でもまったく同じで、フランス（ナポレオン三世[*7]）はドイツなりイタリアの国民国家形成

＊4　一八世紀末にフランスで勃発し、一七八九年には国民議会の成立、封建的特権の撤廃、人権宣言の採択が行われ、王制廃止に至った。

＊5　パリの二月革命に始まりドイツやオーストリアの三月革命へと発展した革命。フランス革命以来の「下からの」社会変革運動がヨーロッパのほぼ全域に及び、かつ挫折したという意味で「近代の転換点」とみられる。

＊6　一八六一年から四年間続いた、アメリカ史上最大の戦争。黒人奴隷制度と綿花生産に立脚した南部と産業資本が芽生えた北部の間で戦われた。北軍の勝利に終わり、その後、統一された国民経済の下で産業資本主義の急速な発展をみた。

＊7　フランス第二帝政の皇帝。在位一八五二～七〇年。

を非常に嫌っていた、それを逆手にとってビスマルクが普仏戦争を起こすわけです。イタリアとフランスの関係も全く同じで、フランスはイタリアの統一化を懸命に阻止しようとした。だからナポレオン三世が倒れ、ローマ法王領に対するフランスのバックアップがなくなってから、はじめてイタリアの統一が成る、という意味では、やはり国と国との関係を前提として国民国家が出てくるのです。このような議論をしないのなら、国民国家論にはほとんど意味がないでしょう。

小谷　それでは、次に伊藤さんと伊集院さん、お願いします。

フランス革命を起点として国民国家を考える

伊藤　私自身のここでの議論は本当に単純でして、国民国家というからには、やはり国民的アイデンティティ形成の問題が重要だということです。フランス革命を国民国家形成の重要な起点として捉えたいと思うのは、それがフランスの国民意識形成をもたらしたからだ、ということに尽きます。フランス革命の過程で、国民概念が積極的な意味を持ち始め、国民議会とか徴兵制の問題、そしてフランス語の国語化ということが、いわば出揃ってくるわけです。また、国民国家形成は国際的契機の問題を抜きには考えられません。その点では、フランス革命と諸外国との関係は周知のことですし、フランス革命からナポレオン戦争[*2]に至るヨーロッパの変動がその後のヨーロッパの国民国家形成に連なる動きを生み出していったという事実は重要です。国民国家の起点という場合には、非常に常識的な線であるかもしれませんが、

＊1　一八七〇〜七一年、プロイセンが主導する北ドイツ連邦とフランスとの戦争。フランス軍の降伏で第二帝政は崩壊し、アルザス・ロレーヌの大部分を割譲、ドイツの統一が完成した。

＊2　フランス革命後の総裁政府から第一帝政の時期にかけてナポレオンが指揮した一連の戦争の総称。最終的には、ナポレオンはライプツィヒの戦いに敗れ、一八一四年に退位、翌年復帰したが、ワーテルローの戦いに敗れ、セント・ヘレナ島に流刑された。

私は、フランス革命に置きたいと考えています。

伊集院　宮地さんの言うヨーロッパ近代がいつから始まったかということに関してですが、それは一六四八年のウェストファリア条約[*3]に主権国家体制の確立を求めることで、起点とすることが多い。これはおそらくウェストファリア条約第八条[*4]にある、それぞれの選帝侯、諸侯が自分たちの領邦の権限を神聖ローマ帝国から侵害されない、いかなる攻撃も妨害も受けない、とされていることによると思うのです。これは、神聖ローマ帝国の統一を阻止するために、むしろフランスが各領邦国家の割拠を固定化させたもので、結局ウェストファリア条約によって一七世紀以降のフランスは、ヨーロッパにおける優位性をもちつづけることが出来たのだと、ハルトゥング[*5]は理解したのです。フランス革命のあとのナポレオン戦争まで続くこのような状況に対して、フィヒテの「ドイツ国民に告ぐ[*6]」というようなものが出てきて、ドイツはとにかく分裂状況を克服しなければならないのだ、ということになったわけです。ドイツ統一の問題というのは、もちろん一八七一年が非常に重要だとは思いますが、むしろ一六四八年のウェストファリア条約の段階から、ドイツ領邦諸国家の割拠状況を克服するという課題が非常に大きな問題としてあったわけで、ウェストファリア条約というのは、近代というよりそのような国際的葛藤の中から生れてきたと考えるべきではないかと、私は思っています。

いま一つは、近代市民社会における農民の問題が大きいのではないかと思います。一般には、フランス革命によって国民国家や市民社会が成立したということになっていますが、農村における変化という問題が実は非常に重要

---

*3　一六一八〜四八年のドイツを舞台とするヨーロッパ諸国戦争（三十年戦争）を終結させた条約。ドイツ諸侯の領土主権とヨーロッパにおけるフランスの覇権の基礎が固まった。

*4　今日のドイツとイタリア、東南部フランスに及んだ中世ヨーロッパの帝国。西暦八〇〇年のカール大帝の戴冠から、九六二年のオットー一世による継承の後、様々な変遷を経て一八〇六年の終焉に至った。

*5　『ドイツ国制史』成瀬治他訳、岩波書店、一九八〇年。

*6　Johann Gottlieb Fichte（1762-1814）. カント哲学を受け継ぎながら、自我の絶対性を強調し、より倫理的色彩の強い観念論を展開した。「ドイツ国民に告ぐ」はナポレオン戦争中に民族覚醒を鼓舞するために行われた講演。

なのではないかと思います。ドイツで見る限り農村の変化というのは非常に遅くて、一九三〇年代になってようやく大きな変化が生まれてくる。フランスにおいてもほぼ同じ時期です。フランスの農民はフランス革命では大きな役割を果たしたと言われていますが、農民というのは、国家あるいは市民の視点から見ると、非常に劣悪な、ほとんど人間としては扱えないような野蛮人、あるいは獣のように論じられているのです。工藤光一氏の論文[*1]はそのようなことに言及しています。農村と農民の、社会における位置、このことを重視して市民社会というものを論じていく必要がある。農村と農民の変化によって、二〇世紀以降になって国民国家が変わっていくのだと、私はこのような考え方をしています。

次に、国民国家と君主制という論点ですが、イギリスは国民国家なのか、明治以降の天皇制下の日本を国民国家として見ることが出来るのか。フランスは七月革命[*2]、二月革命[*3]、それからナポレオン三世の第二帝政[*4]というように君主制を繰り返し志向していた。私は、国民国家を考える上では、この問題を検討しないでは済まされない。この問題に関しては、アーノ・メイヤーの『頑固な旧体制』[*5]という本がありますが、旧体制は一貫して非常に強力なのです。これには土地貴族の存在が大きいと思いますが、土地貴族の社会的弱体化が始まるのはいつ頃からか、ということが、国民国家を論じていく上で、農村と農民の変化の問題と共に、重要な問題としてあるのではないかと考えています。

小谷　同じくフランス革命を国民国家の起点と考えるとしても、伊集院さんと伊藤さんでは、考え方にかなり違いがあるようですね、私は同じような

＊1　「市民社会と「暴力的」農民」、立石博高・篠原琢編『国民国家と市民』山川出版社、二〇〇九年、所収。

＊2　一八三〇年七月「復古王政」を倒した革命。その結果「七月王政」が成立した。

＊3　一八四八年二月、「七月王政」を打倒して第二共和制を成立させた革命。

＊4　一八五二年一二月から七〇年九月まで続いたナポレオン三世の帝政。普仏戦争の敗北によって崩壊した。

＊5　Arno Mayer, *The Persistence of the Old Regime: Europe to the Great War*, New York, 1981.

ものかと思っていましたが。（笑）それでは、ここで、イギリス史の木畑さんとアメリカ史の油井さんに議論に加わっていただくことにしたいと思います。まず、木畑さんお願いします。

討論

木畑　私は今の伊藤さんの考えに賛成なのですが、宮地さんが言われる国家間の関係、国家間システムの中で国民国家が出現するという問題も、重要だと考えます。ただ、その問題はフランス革命の時からおさえておくべきだろうと思うのです。イギリスにおける国民国家はイギリスの中から自生的に出てきたわけではなくて、あくまでフランスとの関係を軸にする当時の国際関係の中から出てきたものです。リンダ・コリーという女性史家が『イギリス国民の誕生』[*6]で述べていることですが、一八世紀のフランスとの戦争、さらには新大陸に広がる対外的な関与という国家間関係の中で、領域がすでにある程度確定していたイギリスにおいて、イギリス人というアイデンティティが生れてきた、そしてフランス革命後に「イギリス国民」が現れてくる、このような感じだったと思います。

小谷　では次に油井さん、お願いします。

油井　米国の話に入る前に全般的な問題を指摘したいと思います。一つは今、木畑さんが言われた国民国家形成における国家間対立とか、世界システム的なファクターの重要性ということです。国民国家が成立する前に主権国家、絶対君主が主権を握っている主権国家[*7]というものが存在して、その主権

＊6　原題『*Britons*』（川北稔監訳　名古屋大学出版会、二〇〇〇年。

＊7　西欧の中世末期になると、官僚制や常備軍の配置などによって絶対君主に権力が集中していくが、一般に西欧における主権国家体制の始まりを画したといわれる一六四八年のウェストファリア条約によって主権の保持者と認められたのは多くの場合、絶対君主であった。この絶対主義国家が一八世紀後半から始まる市民革命によって打倒された後に国民国家が登場する、というのが西欧における基本的な歴史過程であった。

国家間の対立が非常に激しくて、絶対君主にしても上から何らかの形で民衆を統合しないと生き残れないという構造があったと思うのです。だから主権国家から国民国家への変容過程というのをまず前提にしなければならない、と思います。その場合、とくに国家間の激しい対立の中で主権国家が生まれてくるということは、戦争に次ぐ戦争という状況が存在したということで、その戦争に勝ち抜くため、ないしは植民地化されないため、という形で、強迫観念のようなものが発生してきて、対外的契機となる。そのようなことを前提にしておかないと、ただ内発的に国民国家が生まれてくるという議論だけでは、やはり歴史の理解としては非常に弱いと思います。ですから、近代に成立してくる主権国家自体が、極めて侵略的な存在なのです。市民革命を経由して国民国家が成立したフランスの場合は、国内においては、女性を除いて、またはマイノリティを除いてですが、法のもとの平等が実現する[*1]けれども、しかし対外的な膨張性というのは清算されずにむしろ激化していきます。国民国家というのは、同時に非常に帝国的であるということも忘れてはならないと思います。そういう意味で、もう少し国際的な契機というものを重視する議論をすべきだと思います。

次に、米国の話になりますが、西ヨーロッパの国民国家というのは基本的には一つの多数民族を基盤にして国家を形成している。その中にはもちろんマイノリティも存在していますが、実態としては単一民族国家的な様相が強い。ところが、米国の場合はもともと移民から成り立っているわけだし、奴隷制も存在したので、はじめから多人種多民族国家だったわけですが、それ故に、多人種多民族国家を、しかも連邦制として、広大な領域の中で成立さ

＊1　一八〇四年三月に制定された「フランス人の民法典」(いわゆるナポレオン法典。一八〇七年に「フランス民法典」と改称)のもと、フランスは、近代市民法原理を確立し、各国の法制にも大きな影響を与えたが、家族尊重主義の反面、夫婦間の不平等規定など問題も多かった。

せてきたという点で、西ヨーロッパの国民国家の体制とは大きな違いがあります。南北戦争前の米国という国は、ゆるやかな、ある種の国家連合的性格が強かった、各州の権利が非常に強かったわけですが、南北戦争で南部の州権論[*2]が否定されることによってようやく、連邦政府が強い権限をもつ連邦国家に転換することが出来た。リンカーンのゲティスバーグ演説[*3]で有名な「人民の、人民による、人民のための政治」というのは、要するに、選挙で国民に直接選ばれた大統領のもとでの連邦政府というものが優越的な権限を持つのだ、ということを強調する演説であるとする解釈もあります。南北戦争の意味は、米国史の文脈では、むしろゆるやかな国家連合から連邦国家に変化するという意味で語られていますので、やはりヨーロッパ的な国民国家形成とはきちんと区別しなくてはならないだろうと思います。

もう一つ、多人種多民族性というのをどのように理解すべきか、ということです。米国の国民意識の面白いところは、国民統合の論理というのが歴史と共に変わってきたということです。一九世紀においては圧倒的に、白人でアングロ・サクソンでプロテスタント[*4]というイギリスから渡ってきた移民が中心の社会で、アイルランド人などは排斥されたわけです。しかし二〇世紀前半になると、アイルランド系、ユダヤ系、イタリア系とかプロテスタントではない人たちの影響が強まってくる。一九六〇年にアイルランド系のケネディが大統領に当選したというのは、まさにその象徴的な出来事だったのです。しかしその段階でも黒人の権利はなお否定されていたのですが、その後非白人の平等性を主張する理論として多文化主義[*5]が出てきました。米国の場合には、アイデンティティをめぐる闘争のようなものが非常に激しくて、差

＊2　アメリカ合衆国憲法条文の厳格解釈、連邦政府権限拡大反対、州政府権限擁護の立場。アメリカ政治の一つの伝統だが、特に南北戦争前の南部奴隷主が強硬に主張した。

＊3　一八六三年一一月一九日に、南北戦争最大の激戦「ゲティスバーグの戦い」（七月）の戦没者慰霊集会で行われた演説。

＊4　白人（W）、アングロ・サクソン（AS）、プロテスタント（P）からWASP（ワスプ）と略称。建国以来、WASPのエリートたちがアメリカ的生活様式の各分野の支配的地位を占め、彼らの生活様式がアメリカ社会の典型とされてきた。ただし、使用される時の定義は曖昧。

＊5　社会内部の少数派集団の文化的伝統を肯定的に受けとめ、その権利を擁護したり利益の増進をはかろうとする立場。その主張や方策は多様である。

別されている人たちの抵抗で国民統合の原理も変化していくという、ある種の柔軟性のようなものをもっていると思うのです。このような多文化主義は、ヨーロッパでも、今後の日本でも、取り入れなければ国民国家を維持していくことは出来ないのではと、私は思っています。

小谷　有難うございました。それでは宮地さん、国民国家と天皇制の問題とか、国民意識の問題とかに関わっての発言をお願いします。

宮地　国民国家の場合には、やはり国民の代表が国家意思の決定に参加するということが極めて重要なことです。国会や地方議会を作る、政党が出来る、社会が資本主義的に発達する、これらのいくつかの指標があれば、イギリスでもドイツでも日本でも国民国家になっていく。ただし日本近代の場合には、主権は天皇にあって国民にはなかった、これは事実ですが、主権が天皇にあっても国民国家であることには問題はない。このことをまず言っておきます。

二番目は、少し木畑さんに挑発的な反論をしたい。そんなに古くから、イギリス人やフランス人は自分たちを国民と考えていたのかという問題です。偉いのは自分たちで全世界を自分たちが抑えているのだというのはイギリス人の考え方であるし、ヨーロッパ諸国が弱体だからナポレオンが全部を支配すると考えるのがフランス人なので、そこには国対国、国民対国民という発想はなかったと思います。近代の主権国家と主権国家の対立は、油井さんが言われたように非常に激しかったけれども、一九世紀後半に世界史的な意味で質的な変化が起こったのです。と言うのは、民族がまとまった国家、国民国家というのは非常に強い国家で、今までに見たことのない国家が出来てきた、この国家の質の差というのは極めて大きいと思います。イギリス人やフランス人がそれまで考えなかった、ヨーロッパ国民国家世界が一九世紀後半に出現してきたのです。大ドイツ主義的な統一に失敗した結果、結局妥協してハンガリーを組み込んでオーストリア＝ハンガリー二重君主国[*1]が出来て、諸民族を抑圧する。国民国家システムの形成の中で、オーストリア・ドイツ人がやむなくとった一つの代替措置でしょう。と言うことからも、やはり一九世紀後半のヨーロッパ世界の新段階ということをきちんと考えないと、国民国家にとって最も重要な基礎についての議論は出来ないのではないかと、私は依然としてこのように考えています。

但し日本史に引きつけて言うと、それだけでは議論が足りない。一つにはアメリカの問題、あと一つはロシアの問題を入れなければならないのです。アメリカの問題がなぜ日本史に引っかかるかと言うと、南北戦争が一八六五年に終わった直後の六七年に、カナダが完全な独立国家ではないにしても連邦的国家となりますが、一八六七年というのは、同時にロシアがアラスカをイギリスではなくてアメリカに売却した年でもある。そこにアメリカとイギリスの対立が見事に現れたわけですが、そのような年が明治維新の一年前であるわけで、この世界史的な連関をおさえないと日本近代史を構想することは出来ない、と私は思っているので、アメリカに拘っているわけです。

もう一つのロシアですが、あれほど大きい国が、専制国家でありながら倒壊せずに、かえって非常に強くなるというのは、やはりシベリアから極東への進出が、ロシアの貴族階級あるいはブルジョアジーに新天地を切り開いたからで、このことがロシアに、アメリカのフロンティアとは別な意味で、大

＊1　一八六七年、オーストリアとハンガリーとの間に成立したアウスグライヒ協定以後のハプスブルク帝国の通称。君主と外交・軍事・財政のみを共通とする二つの国家という形をとったので「二重帝国」ともいう。

きな可能性を与えつづけたのだと思います。クリミア戦争[*1]という挫折はあったけれども、日露戦争[*2]までは、我こそは陸の最強国だ、イギリスと戦っても勝つのだと思っていたのがロシア帝国です。ロシア帝国が一九世紀後半のヨーロッパ国民国家システムの形成の中でどのような対応をしたかという観点を入れなければ、ヨーロッパあるいはアメリカにおける国民国家論は成り立たないと思います。このように考えてくると、一国一国ごとの議論をどんなにやっても日本史には使えない。私は非常にエゴイストですから、日本史に使えないとあまり関心がない。（笑）だから日本史に使えるような一九世紀後半のヨーロッパ史研究を、もう少しやっていただけないものかという希望は申し上げておきます。

南塚　ヨーロッパ史研究者の立場から、日本史をも含めた世界史の研究者の責任というのを考えてみると、フランス革命の時にフランス国民というのが意識され、それにもとづく国家が目指されたというのでは、国民国家の形成にはならないと思うのです。実際にフランス革命がどこまで、どういう結果をもたらしたか、だからこういう国民国家になったのだというその実体論をきちんとやらないと、実証主義の議論としても無意味だと思うのです。実際、庶民まで考えに入れると、もっとずっと時代を下らないと国民国家にはならない。この議論をやらないと、ヨーロッパの国民国家論はヨーロッパの外では全然通用しないと思いますね。

＊1　一八五三〜五六年、クリミア半島を舞台に戦われたロシアとオスマン帝国、イギリス、フランス、サルデーニャ連合の戦争。ロシアの劣勢で終結し、パリ条約で講和が成立した。

＊2　一九〇四〜〇五年の日本と帝政ロシアとの戦争。米大統領ローズヴェルトの勧告により、ポーツマス条約に調印して戦争は終結した。

Ⅲ 国民国家の限界と虚構性

小谷 先を急ぐようですが、次の問題に入ることにします。世界史の中の現実の国民国家はさまざまな限界や虚構性をもっています。国民国家における女性の位置の問題、国民国家の内部に存在するエスニック集団やマイノリティ集団の権利の問題、そして、国民国家形成が必然的に植民地支配や帝国主義的侵略を伴っていたという問題などです。

それではまず富永さんに、国民国家とジェンダーの関係について問題を出していただきたいと思います。

国民国家とジェンダー

富永 国民国家とジェンダーの関係を検討するにあたって、国民国家がどのようなジェンダー秩序を構築してきたかという視点から考えてみたいと思います。その際の分析視点としては、「近代家族」と「軍隊における女性の位置づけ」という二点に絞りたいと思います。具体的な事例としては、共通点の多い日本とドイツを取り上げることにします。

近代国民国家におけるジェンダー秩序を、公私二元的ジェンダー秩序と規定しておきます。これはドイツ法制史の三成美保さん[*3]が、そういうとらえ方を提起されていて、それを援用させていただきました。つまり公的領域から

＊3 『ジェンダーの法史学――近代ドイツの家族とセクシュアリティ』勁草書房、二〇〇五年。

切り離された私的領域としての家族の出現によって生まれたジェンダー秩序で、そこでは女性に出産と育児の役割が、男性に家族の経済的サポートの役割が振り分けられ、性別分業のジェンダー秩序が出現したわけです。近代的な政治機構が整備される中で、女性が政治という公的領域から排除され、参政権を男性と同等に与えられなかった背景には、このジェンダー秩序を支えた母性神話[*1]があったと言ってよいと思います。

一方、軍隊における女性の位置づけというのは、まさに国民国家におけるもっとも不均等なジェンダー関係を象徴しています。ジェンダー間の共存と平等を志向するジェンダー論の視点からは、国民国家が軍隊から女性を排除してきたことの意味を歴史から読みとることが求められていると思います。

ここで日本とドイツのジェンダー秩序の事例を取り上げてみます。日本では明治期、大日本帝国憲法の制定以降、女性を政治という公的領域から排除する方向に舵を切りました。これを「男性支配型公私二元的ジェンダー秩序」と呼んでもいいかと思います。大正デモクラシー[*2]のなかで女性参政権を求める運動が高まりましたが、明治期のジェンダー秩序はそのまま維持されました。日中戦争[*3]の開始以来、平塚らいてうや市川房枝らの婦選運動[*4]が、国家総動員法[*5]の下での総力戦体制の中で、戦争協力という国家の戦略にからめとられていったということは、よく言われていることです。男性支配型公私二元的ジェンダー秩序というのは、第二次世界大戦後、女性参政権の確立をもって「市民型公私二元的ジェンダー秩序」に移行したというのが、大きな流れです。

一方ドイツでも、国民国家形成期の男性支配型公私二元的ジェンダー秩序

＊1　女性には妊娠・出産の機能に由来する母性（子どもを産めば自然に愛情が湧いてくるという性向）が、本能的に備わっているという説。

＊2　大正時代に顕著となった民主主義的・自由主義的風潮。憲政擁護運動や普通選挙運動、吉野作造の民本主義などに象徴される。

＊3　一九三七（昭和一二）年七月七日、盧溝橋事件にはじまり、一九四五年八月一五日、日本の無条件降伏にいたるまでの日本と中国の戦争。

＊4　婦選獲得同盟による社会・

は、ワイマール憲法[*6]の下における女性参政権の確立をもって、市民型公私二元的ジェンダー秩序に移行しました。しかし、ナチズム下では、性と生殖を含めてジェンダー秩序の全てが国家的管理の下に置かれることになったので、これを私は、「国家一元的ジェンダー秩序」と言っていいかなと思っています。その中では、優生論[*7]に依拠して「アーリア」系ドイツ人女性の人種保存・増強の役割が強制され、母性神話が最大限に利用されました。

このように、日本とドイツの事例を比較すると、両国の共通点が見えてきます。つまり戦時下やファシズム体制下で軍国主義が称揚された時に、日本もドイツも公私二元論的ジェンダー秩序を基盤として、男性には兵士、女性には母性が振り分けられた、その際、国民国家にとっての兵士の役割は銃後を守る女性の役割より高く評価された。この点が非常に重要だと思うのです。なぜならこのジェンダー観は国民にも共有され、それが女性を二級市民に位置づけることによって、ジェンダー間の真の共存や平等の実現を阻んでいるという状況は現在も続いているからです。軍隊、兵士に女性がなるかどうかという議論があちこちでなされているのも、このことと関係していると思います。

歴史的にみて国民国家のジェンダー秩序の中では、産む性としての女性の軍隊や戦場での位置づけが男性と同じになることは決してなかった。公私二元的ジェンダー秩序が維持される限り、この状態は今後も続くと思います。しかし、兵士になって国を守ることが男性並みの平等な国民になる道だとしたら——そういう議論もあるわけですが、その道は産む性であり育てる性とされている女性には、現実的にはほぼ閉ざされているということを意味して

政治運動。各層の女性を結集し、一九三〇年には第一回全国婦選大会開催にいたるが、その後、母子保護法制定・選挙粛正等の活動に比重を移し、次第に体制側に組み込まれていった。機関誌『婦選』全一九巻・別冊一巻（昭和二〜一六年刊）。

＊5　日中戦争に際し、人的・物的資源の統制と運用に当っての広範な権限を一元的に政府に与えた法制。一九三八年公布・施行、四五年末に廃止。総力戦体制の法的根拠。

＊6　一九一九年、ワイマールで開催された国民議会で成立したドイツ共和国憲法で、近代民主主義憲法の一典型とされる。

＊7　人類の遺伝的素質を改善することを目的に、悪質の遺伝形質を淘汰し、優良なものを保存すべしとする理論。

いる。とすると、国民国家の枠内でのジェンダー間の平等への道は、軍隊を持たない国民国家の実現によってのみ開かれることになる。それは兵士となる男性にとっても暴力や国家の名による殺人、あるいは男性に付されてきた男性性という文化的属性からの解放を意味するはずです。つまりジェンダーの視点が切り拓くことができる国民国家の理想像は、「非戦」であり「脱軍事化」だということが、ここから見えてくる。この理念に近づくことが国民国家のジェンダー秩序を限りなく民主的なものに近づけるということ、ひいては、それが一国の問題に止まらず、国家間の平和的共存への一つの道筋を示すことになるのではないか。これが、ジェンダーの視点から見た、現在の私なりの展望です。

小谷　後の討論のところで、富永さんが今提起した点について、議論が出てくると思いますので、その前に、国民国家とエスニシティの問題について、まず伊集院さん、それから伊藤さんにお願いします。

国民国家とエスニシティ

伊集院　国民国家というのは理念的には、全ての人間は生まれながらにして固有の「権利」を持っているという、いわゆる自然法[*1]の考え方にもとづいた国家のあり方です。ところが現実の歴史においては、言語とか習慣とか伝統に結びついた多様な集団が存在していて、それらの集合体として社会が成立しているわけで、特に市民社会におけるエスニック集団の存在という問題は、国民国家の理念的形成の段階において、すでに存在していると考えざる

＊1　特定の時代と社会で施行されている人為的な成文法や慣習法に対し、時空を越え普遍的に妥当すると考えられる規範。
＊2　E・J・ホブズボーム『ナショナリズムの歴史と現在』（浜林正夫・嶋田耕也・庄司信訳、大月書店、二〇〇一年）を参照。

をえないと思います。例えば、ホブズボームが民衆的プロトナショナリズムと呼んだ事象とか[*2]、かつて「歴史なき民」[*3]といわれた人びととか先住民集団、そういった人びとや集団が存在している。それから最近の動きとしては、グローバリゼーションという言葉で表現してもよいかと思いますが、労働力移動によって故郷を離れて新しい土地に定住にするようになった人びと、このような人びとの存在を二一世紀の現在の中で、どのように考えていくかというのは、非常に重要な問題だろうと思います。

私は、このエスニック集団に関する研究動向として、以下の三点を指摘しておきたいと思います。第一は、いわゆるシカゴ学派[*4]といわれている人たちの研究です。彼らはシカゴという都市を取り上げて、ここでのエスニック集団に焦点を絞り、acculturation[*5] とか assimilation[*6] といった言葉をキー概念として、社会の階層とか階級をエスニック集団として理解しようとします。そして、そのようなエスニック集団は、相互に競争し軋轢を引き起こし、やがて軋轢を経て相互に調停し合い、次第に同化し変容を遂げていくのだ、と、このような考え方というか研究が、一つあります。

第二には、例えばマックス・ウェーバーの研究です。彼は、経済的階層とか教養水準とか政治的イデオロギーという視角からこのような集団を分析するわけですが、彼の考え方には、エスニック集団を近代社会の汚点として捉える、そういう意識が潜在的にあるのではないかと思っています。ウェーバーは『経済と社会』[*7]の中でこの問題について触れて、アメリカにおける移民の問題を非合理的な集団と合理的な集団という形で分けて論じています。ウェーバーによると、政治的でかつ合理的な集団というのがあって、例えば

＊3　一八四八年革命時にエンゲルスが使用した概念で、中・東欧の主としてスラヴ系諸民族を歴史の進歩に関与しない民族という意味で「歴史なき民」と規定した。その西欧中心的文明・歴史観には、多くの批判がある。参照、良知力『向う岸からの世界史』（未來社、一九七八年）。

＊4　シカゴ大学を中心に形成された研究者集団で多くの分野に存在する。例えば社会学では、理論化よりも現地調査を重視し、都市化とその影響、特に伝統的社会・人間関係の変質や解体に注目した。

＊5　「文化変容」＝先進的な新（異）文化への適応、異文化の接触による相互的変容、を意味する。

＊6　人種的・文化的に異なるマイノリティに対する「同化」を意味する。

＊7　Max Weber, *Wirtschaft und Gesellschaft*, Tübingen, 1921, 5. Auf. 1972, S. 235 ff.

アメリカに移民したドイツ人集団などはそうだというわけです。これに関連してもう一つ注目しておきたいのは、ドイツ系ハンガリー人のシェプフリンの見解です。[*1]彼は、長い間イギリスで研究生活を続けているのですが、イギリス社会においては、エスニック集団を歴史的に形成された class というもので組織している、つまりウェールズとかスコッチとかイングリッシュというような歴史的人間集団は全て class として存在している、と主張しています。

第三の研究動向としては、エスニック集団の適切な権利を主張する研究です。日本でも翻訳されているウィル・キムリッカの研究[*2]などがこれに含まれますが、第二次世界大戦後の国際連合によっても様々な人権の研究が行われています。その一例は国連総会が一九七〇年に採択した通称「友好関係宣言」[*3]ですが、この宣言では「国家が国家内に居住しているエスニック集団の権利を保障することが必要である」と言っています。国連におけるこのような議論は自治権という形をとっているのですが、私が注目したいのは基本的に国家主権の枠の中でこの権利を保障しているということです。イタリアのアントニオ・カッセーセは、外的な自治権と内的な自治権とに分ける手法をとって、主権国家内部でのエスニック集団の自治権を国際法的な枠組みの中に位置づけています。[*4]第二次大戦後の国連による、こうした一貫した一連の動きをあげることが出来ます。

エスニック集団に関する研究動向を紹介したに過ぎないのですが、私としては、市民社会、あるいは国民国家におけるエスニック集団の権利の問題が、二一世紀においてはますます重要になってくるのではないか、と考えて

＊1　George Schöpflin, *Nations, Identity, Power*, London, 2000.

＊2　キムリッカ（Will Kymlicka）『現代政治理論』（千葉眞・岡崎晴輝ほか訳、日本経済評論社、二〇〇二年）、二〇〇五年に『新版現代政治理論』として再刊。

＊3　正式名称は「国際連合憲章に従った国家間の友好関係および協力についての国際法の原則に関する宣言」。

＊4　Antonio Cassese, *Self-determination of Peoples : A Legal Reappraisal*, Cambridge, 1995, Chap. 5.

いるのです。

小谷　では続いて、伊藤さんお願いします。

伊藤　ドイツ帝国の課題、つまりビスマルク[*5]の課題というのは、帝国の敵といわれた社会集団をいかに国家の側に統合するかということでした。この重要な対象の一つがプロイセン人口のほぼ一割を占めていたマイノリティ集団としてのポーランド人[*6]だった、というわけです。もちろん、国民国家の建前としては国民同権ですから、帝国議会での参政権、普通選挙権はポーランド人にも保障されていました。また一般的に、結社・集会・出版の自由が保障されているわけですから、ポーランド人たちも様々な活動を行うことが出来ました。このことを踏まえながら、実態としては、実はどのような状況が起きていたのかという問題です。国家は、ポーランド人のドイツ国民化のために、まずは言語によって統合しようとしました。それが初等教育におけるドイツ語の強制であり、公用語の形で官庁等々ではドイツ語しか使ってはいけないという措置だったのです。それと連動する形で、一八九〇年代以降には民衆レベルからも急進的ナショナリズムが出てきて、国民統合を牽引するようになります。国民祭典や国民的記念碑、例えば諸国民戦争記念碑[*7]などは全て私的なイニシアティブに発していますし、ビスマルク記念碑も民衆レベルのビスマルク協会[*8]によって全国的に波及していくのです。

ドイツ帝国内のこのような多様な動きに対応するようにして、ポーランド人の側からは対抗ナショナリズムが出てくるのです。彼ら自身も様々な手立てで、自らの国民化を行っていこうとします。そのために、ポーランドにまつわる歴史的記憶が総動員されることになります。そうすると、ドイツ帝国

＊5　Otto Fürst von Bismarck (1815-98). プロイセン、ドイツの政治家。異名、鉄血宰相。一八六六年普墺戦争、一八七一年普仏戦争に勝利し、統一ドイツ帝国を実現し、帝国宰相となった。

＊6　一七〇一年、プロイセン公国が昇格して王国となり、一八七一年のドイツ帝国成立後は帝国の中核として存続したが、一九一八年、帝国の崩壊と共に消滅した。

＊7　諸国民戦争とは、一八一三年、ライプツィヒで繰り広げられた戦争（ナポレオン軍とプロイセン・ロシア・オーストリア・スウェーデン連合軍が激突）。その記念碑は戦後百年となる一九一三年、旧戦場の中央に建設された。

＊8　全国で三〇〇以上結成され、ビスマルク崇拝を国民的規模に広げた。会員の大半は中級職員・官吏、小売商人や手工業者であり、ビスマルク記念碑建設の中心となって、ビスマルク神話を創り出すのに貢献した。

では二つの国民化という事態が生まれるわけで、国家内での矛盾は拡大せざるを得ません。

そうした対抗ナショナリズムにおける問題として、ナショナリズムの有する複合的性格を指摘しておく必要があります。ポーランド・ナショナリズムは、一方でドイツ国家に対抗しながら、他方において例えば反ユダヤ主義[*1]の問題を抱えているし、非常に重要なのはもう一つ別のマイノリティであるマズール人[*2]と反目しているという問題もあります。マズール人はほとんどドイツ国家に同化している少数民族なのですが、プロイセン政府は実にうまく彼らを利用して、ポーランド人に対抗させようとしました。また、有名な帝国結社法[*3]は全体としてみれば民主的な条項も含んでいるのですが、公開集会においてはドイツ語で討議しなければならないという規定（第一二条）がありまして、そこには明確な反ポーランド的民族政策が露骨に示されています。例外規定として、リトアニア語とかマズール語とかゾルブ語などは許可されるのですが、ポーランド語だけは許可されない。こういう差別の重層化なり、マイノリティ同士の反目といった問題を、私たちは直視しておかなければならない、と思います。

小谷　この国民国家とエスニシティの問題についても、討論は後にすることとして、次に、欧米先進国における国民国家形成は必然的に植民地主義・帝国主義を随伴していたという問題ですが、木畑さんと宮地さんからお願いしましょう。

＊1　ユダヤ教を「強烈な排他的選民思想」とする思考傾向、またそのような思考のもとで行われるあらゆる差別的行為。極めて多義的な用語。

＊2　東プロイセン南部の湖沼地帯（マズール地方）に集住していたスラヴ系少数民族。

＊3　一九〇八年に制定された法律。第一二条の言語条項は例外規定を設けているものの、プロイセンではポーランド語のみがラント（邦）独自の例外許可の適用外とされた。その背景には、ポーランド民族運動の発展があった。

国民国家と植民地主義・帝国主義

木畑　これまでの議論でも出されていることですが、国民国家の形成は広く世界システムの中で考えなければならない、ということについて、まずきちんと確認しておかねばならないと思います。近代の世界システムの中で、ヨーロッパ諸国が一九世紀以降、覇権的な位置を占めていく、具体的には植民地を拡大していくわけですが、それとヨーロッパにおける国民国家形成の進行とが重なり、それがさらに世界のシステム化を推進していった、というそのような理解が重要です。近代ヨーロッパの国民国家が、それぞれの植民地を獲得していく過程で、自らの国民国家の領域性を外に投影していき、そうなるまではそのような領域性というものがなかったところに、新たな領域性が作られていく。このことが前提となって、後に植民地化された地域が独立していく際には、その領域性に基づいてそれぞれが国民国家を志向する、そのような方向を取ることになるわけです。そのプロセスを全体として見ていくということが、重要ではないかと思います。

宮地　前に木畑さんが「イギリス国民」について話された点にも関連することですが、私は木畑さんの意見にはあまり賛成できないのです。どういうことかと言うと、イギリスというのはやはり特別な国だ、ということ、イギリスは例外で、国民国家を形成する必要がない、別の形でやっていける、ということですが、イギリスに対抗してロシアが東に進出してきて、一八二〇年代からイギリスとの間でペルシア、インド、そして清国を除く極東、日本、この三つの地域でシビアな対立をする、このような前提を置いた上で、国民国家論や国民国家システム論を作らなければならないと思うのです。一八七〇年代にはヨーロッパの域内平和の関係が確立するわけですが、国民国家のシステムが出来るということは、実は域内平和を保障するために対外的に各国協調する、ということです。そこにイギリスをもってくるというのはちょっと話が別だと思う。例えば、木畑さんたちが最近出された『帝国の長い影』[*1]という本、そこにイタリアの例が出ていますが、非常に面白い。イタリア人が多く移民しているチュニジアにフランスが手を出して植民地化する。ではイタリア人の対外膨張意欲をなだめるためにどうするかというと、エチオピアの方に進出させる、そういう国対国の対抗が対外的な植民地獲得に連動化するということ、このことをきちんと見ないと、私は第一次世界大戦までの世界史はわからないと思います。

日本史との関係が近いのはフィリピンです。一八九八年に、アメリカが米西戦争[*2]でキューバとフィリピンをスペインから奪った。その時のスペインのフラストレーションを利用したのがフランスで、フランスがスペインをモロッコに更に介入させる。モロッコは日本と同じ鎖国政策を取っていて、ヨーロッパの国々には一八五〇年代から六〇年代に国を開きました。そのモロッコの一番大事な北部のリーフ地域をスペインが押さえる。スペインで国民国家が形成される中で、スペインの対外膨張主義がフランスのバックアップを得てモロッコに足場を築くわけです。[*3]

これを日本史に引きつけて言えば、一八八〇年代から日本人が、今まで通りではないぞと感じる時代になります。つまり一八八〇年代になると、イギ

＊1 木畑洋一・後藤春美編著、ミネルヴァ書房、二〇一〇年。

＊2 一八九八年、アメリカとスペインの間で行われた戦争。戦闘は四ヵ月でアメリカの圧勝に終り、キューバの独立と、フィリピン、プエルトリコ、グアムのアメリカへの割譲が決定し、その結果、アメリカはアジアにも植民地を持つ海洋帝国として国際政治の舞台に登場した。

＊3 一九〇九年、モロッコ北部のリーフ地方でスペインとリーフ人の間で第二次リーフ戦争が勃発し、スペインは多大な損害を出した。しかし、一九一二年にフランスとモロッコのスルタンとのあいだにフェズ条約が結ばれ、同年

リスの思う通りにはならない動きを、ドイツなりアメリカなりフランスなりがやりはじめたのです。日本はこれにつけこんで、不平等条約「改正」[*4]を行うことが出来た。だからヨーロッパにおいて国民国家が並立して、それが相互に戦争するのではなくて、外に向かって進出する、この論理を国民国家の論理の中に入れないと、帝国主義論につながらない。現在流行のポストモダンの国民国家論は、帝国主義もへったくれも何もないのです。日本の近代、あるいは天皇制を考える場合にも、国民国家システム自身が植民地主義・帝国主義を内在的に生み出す論理をもっているということをはっきりさせない限り、国民国家のことは何もわからない、と私は思います。日清戦争も日露戦争も第一次世界大戦もわからない。そんな戦争も何も考えずに日本の国民国家を論じる人が多すぎますよ。私も年を取ったなあと思います。（笑）

木畑　それは宮地さんがイギリスを買いかぶりすぎているのではないかな。（笑）先ほど言い忘れたのですが、国民国家と植民地という場合に、国内植民地という問題があります。例えば、宮地さんが日本の国民国家を論じるときに沖縄の問題をどのように入れて論じるかという問題です。それから、例えばアルジェリアは植民地ではあるけれども、しかしフランスは常にそれを国内化しようとする、アイルランド[*5]もそうです。世界システムという時にはそういう地域をどのように位置づけるかということも、大きな問題になるはずです。

さらに仏西条約が結ばれたことによって、南部モロッコはフランスの、北部リーフ地域はスペインの保護領となった。

＊4　一八九四（明治二七）年の日英通商航海条約によって、領事裁判権の撤廃と対等の最恵国待遇の回復、関税自主権の一部回復が行われ、一九一一（明治四四）年の日米通商航海条約で、関税自主権の完全回復が実現した。

＊5　ブリテン島の西方のケルト人の島。一五四一年以降、イングランド王がアイルランド王を自称したが、アイルランドがイギリスの実質的植民地になったのは一六五二年、クロムウェルによる侵略からである。一八〇一年には、合同法によりグレートブリテンおよびアイルランド連合王国となった。一九二二年、南部諸州が自治権を確立してアイルランド自由国を樹立、三八年憲法で独立国となり、四九年に共和国としてイギリス連邦から脱退した。

討論

小谷　それでは以上で、予定していた問題提起的発言は一応終わりということにして、討論に移りたいと思います。まず、国民国家とジェンダーの問題ですが、富永さんの問題提起に対して、皆さん何かご意見ありませんか。

藤田　富永さんのお話で、女性が軍隊に入らないという差別の問題が提起されましたが、イスラエルはまさに女性を含めての国民皆兵ですね。

富永　そこで知りたいのですが、中東戦争[*1]で女性の兵士はどのぐらい戦死していますか。やはり後方支援の位置づけではないでしょうか。

藤田　それは分からない、だけどイスラエルでは女性も確実に兵役に就くわけです。戦争ではなく占領体制維持がイスラエル軍の主要任務である今日、女性兵士は、パレスチナ住民の土地没収・住宅破壊・逮捕・投獄・人権蹂躙などの軍務を男性兵士と分担してこなしている。女性も軍隊に入るからといって、イスラエルは理想的「女性解放国家」だとするわけにはいかない。

油井　米国のフェミニズムの一部では、男女平等を徹底するために女性も従軍すべきだと主張するグループがあり、実際に米軍の内部では女性兵士が増加しています[*2]。

富永　私は、そういう方向性に反対したいわけです。

油井　その主張はよく分りますが、実際には女性の従軍を主張するフェミニストもいますので、それをどう評価するのかも問題になると思います。

富永　フェミニズムは一枚岩でないことは確かです、女性の兵士化の問題

藤田 進

＊1　イスラエルとアラブ諸国との四次にわたる戦争。第一次（一九四八年。パレスチナ戦争）、第二次（一九五六年。スエズ戦争）、第三次（一九六七年。六日戦争）、第四次（一九七三年）。

＊2　シンシア・エンロー『策略――女性を軍事化する国際政治』上野千鶴子・佐藤文香訳、岩波書店、二〇〇六年、参照。

は、フェミニズムの試金石であることは確かでしょうね。

小谷 宮地さんに聞きたいのですが、富永さんが用意した参考資料には、日本近代の女性の位置について、次のような事実が書かれています。

一八九〇年「集会及政社法」

　女性の政談演説会への参加・主催、政党への加入を禁止

一九〇〇年「治安維持法」

　第五条第一項　女性の政治結社への加入禁止

　　第二項　女性の政談集会への参加禁止

日本では近代になってから、政治集会には女性は参加できなくなる、ということですが、そうなのですか。

宮地 その通りです、異論ありません。女性が政治集会に参加できるようになるのは、やはり大正デモクラシーで女性運動家が禁止条項を撤廃させてからのことです。

富永 一八九〇年代位から、女性は政治集会に参加できなくなるのです。

宮地 そうですね。近世よりも近代の方が女性に対する規制が強いのです、家制度が確立されるからです。

小谷 ジェンダーについての論点は尽きないのですが、最後の全体討論のところで、もう一度取り上げることにして、ここで国民国家とエスニシティの問題に移りたいと思いますが、宜しいでしょうか。では、ご意見をどうぞ。

油井 国民国家とエスニシティという問題を議論する場合、もう少し、エスニシティ概念が生まれたことの思想的意味を深めた方がいいと思います。

例えば伊集院さんは、どちらかというとグローバリゼーションに関連させて、グローバルに世界の人びとが移住していくという文脈の中でエスニシティを捉えていますが、伊藤さんが取り上げたポーランド人の問題は、どちらかというと将来的には独立していくナショナリティの文脈だと思うのです。今まで日本で民族問題を論じるときには、やはりずっとナショナリティの問題として議論してきたと思います。要するに被抑圧民族の独立の問題です。しかしエスニシティの場合は、もともと米国のような移民社会における問題から起こってきましたから、独立志向というのはないのです。一つの国家の中で文化的多様性を尊重させていくという方向に進んでいきました。独立という文脈ではないマイノリティの扱い方としてエスニシティという概念が出てきた、その思想的意味を確認した方がいいと思います。

伊集院　私は、エスニシティについて三つのことを考えています。第一に、油井さんが言われたエスニシティ概念の思想的意味は重要な問題と考えている、ということです。Oxford English Dictionary に ethnicity という単語が現れるのは一九七二年ですが、それによると、言葉としてのエスニシティはギリシア語の ethonos が語源で、もともと異教徒という意味でした。それが ethnicity という英語になり、一四世紀半ばから一九世紀半ばにかけて「ユダヤ教徒とキリスト教徒以外の異教徒」という意味で用いられるようになったようです。

第二に、何故一九七〇年代から辞書にも項目として採用されたのかという問題ですが、その背景には、一九六〇年のいわゆるアフリカの年に一七のアフリカ諸国が独立し、独立国家内の人間グループを「部族」(tribe)として捉えることへの疑問が生じていたことがあった、と考えられます。さらに一九六〇年代のアメリカ合衆国の公民権運動[*1]との関係もあったと思っています。彼らの市民権運動は一九七〇年代、イヌイット（エスキモー）、サーミ（ラップ人）、アメリカン・インディアン、オーストラリアのアボリジンの政治的運動に大きな刺激を与えたと思っています。日本のアイヌの人びとは一九八〇年代に北米、オーストラリア、ニュージーランドに調査団を派遣し、国際連帯を強めています。また、EUによって「国境」が消え、人びとの意識はナショナリズムを越えつつあるように見えますが、ここでもエスニシティの問題は大きいと思います。

第三に、「部族」概念は植民地支配によって創られたものと言われ、現在はエスニシティ概念の重要性に関心が集まっていると思いますが、とりわけポストコロニアルの問題との関連では、「部族」概念とエスニック概念の区分けは重要だと思われます[*2]。一九四〇年代、アフリカ社会の理解の基本は「部族」概念であって、アフリカは「伝統的トライブ（部族）」から「近代的ネイション」に発展していくとされ、アフリカの民族も今は「部族」の段階だが、近代化・欧米化が進めば「部族」は解体され、「ネイション」という一つの同質的な共同体が出来上がると主張されていました[*3]。

しかしアフリカ伝統的社会の研究が進むにつれて、事態は極めて複雑であることが明らかになってきました。例えばR・グリンカーは、ザイールの農牧民（レセ）と狩猟採集民（エフェ）の支配・従属関係をミクロに分析し、伝統的なアフリカ社会に植民地支配がもたらした問題の複雑さの一端を示しています[*4]。

＊1　Civil Rights Movement の邦訳語。一九五〇年代後半から六〇年代にかけて、アメリカ南部で高揚した黒人差別反対運動。指導者としてはM・L・キング牧師が有名。

＊2　T.H. Eriksen, *Ethnicity and Nationalism*, London, 1993 [2nd. ed. 2002].

＊3　宮本正興・松田素二編『新書アフリカ史』講談社現代新書、一九九七年。

＊4　R. R. Grinker, *Houses in the Rainforest: Ethnicity and Inequality among Farmers and Foragers in Central Africa*, Berkeley, 1994.

伊藤　油井さんの言われることは、その通りだと思います。エスニシティは、文化の多様性や多元性に関わって、様々な人的結合関係を視野に収めるものです。世紀転換期のドイツについてみれば、先に紹介したマズール人がドイツ国家への同化を進める一方で、自らを「古プロイセン人」[*1]と呼んで独自の運動を展開しますが、マズール人の社会的・文化的存在とその動きは、興味深い検討対象になるかもしれません。

小谷　国民国家と植民地主義、帝国主義の関係については、後で具体的な問題が提起されますので、議論はそちらにまわしたいと思います。

Ⅳ　非西欧世界における「国民国家」

小谷　これまでの議論は主として欧米諸国と日本についてでしたが、ここで非西欧世界における「国民国家」について検討してみましょう。二〇世紀になり、東ヨーロッパとかアジア、アフリカの国々が独立を達成し、西欧型の国民国家をめざして国家形成をする、そして、それらの諸国が国連などを通して国民国家間システムの中に入ってくる、このような文脈で考えられることが多かったと思います。しかし、一方で、そうして形成された新興独立国家を見ると、それらの諸国を簡単に国民国家と言っていいのかという気もするわけです。そのあたりの問題を議論したいと思います。ではまず、東ヨーロッパ諸国について南塚さんからお願いします。

＊1　マズール人は東プロイセン南部に居住し、彼らのマズール語はポーランド語に近い。中世末にポーランドから移住し、ドイツ騎士団やプロイセン公国に服属した。一六世紀にはプロテスタントに改宗し、ポーランド・カトリック社会からの分離を進めた。彼らが「古プロイセン人」と自称したことは、彼らの独自な意識を示している。

東ヨーロッパにおける国民国家形成

南塚　ご承知の通り、東ヨーロッパは長い間、国民国家形成の中心舞台として世界史に位置づけられてきています。ハプスブルク帝国[*2]とオスマン帝国[*3]の解体によって東ヨーロッパにおいては多数の国民国家が作られたというわけです。

日本の東欧史研究の中での国民国家、あるいは民族国家研究では、一八六〇年代とヴェルサイユ体制[*4]の時期に焦点があったと思います。オーストリア・ハンガリーのアウスグライヒ[*5]は一八六七年ですが、この前後のドイツやイタリアで、あるいはオスマン帝国で、新しい国家の形成が模索されていたのです。ハンガリーの場合は、オーストリアとの二重制という形をとるわけですが、これを単純に国民国家が出来たと言っていいのか、そうも理解できるし、そうではない他の方向に進む可能性もあったと考えることも出来る、ということです。実際、二重制の半分、オーストリアでは連邦制をとっていますから、二重制の中もまた二重制のようなことになっていたわけです。二重制はオーストリア・ハンガリーだけではなくて、オスマン帝国でも、あるいは日本と朝鮮の間にもある。そのような国家の、一つのあり方を表していると思うので、一八六〇年代世界における国家の多様性ということを念頭に考えることができる、つまり国民国家ないし民族国家という国家形成というのは、歴史における国家形成の定まった当然の進路であったわけではなく、一九世紀後半のヨーロッパにおける歴史的な諸条件に規定されて生じたと考

＊2　中部ヨーロッパに存在した帝国。ハプスブルク家の家領として出発し、一二七三年、ルドルフ一世が神聖ローマ帝国皇帝となった。以来七〇〇年数多の変遷を経たが、一九一八年、第一次世界大戦の敗北で解体した。

＊3　一四世紀にアナトリア地方に建てられたムスリム国家。一四五三年、コンスタンティノープルを攻略してビザンツ帝国を滅ぼす。一六世紀に最盛期を迎え、領土はアジア・アフリカ・ヨーロッパにまたがったが、やがて衰退に向い、第一次世界大戦の敗北後、トルコ革命によって滅亡した。

＊4　第一次世界大戦後、ヴェルサイユ条約など一連の講和条約によって形成されたヨーロッパの国際秩序。

＊5　原語の意味は「妥協」。ハプスブルク帝国内のオーストリアとハンガリーの間で締結された協定。二六九頁＊1参照。

えてもいいということです。連邦制や連合国家や二重制国家などもありえたのです。しかし、イタリアやドイツの統一と帝国主義という現実が、民族国家、国民国家いう方向を決定的にしたと言えるのではないかと思うのです。

日本における東欧史研究では、東ヨーロッパの中でポーランドやチェコについては国民国家という概念が使われ、ハンガリーなどに対しては民族国家という概念が使われていて、不思議に思っていた時代が長くありました。私自身は、一九五〇年代、六〇年代の丸山眞男氏らの議論を受けて、東ヨーロッパ全体で民族国家から国民国家へ転換するというコンテクストで統一して議論できないものかと考えていました。一九九〇年代からは、東ヨーロッパについても、民族国家、国民国家という区別をつけず、西ヨーロッパと同じように国民国家という概念で統一していいのだ、という議論が支配的になってきたように思います。社会史の手法とかポストモダンの構築主義が駆使されてきているわけです。これによると、国内の多様な階層の人びとの間から「国民」という観念がわき上がってきて、それに基づいて国家を形成していく流れが始まった。そのことをもって国民国家の時代と考えてしまおうという方向に、なりつつあると思います。具体的にいえば、一八四八年頃から、あるいはその少し前から国民国家で議論するようになったということです。

先ほど西ヨーロッパではフランス革命後に国民国家という概念が生まれた、という議論がありました。実体としてはまだそんなものは生れていないわけですが、構築主義的に言うと、この時代にフランスでは国民を主体とする国家というものを考え、その国民を構築したということをもって国民国家は成立した、ということになるわけです。日本でも構築主義的な国民国家論によれば多分、自由民権運動期から国民国家になるだろうし、オスマン帝国ではタンジマート改革[*1]あたりから国民国家ということになる。そういう国家があちこちに並んでいる。いわばその先頭を切って東ヨーロッパでも国民国家が形成された、そのような議論になります。

しかし、私には心配があって、かつての民族概念が担ってきたようなドロドロとした側面、先ほどから宮地さんが言っているような対外的な拡大へのドライブという側面が抜け落ちてしまって、国民形成がスムーズな国民化の過程になり、スムーズな国民国家の形成ということになる、そういう議論になりがちであるということを強く感じていることです。民族と国民の間の緊張関係といいますか、このことを意識しないで議論するのはどうも歴史的ではないのではないかと、私は常々思っているわけです。

小谷　議論は後ほどということにして、続いて奥村さんに中国についてお話し願います。

中国の「国民国家化」の過程

奥村　では中国の「国民国家化」の過程という観点からお話しします。まず国民国家の概念については、いわゆる発展途上国を視野に入れてどう考えるかという問題があります。その点からすると、木畑さんのまとめが使いやすい。発展途上国の場合、主権と領域の問題、いわゆる主権国家の形成がかなり先行します。難しいのは国民アイデンティティの形成の問題で、これが

＊1　マフムト二世（在位一八〇八～三九年）期に始まる一連の西欧化改革。一八三九年のギュルハーネ勅令によって、オスマン帝国臣民の宗教的立場にかかわらない平等を約し、一八五六年の改革勅令で西欧化政策を内外に宣伝した。一八七六年の憲法制定、または一九〇八年の憲法復活までの期間をいう。

奥村　哲

民族やエスニシティの問題とも絡み、多くの地域では現在なお課題だろうと思います。

それで中国の場合ですが、中国が阿片戦争[*1]で開港したのは日本より早いのですが、貿易の拡大という点からみて、世界経済に本格的に取り込まれたのは実は一八九〇年代以降であると言った方がいいですね。日本の大阪を中心とした流通体系[*2]のようなものは出来ていなかったわけですから、開港場ごとに世界市場とつながるという形になってしまう。その結果、辛亥革命[*3]によって満州族の清王朝が解体し漢族国家化することによってモンゴル・チベットが離脱するだけでなく、内部的にもいわゆる軍閥割拠ということになっていくわけですが、一九二〇年代の終わりに国民党・国民政府[*4]によって漢族居住地域が再統合されます。ここから主権の回復が本格的にめざされることになります。そして二〇年代末から三〇年代、さらには日中戦争の過程で、関税自主権の回復とか治外法権の廃棄が行われる。ですから、日中戦争というのは中国の主権国家化さらには国民国家化に対して、日本が妨害しようとした戦争であるとも捉えられるのではないかと思います。結局、日中戦争に勝利し、戦後中国は五大国の一国になります。

このようなことから、中国は国民政府の段階で主権国家としてはすでに確立していたと言っても問題はないのだろうと思いますが、それでは、国民形成の方はどうなのかというと、国家が本格的に民衆を国民として掌握することを迫られたのはやはり日中戦争からだと思います。長期の抵抗をするためには社会の基層から民衆を総動員しなければならず、そのために「中華民族[*5]」論に基づいていわゆる少数民族を含めて、民衆をまさに上から国民とし

＊1　一八四〇～四二年、清朝のアヘン禁輸措置を直接の原因とするイギリスとの戦争。清朝は屈服し、四二年調印の南京条約によって、香港の割譲、上海・広州等五港の開港などを約した。その後の不平等条約などと共に、中国が主権の制約を受ける形で、国際政治の中にとり込まれる契機になった。

＊2　幕藩体制下の日本は、江戸を政治の拠点とする一方で、大坂を全国的物流の拠点とした。開国後も、国内流通における大坂の地位は維持された。

＊3　一九一一年辛亥の年の武昌の新軍挙兵から始まり、清朝を倒した革命。一二年一月、孫文が臨時大総統に就任して共和制を宣言し中華民国が生れた。

＊4　一九一九年一〇月、孫文らによって組織された政党を中国国民党（略称、国民党）といい、国民党によって組織された中華民国政府を国民政府と略称する。

＊5　この語は、辛亥革命後のナ

て掌握しようとした。民衆レベルのナショナリズムは実は非常に弱かったので、かなり乱暴なことが行われています。大量の食糧の徴発などの他、兵士にするために壮丁を拉致するとか「売買」するということが広範に行われました。結局、戦後の疲弊とこうした混乱が国民党の倒壊をもたらし、共産党が政権を握る[*6]という形になった。このような過程の中で土地改革や冷戦下で農業集団化[*7]が行われたのですが、その意味するところは、人間を地縁的に緊密に組織して国家が掌握するという形が出来たことです。そしてその過程で階級闘争と帝国主義批判とを結びつける教育が行われるという形で、上からの国民化（「人民化」）が図られていくことになります。ただ、集団の自律性が奪われている下では、国家には従順になっても、「主体的な国民化」は困難です。

そして冷戦体制の解体過程で、社会主義や階級闘争のイデオロギーを前面には出しにくくなる中で、今度は愛国心むき出しの中華ナショナリズムが統合の原理として前面に押し出されていく。しかもかつてはいわゆるアメリカ帝国主義と直接対峙していたのが、今度はそれが出来ないために「日本の過去」が前面に出されることになる。現在につながる歴史問題の直接の原点はここにあるのだろうと思います。

また、中国では冷戦とその後の過程を経てもなお、国民が国政に参与するという状況が出来ていません。この点やチベット等のいわゆる少数民族や台湾の問題などからも、中国は依然として国民国家化の途上にあると考えるべきではないでしょうか。

小谷　続いて藤田さん、アラブ諸国についてお願いします。

ショナリズムで主に統合主体としての漢族を指して使われていたが、日中戦争以後は「中国領域内に住む諸民族が形成する統一体」を指すようになり、現中国もこれを踏襲している。これはネイション・ステイトが中国では「民族国家」と訳されることとも対応している。

＊6　内戦に敗北して中華民国国民党政権は台湾に逃れ、一九四九年一〇月一日、中国共産党によって、中華人民共和国の建国が宣言された。

＊7　土地改革とは、共産党によって行われた、地主の土地を没収して貧農らに分配した政策。最終的には、一九五〇年六月の土地改革法によって基本的に全国規模で完成した。一九五〇年代中国では、冷戦の下でこの個人的農業経営を集団的経営として組織しようする農業集団化が進み、さらに一九五八年、行政と農業経営とが一体化した人民公社が成立した。

アラブ世界において「国家」をどのように問うか

藤田　国民国家論という議論を中東アラブ諸国に関して行うというのは、やはり非常に難しいという気がします。今日の議論の中で宮地さんが話した一九世紀後半以降の国際関係の、特に西欧の国民国家が対外膨張していく、その対外膨張の最大の現場が、実はこの中東なのです。その場合、ここがイスラム世界だという観点が非常に重要だと思います。イスラム国家としてのオスマン帝国が自分たちの生きる世界として非常に現実的に受け止められていたということを、まず押さえたいと思います。そのときイスラム国家というのはその領域、すなわち多民族の集合の世界をまさにイスラムの宗教とつなげて、これをイスラムの家[*1]というように捉えていたのです。イスラムの家というのは、イスラム共同体ウンマと異教徒の共同体ミッレトとが統合された世界で、これをオスマン帝国として位置づけ、人びとはそのなかで生きていたということで、人びとのイスラム国家帰属意識は非常に強かったと思います。

オスマン帝国はご承知の通り、西欧列強の進出の中で潰れていくわけですが、オスマン帝国がイスラムの家としてあって、宗教や民族の違いを乗り越えたところで共同体として統合されていた、そこにヨーロッパが入ってくる時、独自の宗教対立、民族対立の論理をたずさえて入ってきた。つまりヨーロッパの側がオスマン帝国の宗教共同体という構造を逆手にとって、それを分裂させる方向で入ってきた。それは、民衆にとっては、まさに自分たちが

＊1　ダール・アルイスラムの訳語。ムスリムが支配し、イスラム法が施行される地域。

＊2　イギリス外相バルフォアが在英ユダヤ人協会ロスチャイルドに宛てた書簡の形式で出された宣言。この宣言は第一次大戦後、パレスチナ委任統治の理念となり、イスラエル建国の礎となった。

＊3　国際連盟の委任に基づいて、その監督下に、特定の国家によって統治された領土。

＊4　正確には被保護国 protected state といい、内政権は保持するが、外交権を保護する国 protecting state に握られる、国際法上の半主権国。一例としては、一九〇五

暮らしている空間を壊されるということにつながっていく。宗教的な共同が宗教的な対立に帰結する。その象徴的な、決定的なことがらが、一九一七年のバルフォア宣言です[*2]。バルフォア宣言でユダヤ人という人為的な民族集団を作って、これをオスマン帝国のなかに埋め込む。そしてその共存体制を壊す方向で、この人工的なユダヤ人というシステムとそれにつながるような取り組みをイギリスが全面的に支援していく。つまり一九一七年のバルフォア宣言をもって、今日に至るまでの、中東の西欧による支配のシステムの土台が出来上がったのです。

第一次大戦後の国家としての形をみれば、委任統治領[*3]、保護国[*4]、特にアラビア半島の保護国、それからエジプトやイラクのような王国もある。しかし、これは全部見せかけの国家で、中東世界全体がイギリス製の人工国家群というシステムの枠のなかに全部収まっていた。こういう見せかけ国家群の枠を突き破ろうとしたのがアラブの独立で、この時、オスマン帝国におけるかつてのイスラムの家の同胞意識に依拠して、アラブは自前でイスラムの家を作ろうとした。すなわち第一次大戦前から大戦後にかけてのアラブの独立要求運動[*5]ですが、これは力で潰されてしまった。それ以後ずっとアラブ独立運動は潰されたままで、第二次大戦後にひっくり返そうとしたのがエジプト革命[*6]とエジプト共和国であり、一九五八年のイラクの共和制[*7]ということになるわけです。しかし結局これも全部潰されるということで、中東地域のアラブ諸国という世界は、国民国家であるかどうかという質の問題よりも、こういう見せかけ国家の集合というシステムになってしまったということが問題なのです。その中で、一方には産油国としての圧倒的な富、他方には圧倒的

〜一〇年の朝鮮（韓国）。

＊5　オスマン帝国アラブ諸州を一括してアラブ独立国家実現を目指した運動。一九世紀末以降ムスリム・キリスト教徒のアラブ知識人層を中心に、オスマン支配を離脱して宗教共存の平和回復をアラブ独立に求める運動が生まれた。その運動は第一次大戦中にフセイニー指導下のアラブ解放軍に受け継がれ、同軍はイギリスと組んで反トルコ戦争を開始、大戦後、一時的にアラブ王国が樹立されたが、英仏の分断政策によって王国は解体、アラブ独立は潰え去った。

＊6　ナセルを指導者とする自由将校団が一九五二年七月に起こした軍事クーデターと一連の政治・社会変革。その結果、一九五三年エジプト共和国が成立。

＊7　一九五八年七月、カーセムらの軍将校が国王を殺害し、王制を転覆（イラク革命）、共和制を樹立した。

貧民の厖大な塊というシステムが出来上がって、そして今日までずっと続いているのです。これが欧米での研究にかなり共通した見解であり、日本では板垣雄三さんが中東諸国体制[*1]という言葉で表現している事態です。

ところで、イスラムの家につながるような、つまり宗教や民族の違いを超えたところで共存し、イスラエルも含めた新しい国作りをしようとの試みが難民の側から行われたりしたのですが、結局これも潰されてしまう。したがって現在、最も新しい国家の形というのは、パレスチナ自治政府ということですが、これも何かあればすぐにも潰す。つまりイギリスの、第一次大戦後バルフォア宣言以来の、アラブに見せかけ国家を作るというシナリオが、今もなおずっと生き続けている。このような事態を前にしては、国民国家をどう構想するのかという問題などはとてもとても出せないという、極めて暗いお話です。（笑）

脱植民地化と国制改革――インドの場合

小谷　それでは脱植民地化と独立国家形成について、私から報告します。一九四五年以降、アジア、アフリカの多くの国々が独立を達成したわけですが、そういう新たな独立国の国家体制が一体どうなったかということについては、やはり個別に検討しなければならないと思います。例えば、第一巻の「総論」の中で伊藤さんは、第二次世界大戦後、脱植民地の進行は数多くの新興の国民国家を成立させた、としていますが、これらの国を国民国家と簡単に言ってしまっていいのかという問題が一つあると思います。もう一つ

＊1　板垣氏は「人類が見た夜明けの虹」（『歴史評論』二〇一二年一月号）で次のように述べている。「重要なのは、中東の市民たちが『中東諸国体制』を見る眼。現在の中東諸国の枠組は、第一次世界大戦後に英・仏が（一九二〇年サンレモ会議では日本も加担）、ついで第二次世界大戦後は米・ソが、中東を分割・区画し保守してきた人工の空間だ。アラブ諸国とイスラエルとの組み合わせ（コンビ）は、トルコ・イランとも並行して、全体が一組の装置（ワン・ユニット）として設計された」。

＊2　英領インドで実施された政治改革。ベンガル分割反対運動に直面したイギリスが、インド担当国務大臣モーリーとインド総督ミントーの連名で提起した。

＊3　一九〇六年に結成されたインド・ムスリムの政治団体。曲折を経たが、最終的には一九四七年のインド・パキスタン分離独立に

は、南塚さんのポストコロニアルの議論では、旧植民地本国は国民国家という虚構を旧植民地に押し付けたとしていますが、そうとも言えない場合もあるのではないか、と思うのです。この二点を念頭におき、インドを事例として脱植民地化と国制改革について述べてみたいと思います。

一九世紀末になるとイギリスはインドで地方分権化を進めていて、軍事と外交と中央財政は中央政府が押さえていましたが、教育とか保健衛生といった民政部分は州に移管して、その分の財源も州に移した。さらに、州議会(参事会)にはある種の選挙制度を導入し、インド人の参加を大幅に許容していきました。その過程の一つとして、一九〇九年にインド参事会法の改定、いわゆるモーリー・ミントー改革[*2]というのがあって、かなり大幅な選挙制度改革が行われました。当時、インド・ムスリムはすでに全インド・ムスリム連盟[*3]という政治団体を結成していたのですが、ムスリムのための分離選挙制を要求して、認められた。分離選挙というのは、例えばムスリムだけが選挙権と被選挙権をもつ選挙区を作るという制度です。そうすると、シク教徒も分離選挙制を要求して、認められる。それから他のマイノリティ集団も分離選挙制要求をして、徐々に認められていくということになります。

そうしたことが進行していった一九三〇年から三二年にかけて、英印円卓会議[*4]が開かれて、インドの国制に関する議論が非常に活発化します。ガンディー[*5]率いるインド国民会議派とジンナー[*6]率いる全インド・ムスリム連盟とアンベードカル[*7]率いる不可触民解放運動とが三つ巴で争って、結局ムスリムには分離選挙権が認められる。しかし不可触民に対しては、分離選挙権は認めないで議席の留保だけを認める。留保議席制度というのは分離選挙ではな

よって、パキスタンを建国した。

＊4　植民地インドの憲政問題を論議するためイギリス政府が一九三〇〜三二年に招集した一連の会議。

＊5　インドの政治家、思想家。生没：一八六九〜一九四八年。インド国民会議派に参加し、非暴力的抵抗運動を指導した。インド・パキスタン分離独立に賛成せず、独立後のヒンドゥー・ムスリム融和を説いた。

＊6　英領インド、パキスタンのムスリムの政治家。生没：一八七六〜一九四八年。英印円卓会議ではムスリムの権益を代表してガンディーと対立した。分離独立後のパキスタン初代総督。

＊7　現代インドの社会改革運動家、政治家。生没：一八九一〜一九五六年。不可触民制撤廃運動を指導。独立後は、インド初代ネルー内閣の法務大臣。不可触民差別の元凶はヒンドゥー教にあるとし、仏教に改宗して死を迎えた。

くて、被選挙権が不可触民に限定される選挙区を作るという選挙制度です。それにもとづいて一九三五年に新たなインド統治法[*1]が作られました。これで一体どういう状況になったかというと、例えばパンジャーブ州を見ると、一般議席四二、ムスリムの議席八四、シク教徒が三一議席、しかも、一般議席四二のなかの八議席は被選挙権が不可触民だけに限られる。他に商工業界代表とか大学代表とか労働界代表、それから女性にも議席が割り当てられている。要するにこの選挙制度においては、国家（イギリス・インド帝国）と一人ひとりの国民とが直接向かい合うことはなくて、国家と人びとのあいだに各種の中間団体が介在している。この国制というのは決して国民国家ではない。あえていえば一種の社団国家[*2]ですかね。

ですから、インド独立のときにこのままの国制をとったとしたら、独立インドは国民国家とは言えないということになるのですが、独立インドは、結局、この選挙制度を全部やめて、完全な一般普通選挙制度に変えました。ただ不可触民に対する議席の留保制度は残しましたが。一九三五年インド統治法というのは確かにインドの現在の国制の土台をなしています。法制度とか軍制とか様々の面で、一九三五年インド統治法に集約されたイギリス植民地支配のシステムが、今なお脈々と生きている。しかし、それにもかかわらず選挙制度は完全な一般普通選挙制度に変更され、以後、総選挙は繰り返し行われ、そのたびに多数派を構成した政党が政権を担当する、つまり政権交代が頻繁に行われる。結果として軍事クーデターは一度も起こっていないという意味では、現在のインドは国民国家であると言ってもいいと私は思います。ポストコロニアル的状況は確かに存続しているけれども、国制のレベル

＊1　インド統治の枠組を定めたイギリス議会の法の総称。一九三五年制定の統治法はインド独立後の国制の大枠となった。

＊2　団体として一体性・独立性を持つ人間の集合体を「社団」といい、社団を基礎にして編成された社会に対応する国家を社団国家という。歴史学においては中世・近世の国家を分析する際に有効な概念として使用される。

においては、いわば社団国家から国民国家への移行があったと、私は考えています。

討論

山本　関連発言させてください。植民地の枠組みをそのままにして独立するということが、必ずしもポストコロニアル状況というか、宗主国側の押しつけとは言えないかもしれませんが、フィリピンやインドネシアなどの島嶼部には多様な小規模エスニック・グループを多数残したままで独立したので、それらのエスニック集団をどのように国民化していくかということで、大きな困難を抱えているところがあると思います。植民地の場合、労働者を外から導入することが行われた結果として、宗主国側の人、もともとの現地の人たち、連れてこられた労働者というように、幾重もの階層が出来てしまうことが多い。それを独立後にどのように解消していくかということは、非常に大きな課題であると思います。例えばハワイですが、多種多様のエスニック・グループがやって来て、もう虹のようにたくさんの階層を作ったのです。そういうことからすると、国民国家という概念で全ての国を括ってしまうことが、全くの虚構であることは、非常にはっきりしていると思います。

清水　今日の議論の中で全く触れられてこなかった問題で、しかもラテンアメリカの国家・国民を考える際には極めて重要だと思われる問題は、社会ダーウィニズム*3につながる思想系譜にかかわる問題だと思います。つまり西

清水　透

山本真鳥

＊3　ダーウィンの進化論を人間社会に適応した考え。H・スペンサーがその創始者。

欧思想の中では、まさに国民国家が議論されるような時代に、植民地人に対するはっきりとした蔑視的見方が確立されていくという問題があります。独立後のラテンアメリカでは、まさに国作りの第一歩として、インディオと非インディオの関係が固定化されていくことになるわけですが、それを支えたのが植民地人に対する蔑視的見方だったのです。例えば、独立の英雄とされるシモン・ボリバル[*1]が思想的規範として依拠していた一人はモンテスキュー[*2]ですが、モンテスキューには黒人に対する蔑視観というのがありますよね。「極めて英明なる存在である神が、こんなにも真黒な肉体のうちに、魂を、それも善良なる魂を宿らせた、という考えに同調することはできない。（中略）われわれがこうした連中を人間であると想定するようなことは不可能である[*3]」、この一節に象徴されるような近代思想の「他者」認識の問題を見落としてはならない。ラテンアメリカの独立運動を支え、その後の国家建設の在り方を基礎づけた思想の中に、このような差別思想がはっきりと根づいている。しかもラテンアメリカでは、そのような思想がいちはやく現実の法整備の中で適用されていくという問題があります。

先ほど植民地主義や帝国主義との関係で国民国家を考えるべきだ、という議論がありましたが、ラテンアメリカの場合はまさにそのような視点がない限りは、国民国家を議論しようとしてもほとんど出来ないのです。そうした関係性を見直してみて始めて、現在のアフリカ、アジア、ラテンアメリカの国家の問題が見えてくるだろう。関係性として見ない限りは、ヨーロッパ思想の受け売りに過ぎない、という感じがするのです。

古田　非西欧世界における国家を、あまり安易に国民国家と見做すべきで

＊1　南米大陸のアンデス五ヵ国をスペインから独立させ、統一したコロンビア共和国を打ちたてようとした革命家、軍人、政治家にして思想家。生没：一七八三〜一八三〇年。

＊2　フランスの政治学者、啓蒙思想家。生没：一六八九〜一七五五年。主著『ペルシャ人の手紙』、『法の精神』。

＊3　モンテスキュー『法の精神』野田他訳、岩波文庫中巻、第一五編第五章「黒人奴隷制について」五八〜五九頁。

はないというご意見の方が多かったように思うのですが、私は逆の考え方をしています。冒頭に南塚さんが言われたように、ポストコロニアル論の主張の中に、国民国家とはヨーロッパ起源のもので、非西欧世界にとっての国民国家は植民地主義・帝国主義による押し付けである、という議論があることはその通りだと思いますが、ベトナムなどを見ている限り、国民国家は押し付けられたものというより勝ち取ったもの、と受け取られているように思われるのです。かなりの東南アジア諸国の人びとは、ヨーロッパから押し付けられたものをいつまでも引きずっているとは、思ってはいない。勝ち取ったものだとすると、当初のモデル、国民国家モデルとはおよそかけ離れた「国民国家もどき」のようなものが数多く存在しているのは当り前といえば当り前であって、そういう「国民国家もどき」も含めて、人びとが国民国家だと言っている世界史の現段階をどのように評価するか、これが現代に求められている「国民国家論」ではないのか、と私は思っています。

小谷　ただ、中国とかベトナムのような共産党独裁国家や、ミャンマーのような軍事独裁国家を国民国家と言っていいのかという問題があるのではないでしょうか。そこまで、国民国家概念を拡大してしまうと、国民国家という概念自体が無意味になってしまうように思うのですが。私は、国制の問題を抜きにして、国民意識の形成を論じることには賛成出来ないのです。

古田　私は、国制の問題はどうでもよいとは思いませんが、その位置は、国民主権の正当性がまだ確立しておらず、主権国家から国民国家への転換を区別して論ずる必要がある世界史の段階と、主権国家はすべからく国民国家であり、少なくとも建前としては国民主権を公然と否定するような国はなく

古田元夫

なった第二次世界大戦後の段階とでは、区別して論じられるべきだと思います。

奥村　中国はなお国民国家化の過程にある、と私は考えています。三つの問題を考えるべきでしょう。一つは、非西欧世界として一括りには出来ず、少なくとも東アジア[*1]では近代以前に主権国家の前提となる行政的統合が進んでいたことを重視すべきではないか、ということです。古田さんが「国民国家は押し付けられたものというより勝ち取ったものと受け取られている」と言われる背景には、このことがあるのではないか。二つには、国民政府は日本の全面的侵略直前に憲政に移行しようとしていたことで、その意味では日本は国民国家への動きをも破壊したのだということ。三つには、冷戦は中国・北朝鮮・ベトナムの社会主義体制の独裁国家だけでなく、韓国・台湾の軍事独裁的性格が強い政権を生み、同時に、民主主義制度の下で政権が変わらない異常な、日本の「五五年体制[*2]」を生んだこと、つまり東アジアの冷戦という国際関係が国制の問題と密接に絡んでいたということです。したがって、中国の国制の問題も、日本は直接・間接に関わっていたのであって、だからこそ今日の歴史問題も国民国家化の問題と絡めて考えていかねばならない、ということです。

V　全体討論

小谷　それでは、今までに提出された全ての問題を踏まえて、ここで全体

＊1　ここでは日本・中国・朝鮮の他にベトナムを含む。

＊2　一九五五年に成立した「政党システム」。左右の社会党が統一したのに対抗し保守政党の自由党と民主党が合同して自由民主党を結成し、以来、自民党は一九九三年七月の衆院選挙で過半数割れするまでの三八年間、政権の座にあった。自民党が継続して政権を担当し、社会党が二分の一政党としてこれに対抗した。

的な討論に入りたいと思います。では全体討論への冒頭発言ということで、木畑さんにお願いします。

木畑　これまでの議論によって、非西欧世界における「国民国家」についての議論の問題性が非常にはっきりと出てきたと思います。ただし、現在の国際的な体制を見た場合には、様々な問題を含みながらも、それぞれの国家が国民国家を目指すという方向をとる中で世界が成り立っているのが現実の姿であろうと思います。しかも、新たに国民国家を作り上げようとする動きもあるわけで、その点をも踏まえた上で国民国家の成立過程で起こった問題とか、あるいはその限界性というものを見ていかねばならない、と私は考えます。今日、一方では国民国家をとにかく相対化しなくてはならないことが議論されているし、現実にも国民国家を相対化する形で地域統合の過程が進行しているわけですが、その一方で、国民国家を志向する動きが依然としてある、というその両面を押さえることが必要だということです。

次に、民族あるいは国民ということで言いますと、かつては民族と階級の関係ということがよく議論されましたが、今日の議論には階級の問題は出て来ませんでした。ただ宮地さんの議論には、おそらく階級の問題も入っているのだろうと思います。階級とは言わないにしても、それぞれの地域の中における諸階層とその間の格差という問題があるわけで、民族あるいは国民ということを議論する時に覆い隠されがちな様々な階級間・階層間の差異という問題を見ていくことも必要だと思います。そうするとジェンダーについて論じる場合でも、ジェンダーを基軸にして国民国家を考えるというよりは、色々な階級なり階層なりの問題を、全体として議論する一環として、国民国家を構成する一つの原理としてジェンダーということを考えていく、このような観点が必要なのではないでしょうか。

富永　今のジェンダーの位置づけについてですが、やはり引っかかります。（笑）国家にしても、あるいは政治集団にしても、男性と女性の権力関係というのはその集団を成り立たせる基本的な関係であるということ、それをきちんと捉えないといけません。国民国家自体がそれによって成り立っているという部分があるわけですから。今日における子どもを産む、産まないという問題にしても、女性をどう扱うか、どう位置づけるかということに国家の存亡がかかっているという現実があります。中国もそうだし日本もそうです。国家政策の大きな柱の一つとしてジェンダー秩序というのが常にあった。人口の半分は女性ですから、マイノリティ集団がそこに居る、というのとはやはり違う性質の問題がそこにはあるのだと、私は思います。マイノリティ集団には、そのなかにマイノリティ集団なりのジェンダー構造があり、それが国民レヴェルのジェンダー問題と共振している、そういう位置づけで考えていただきたいと思います。

ついでに、多文化主義の問題ですが、アフリカの場合には多文化主義をそう簡単に受け入れられる状況ではありません。植民地支配下の分割統治政策によって「部族主義」というものが作り出されたために、独立後に多文化主義を導入するということは、部族の文化をそれぞれ認めようということになるわけです。その極端な事例が、永原陽子さんが議論している南アフリカのアパルトヘイトだったわけです[*1]。ですから、独立した時に、多文化主義以外の道を模索せざるを得ない状況が、大なり小なりみられるわけです。

＊1　原義は「隔離」。南アフリカ共和国の有色人種差別政策。一九九三年に全面廃止。永原陽子「二一世紀に国民国家をつくる――反復と翻訳の向こう側へ」、真島一郎編『だれが世界を翻訳するのか――アジア・アフリカの未来から』人文書院、二〇〇五年、所収。

もう一つは、精神の脱植民地化ということがよく言われます。単に肉体的に制度的に植民地化されただけではなくて、精神からして植民地化された、その精神の脱植民地化をどうするかということに、言語の問題が非常に大きく係わっている。タンザニアやケニアにはスワヒリ語[*2]がしっかり生きているのでやや特別な地域と言えますが、他の地域では英語かフランス語かポルトガル語の出来る者が一番のエリート市民、という状況から抜け出せないのです。そこをどうやって現地の言語を入れて精神の脱植民地化を実現するかが大きな問題になっているのです。これが真の国民国家を作るうえで、今のアフリカが抱えている問題の一つです。

清水　ジェンダーのことで質問ですが、先ほどから国民国家と植民地主義・帝国主義との関係が問題となっていますが、そもそも帝国主義国家の女性は植民地の女性および男性のおかげで生きてきたという問題がありますよね。このような重層化された歴史的関係性を富永さんの発想からだとどのように整理できるのか、私には見えて来ないのです。そこをはっきりさせてくれないと、どうしても富永さんのジェンダー論には乗れないのですよ。

富永　ジェンダーと国際関係の問題ですね。今、考えているのは、ジェンダーと階級を組み合わせるとうまく説明できるのではないか、ということです。例えば、奴隷貿易の構造を分析すると、ヨーロッパ人男性とアフリカ人男性の共犯関係が浮かび上がります。しかも、貿易に直接介入していた男性は、ともに「権力」を持った階級に属していた、そしてこの階級に属していた女性はこの構図を支えていた共犯者であった、と言うことが出来ます。現在進行している女性の人身売買（トラフィッキング[*3]）は、ほぼかつての奴隷

＊2　アラビア語で「沿岸の」の意。タンザニア、ケニア、ウガンダなどの主要言語で、アフリカ東部・中部の共通語。

＊3　女性や児童を性的搾取などのために取引する行為。「国際的な組織犯罪の防止に関する国際連合条約」の「人の密輸に関する条約」に「Trafficking in Persons（人の密輸）」の定義がある。日本は、その対策に著しい遅れがあると国際的に批判されている。

貿易と同じ構図だと考えています。このように、ジェンダーの視点を視野にいれると、単なる「南北問題」では見えて来ないジェンダー秩序と階級のクロスオーバーした状況が見えてくるように思います。

清水　私は決して、ジェンダー論を否定するとか、意味がないと言っているのではないのです。ジェンダー論には、これまでの歴史理解を根底から覆そうという意図は見えて来るのですが、そうであるならばやはり、帝国主義や植民地主義との関係についても触れながら論理を立てていただかないと説得性がない、と思うのです。

富永　帝国主義や植民地主義は、ジェンダーと階級の共犯関係を国際的に広めた時代の産物というように、位置づけることが出来るのではないでしょうか。

小谷　南塚さん、先ほど古田さんが、ポストコロニアル論に関連して、先進国が国民国家という虚構を旧植民地に押し付けたことが今日まで様々な問題を引き起こしているという南塚さんの指摘に対して、批判的な考え方を出されましたが、その点についてはどのようにお考えですか。

南塚　旧植民地における国民国家の問題はいくつかの側面がありますね。一つは、領域的に国境が「北」の都合で線引きされたため、その中の構成員が複雑になっていて単純には「民族国家」「国民国家」などとは語れないという問題です。二〇〇九年一二月にアフリカのナイジェリアに行ったのですが、そこで開催された会議[*1]で、隣のカメルーンの歴史家が「現在の国境を見直すことがアフリカのナショナル・ヒストリーを乗り越えた世界史研究のスタートだ」ということを言っていました。二つには、古田さんの言う通りで

＊1　「二〇〇九年一二月九日〜一二日、ナイジェリアのイロリン大学で、アフリカから世界史を考える歴史家たちの集まりがあり、African Network in Universal and Global History（ANUGH）という組織が設立された。集まったのは、ナイジェリア、カメルーン、ベニン、セネガルなどの西ア

すが、旧植民地においては、民族を独立させ、民族国家を形成したのは、たしかに「勝ち取った」ものです。しかしその内容については、西欧的な「国民国家」形成の方式のペーストでいいのかという問題があるのです。西欧の「国民化」の諸方式を取り入れて、「虚構」としての、市民を作り、国民を作るという方式ですね。ポストコロニアル論が指摘しているのはこの点だと思うのです。最後に、旧植民地的な地域にはまさに現在、「国民国家」の形成こそが課題であるとする地域があります。

この点で日本は「遅れている」[*2]と言われたことがあります。日本は別として、カザフスタンから来た人に、そういう地域では、西欧的な民族国家とか国民国家とは質の違う、現代的な国家が出来るかどうかが課題になっている、と考えられます。これは永原陽子さんに教えられたのですが、南アフリカでは「開かれた国民国家」[*3]というようなものが作られつつあるという見方も出来るようですね。

小谷　それでは、どなたか最後に何か言いたいことはありませんか。

油井　では私から一言。富永さんから、多文化主義は途上国の問題にはあまり有効ではないという意見が出されました。しかも、アパルトヘイトも多文化主義の現われであって、多文化主義の肯定はアパルトヘイトの許容に通ずると言われましたが、それはちょっとどうかなと思います。と言うのは、米国の文脈で多文化主義とは、法の下の平等が実現していてもマイノリティの経済的・社会的不平等の問題は解決しない、それを解決するために多文化主義という議論が出て来るので、前提として法の下の平等がある。だからアパルトヘイトという制度が多文化主義の現われだという議論は絶対に成り立たないのです。そこをまず理解していただきたい。確かに途上国の場合、一

フリカの歴史家たち、南アフリカの歴史家、在フランスのナイジェリア人歴史家、それにカイロにあるアメリカ大学のアメリカ人歴史家、ドイツ人、スイス人のアフリカ史研究者、アメリカのアフリカ史研究者、そして日本から私（南塚）、といったメンバーだった」（「世界史研究所ニューズレター」より）。

＊2　国民国家の相対化の時期にある日本は、国民国家形成のさなかにある人から見れば、国民国家が強固に確立していなくて、「遅れている」と見えるということ。

＊3　南アフリカ共和国の憲法などは、近隣の国家に住む人びとも使う言語を含む一一もの言語を公用語化し、近隣に住む人種を含む全人種の参加型の選挙を規定している。これは、排他的な統合（国民化）を目指す従来の国民国家からすれば、「開かれた」方向であると考えられるのではないか、ということ。

定の土地に人びとが長年住んでいて、自分たちの土地だという意識が強いから、土地と血の結合という発想が血を血で洗うような紛争を引き起こし、多人種・多民族的な状況になるとすぐに正統性の争いが起こって紛争になりますが、多文化主義の一つの知恵は、移民国家では、先住民以外の全てが外来者なので正統性の主張はできない、母国を離れてやって来ているわけですからね。その結果として、文化的自治[*1]のような形をとって相互に尊重し合うということで、土地と血の関係を切り離し、そこに共存の知恵を見つけようとしているのです。このような実験が、途上国においても使えるか使えないかは、もう少しきちんと議論しなければならない、とは思います。

藤田　今の議論はアメリカの文脈ではそうなのかなと思うのですが、その論理を排他的に適用したのがイスラエルなのです。つまりパレスチナで土地をアラブから奪って、ユダヤ人入植地にして、世界中から言語・文化・人種の異なる人びとを「ユダヤ教徒」として呼び寄せてイスラエル国家を作り上げた。そのプロセスには、今話された多文化主義の色合いを伴っています。つまりイギリスは、パレスチナには多様な信徒・民族が居るが、それらを共存させるのが委任統治だ、文明だと言いながら、実際にはユダヤ人というグループだけを特別扱いしてアラブを押しのけた。排除の伴う多文化主義の適用という手法をイスラエルも受け継いでいます。多文化主義の特徴として人種の「るつぼ」状態[*2]があると言われるけれど、「るつぼ」であれば混ざらなければならないのに、イスラエルでは住民は絶対に混ざらない。必ず水と油のように分かれて、最上部分に浮遊するのがユダヤ人なのです。ヨーロッパ国民国家の中のユダヤ人問題をヨーロッパから排除して、その外側の「イス

＊1　一国内の少数民族が言語・教育などの文化領域において自治権を行使することで、「文化的民族自治」（あるいは「文化的＝民族的自治」）とも称される。

＊2　多種多様な民族が混在して暮らしている状態を表す言葉。それぞれの文化が互いに混じり合って同化し、結果として一つの独

ラエル」に押し付けることでヨーロッパ国民国家は旨く行く、イスラエルがアラブと混ざらない限り対外膨張も旨く行く。そこには、混ざらないことを前提とする「るつぼ」論があります。

小谷　「世界史の中の国民国家」ということで、予想通り、論点は多岐に亘りましたし、当然のこととはいえ、われわれの間にも多くの意見の違いがあることが分かりました。今後、それぞれの考え方をさらに追究していくに際して、今日の議論が参考になればと思います。予定の時間をはるかに超えてしまいましたので、少々尻切れトンボの感は拭えませんが、本日の座談会はこれをもって終了ということにいたします。

おわりに

この「座談会」は冒頭に記されている通り、二〇一〇年一一月三日に行われた。座談会そのものは四時間以上に及んだが、その原稿化にあたっては、まず全体の分量を、発言内容を調整しながら約三分の二程度にまで圧縮し、その上で、発言者全員が手を入れた。このようにして成った「座談会・原稿」であったが、二〇一一年三月一一日午後二時四六分に突発した東日本大震災と福島第一原子力発電所事故とが、われわれに「この原稿のままでよいのか」という問いを投げかけた。この「問い」に向き合ってわれわれは、真剣な検討を行い、二〇一一年八月七日「補充のための座談会」を行った。しかしこの座談会は成功とは言えないものになった。いやむしろ、われわれが

特な共通文化を形成していく社会を指す。以前は多民族国家アメリカに対して、そうした状態を形容する言葉として用いられたが、アメリカ社会の実態はそれぞれの文化が共存してはいても混じり合うことはない分離社会（セグレゲーション）である。そこで「混ぜても溶け合わない」という意味から、「るつぼ」に対して「サラダボウル（salad bowl）」という言葉が用いられるようになった。

向き合っている「問い」は「補充」で済まされるようなものではないことが分った、と言い換えたほうが良いだろう。

このような経過を経て、ここに収録する座談会の記録は、二〇一〇年一一月三日に行われたもののまま、とすることになった。東日本大震災と福島第一原子力発電所事故とが歴史学に投げかけた「問い」に対しては、本シリーズに別巻Ⅱ『3・11と歴史学』を新たに設け、そこで答えていきたいと考えている。

［事務局より］ 本欄、座談会注記は、事務局が粗原稿を作成し、小谷（本座談会司会者）がこれを修正、加筆し、そして最終的には各発言者の点検を経て完成させたものである。お断りしておきたいのは、粗原稿作成に当って事務局は常に、故西川正雄先生を代表者として編まれた『角川　世界史辞典』（初版二〇〇一年）を座右に置いたことである。ここに明記し、深甚なる謝意を表する。

著者紹介

宮地正人（みやち まさと）
1944年生まれ、東京大学名誉教授
主要著書：『幕末維新期の社会的政治史研究』（岩波書店、1999年）、『歴史のなかの新選組』（岩波書店、2004年）、『通史の方法』（名著刊行会、2010年）

【座談会参加者】

伊集院 立（いじゅういん りつ）
1943年生まれ、法政大学社会学部教授
主要論文：「ナチズム　民族・運動・体制・国際秩序」（『講座世界史6　必死の代案』東京大学出版会、1995年）ほか

伊藤定良（いとう さだよし）
1942年生まれ、青山学院大学名誉教授
主要著書：『異郷と故郷』（東京大学出版会、1987年）、『ドイツの長い一九世紀』（青木書店、2002年）、『近代ヨーロッパを読み解く』（共編著、ミネルヴァ書房、2008年）

奥村　哲（おくむら さとし）
1949年生まれ、首都大学東京人文科学研究科教授
主要著書：『中国の現代史』（青木書店、1999年）、『中国の資本主義と社会主義』（桜井書店、2004年）、『銃後の中国社会』（共著、岩波書店、2007年）

木畑洋一（きばた よういち）
1946年生まれ、成城大学法学部教授
主要著書：『支配の代償』（東京大学出版会、1987年）、『帝国のたそがれ』（東京大学出版会、1996年）、『イギリス帝国と帝国主義』（有志舎、2008年）

小谷汪之（こたに ひろゆき）
1942年生まれ、東京都立大学名誉教授
主要著書：『マルクスとアジア』（青木書店、1979年）、『インドの中世社会』（岩波書店、1989年）、*Western India in Historical Taransition* (New Delhi: Manohar, 2002)

清水　透（しみず とおる）
1943年生まれ、慶應義塾大学名誉教授
主要著書：『コーラを聖なる水に変えた人々』（現代企画室、1984年）、『エル・チチョンの怒り』（東京大学出版会、1988年）

富永智津子（とみなが ちづこ）
1942年生まれ、元宮城学院女子大学教授
主要著書：『ザンジバルの笛』（未來社、2001年）、『新しいアフリカ史像を求めて』（共編著、御茶の水書房、2006年）、『スワヒリ都市の盛衰』（山川出版社、2008年）

藤田　進（ふじた すすむ）
1944年生まれ、東京外国語大学名誉教授
主要著書：『蘇るパレスチナ』（東京大学出版会、1989年）ほか

古田元夫（ふるた もとお）
1949年生まれ、東京大学大学院総合文化研究科教授
主要著書：『歴史としてのベトナム戦争』（大月書店、1991年）、『ベトナムの世界史』（東京大学出版会、1995年）、『ドイモイの誕生』（青木書店、2009年）

南塚信吾（みなみづか しんご）
1942年生まれ、NPO-IF世界史研究所長
主要著書：『静かな革命』（東京大学出版会、1987年）、『ハンガリーに蹄鉄よ響け』（平凡社、1992年）、『ブダペシュト史』（現代思想新社、2007年）

山本真鳥（やまもと まとり）
1950年生まれ、法政大学経済学部教授
主要著書：『儀礼としての経済』（共著、弘文堂、1996年）、『オセアニア史』（編著、山川出版社、2000年）、『性と文化』（編著、法政大学出版局、2004年）

油井大三郎（ゆい だいざぶろう）
1945年生まれ、東京女子大学現代教養学部教授
主要著書：『戦後世界秩序の形成』（東京大学出版会、1985年）、『なぜ戦争観は衝突するか』（岩波現代文庫、2007年）『好戦の共和国　アメリカ』（岩波新書、2008年）

研究会「戦後派第一世代の歴史研究者は21世紀に何をなすべきか」編集
シリーズ「21世紀歴史学の創造」第2巻

国民国家と天皇制

2012年5月30日　第1刷発行

著　者　宮地正人
発行者　永滝　稔
発行所　有限会社　有　志　舎
〒101-0051　東京都千代田区神田神保町3-10
宝栄ビル403
電話　03(3511)6085　FAX　03(3511)8484
http://www.18.ocn.ne.jp/~yushisha/
企画編集　一路舎（代表：渡邊　勲）
DTP　言海書房
装　幀　古川文夫
印　刷　株式会社シナノ
製　本　株式会社シナノ

ISBN978-4-903426-57-0

シリーズ「21世紀歴史学の創造」全9巻

研究会「戦後派第一世代の歴史研究者は21世紀に何をなすべきか」編集

＊第1巻　国民国家と市民社会

＊第2巻　国民国家と天皇制

第3巻　土地と人間

第4巻　帝国と帝国主義

第5巻　人びとの社会主義

第6巻　オルタナティヴの歴史学

第7巻　21世紀の課題

別巻Ⅰ　われわれの歴史と歴史学

別巻Ⅱ　「3・11」と歴史学

※既刊書は＊印を付しています。